Die 382
dümmsten Sprüche
der Banker

Manfred Gburek

Die 382 dümmsten Sprüche der Banker

und noch mehr Gründe, warum Sie ihnen nicht vertrauen sollten

1. Auflage Oktober 2008

Copyright © 2008 bei
Kopp Verlag, Pfeiferstraße 52, D-72108 Rottenburg

Umschlaggestaltung: Angewandte Grafik/Peter Hofstätter
Satz und Layout: Perfect Page, Karlsruhe
Druck und Bindung: GGP Media GmbH, Pößneck
ISBN: 978-3-938516-77-5

Gerne senden wir Ihnen unser Verlagsverzeichnis
Kopp Verlag
Pfeiferstraße 52
D-72108 Rottenburg
E-Mail: info@kopp-verlag.de
Tel.: (0 74 72) 98 06-0
Fax: (0 74 72) 98 06-11

Unser Buchprogramm finden Sie auch im Internet unter:
www.kopp-verlag.de

Inhaltsverzeichnis

Auftakt

An ihren Sprüchen sind sie zu erkennen

Liebe Leserinnen, liebe Leser! Zwei Daten werden in die Geldgeschichte eingehen: der 1. und der 8. September 2008. Am 1. offenbarten die Allianz, Commerzbank und Dresdner Bank den Medien die Einzelheiten zum Tod auf Raten der 1872 gegründeten grünen »Beraterbank« und gaben damit den Startschuss zur sogenannten Bankenkonsolidierung; Deutsche Bank und Postbank folgten. Am 8. kamen Details heraus zur de facto Rückverstaatlichung der beiden gigantischen US-Baufinanzierer Fannie Mae (gegründet 1938) und Freddie Mac (gegründet 1970). Bis zur Offenlegung der Umstände, unter denen die Dresdner von der Bildfläche verschwinden soll, hatte die Allianz nach einer Insiderschätzung mit dieser Bank um die 15 Milliarden Euro versenkt. Die viel höheren Fannie- und Freddie-Miesen dürften allein die amerikanischen Steuerzahler 25 Milliarden Dollar kosten. Die Aktionäre aller beteiligten Finanzkonzerne werden, hüben wie drüben, zusätzlich zur Kasse gebeten. Die Angestellten bangen im besten Fall nur um ihre Jobs, im schlimmsten Fall sind sie schon entlassen. Und die Kunden? Sie werden zunehmend mit Verkäufern konfrontiert, die sich abwechselnd Finanz-, Vermögens- oder sonst wie Berater nennen. Dieses Buch soll Ihnen, liebe Leserinnen und Leser, unter anderem helfen, deren Tricks zu durchschauen.

Banken und Sparkassen haben in den vergangenen Jahren Hunderte von Milliarden Euro verspielt. Einen noch klareren Beweis für die Unfähigkeit der Banker, mit Geld umzugehen, kann es nicht geben. Leidtragende sind ihre Kunden, Angestellten, Gläubiger, Aktionäre und die Steuerzahler. Umso erstaunlicher ist, dass Banker immer noch, wie schon seit Jahrzehnten, Sprüche klopfen, als hätten sie die ganze Geldweisheit für sich gepachtet. Anlass genug, ihre Sprüche zu analysieren, um daraus die Konsequenzen zu ziehen. Das tut dieses Buch, und das können mit seiner Hilfe auch Sie.

Geht es Ihnen manchmal nicht auch so: Sie nehmen im Unterbewusstsein wahr, dass die Beraterbank Ihnen Leistung aus Leidenschaft verspricht? Kurz darauf beschleicht Sie das dumme Gefühl, etwas durcheinandergebracht zu haben. Oder doch nicht? Sie besuchen die Dresdner, »die Beraterbank«. Aus dem Fach mit den vielen Prospekten lacht ein Mann Sie an. Er vermittelt die Botschaft: **»Vermögen planen & gestalten.«** Die Frau daneben ergänzt: **»Vermögen aufbauen & vermehren.«**

Sie haben bei der Deutschen, der Bank mit der »Leistung aus Leidenschaft«, noch etwas zu erledigen. Wieder Prospekte, wieder Botschaften. Das Ehepaar auf einem Titelblatt fordert Sie auf: **»Vermögen systematisch planen und ausbauen.«** Die Frau daneben ergänzt: **»Beruflich erfolgreich – Vermögen aufbauen.«** Jetzt wissen Sie, dass Sie nichts durcheinandergebracht haben. Denn dieses ganze Werbe-Blabla ist austauschbar, obendrein langweilig; es zeugt von der Ideen- und Hilflosigkeit des Geldgewerbes.

So wie Ihnen geht es vielen Kunden, und so ging es auch mir, als der Verleger Jochen Kopp mich in dem Vorhaben bestärkte, ein Buch über die dümmsten und hohlsten Sprüche der Banker zu schreiben. Das heißt über das mit nichtssagenden Phrasen, Pseudo-Fachbegriffen und Anglizismen durchsetzte System, das sich dahinter verbirgt, und seine vielen Schwachstellen, die auch Sie mit etwas Übung schnell erkennen können, um sie dann bestenfalls sogar zu Ihrem eigenen Vorteil zu nutzen. Herausgekommen ist ein Buch, das darüber hinaus aufklären will, indem es sehr viel Widersprüchliches, Unlogisches und oft einfach nur Komisches zutage fördert.

Ich war immer wieder überrascht, wie verräterisch bis lächerlich viele Sprüche sind, wenn man sich ihren Inhalt genau durch den Kopf gehen lässt, oder besser gesagt, wie wenig Substanz vom Inhalt dann übrig bleibt. Ich habe sie aus fünf Jahrzehnten gesammelt, vier Jahrzehnte lang mit Hunderten von Bankern selbst diskutiert und Interviews geführt. Meine Quellen – den zeitlichen Schwerpunkt bilden die Jahre seit 2000 – bestehen in erster Linie aus Medien, die auch Ihnen zugänglich sind, außerdem aus eigenen Mitschriften, Auswertungen von Verbraucherzentralen und Anlegerschützern, aus Reden und Diskussionsbeiträgen, Presse- und Analystenkonferenzen, aus der einen oder anderen Korrespondenz, aus Prospekten, der Werbung und aus eigenen Erfahrungen im Umgang mit Bankern.

Es ist höchste Zeit, dass Sie selbst die Initiative in allen Geldangelegenheiten ergreifen, sonst wird die bedenkliche, am Verkauf der Finanzprodukte orientierte und von viel Blabla begleitete Entwicklung bei den Instituten Sie schon bald einholen. Deren Situation sieht gar nicht rosig aus: internationale Finanzkrise, riesige Verluste, hoher Personalüberhang, Strategiedefizite, zu wenig unternehmerisches Denken, unvermeidliche Zusammenschlüsse, Angestelltenmentalität, wenig bis gar keine wirkliche Beratung, schlechtes Preis-Leistungs-Verhältnis und verbesserungswürdiger Service. Als gewöhnlicher Kunde haben Sie es mit unberechenbaren Apparaten zu tun, die ihre Schwachstellen nur mühsam verbergen können. Die Analyse der in diesem Buch zitierten Sprüche soll Ihnen auch zeigen, wie die Apparate arbeiten, sodass Sie für sich die richtigen Schlussfolgerungen ziehen können.

Frankfurt am Main, im September 2008

Bedauerlich, leider kein Einzelfall

»Betreuung ist gut, Verkauf ist besser«

Keine Frage, der Mann, der diesen Satz formulierte, war seiner Zeit weit voraus: Eckart van Hooven, einst Vorstand der Deutschen Bank. Dumm nur, dass er ihn nicht etwa allein hinter vorgehaltener Hand im kleinen Zirkel von sich gab, sondern auch öffentlich, im Mai 1989 in der Zeitschrift *Bank und Markt*. Dort legte er noch nach, indem er »eine konsequente Verkaufsorientierung« der Filialen, »abschlussfreudige Verkäufer am Bankschalter« und sogar »engagierte Außendienstmitarbeiter« forderte. So etwas kann jemanden schon mal unbeliebt machen und für ihn schlimmstenfalls zum Bumerang werden. Jedenfalls waren van Hoovens Thesen auch intern umstritten. Die Deutsche Bank, die ihren Chef seinerzeit immer aus den eigenen Vorstandsreihen wählen ließ, hatte sich 1985 für Alfred Herrhausen entschieden, der 1988 alleiniger Vorstandssprecher und nach seiner Ermordung 1989 von Hilmar Kopper beerbt wurde.

Düsseldorf, fast zwei Jahrzehnte später. **»Leute wie Sie mögen wir nicht und wollen wir hier nicht sehen«**, bekommt ein Student vom Generalvertreter der Allianz zu hören, **»und jetzt machen Sie, dass Sie rauskommen, hoffentlich auf Nimmerwiedersehen.«** Der Student hatte sich – unter der Vorgabe, er sei Zahnarzt – erlaubt, im Auftrag der Verbraucherzentrale Bremen und der *Wirtschaftswoche* die Beratungsqualität des Finanzkonzerns zu testen, war dann aber von dessen Vertretern derart in die Mangel genommen worden, dass sie ihm auf die Schliche kamen, weil er sich verhaspelt hatte.

Mystery Shopping, so heißt diese Testmethode, deren Ergebnisse eine Art Kontrastprogramm zu den ätzenden bis dummen

Behauptungen der Finanzbranche bilden. Die Methode ist inzwischen gang und gäbe, die Medien setzen sie reihenweise ein. Ihnen bleibt ja auch nichts anderes übrig, wenn sie die Qualität der weitab von den Glasfassaden wuselnden Vertreter und Berater, die in Wahrheit Verkäufer sind, samt den obersten Strategen in den Topetagen testen wollen. Die üblichen Presse- und Analystenkonferenzen geben das jedenfalls nicht her. Die Hochglanzbroschüren erst recht nicht. Wie die mit dem ehemaligen Fußballspieler und jetzigen Fernsehkommentator Günter Netzer, der einst aus der Tiefe des Raumes kam und auf der ersten Seite des wie eine Speckschwarte glänzenden Werbematerials von Allianz Global Investors mit dem Titel »Die ganze Welt für Ihr Vermögen« in die Weite der Frankfurter Bürotürme blickt. Ganz schön raffiniert: Seinen Namen erfährt man darin nicht, sein Bekanntheitsgrad durch das Fernsehen reicht aus. Stattdessen werden gelackte Typen ins richtige Bild gesetzt, gibt es Hinweise auf Awards (Auszeichnungen) für hauseigene Fonds und zum Schluss auf Kooperationspartner, von der Deutschen Vermögensberatung bis zur Postbank, von MLP bis zur Dresdner Bank.

Letztere war 2001 vom Versicherungskonzern übernommen worden und bereitete ihm danach sehr viel Kummer. Abhilfe sollte Herbert Walter schaffen, den man von der Deutschen Bank abgeworben hatte. Er legte denn auch gleich bienenfleißig los. Einer der Höhepunkte war eine Leipziger Motivationsveranstaltung für Führungskräfte im September 2003. Dort gab Walter das Leitmotiv vor: »**Wir wollen die beste Bank Deutschlands werden.**« Und in einem über 500 Seiten dicken Arbeitsbuch stand geschrieben, wie das gehen sollte: Als »**Reise in eine neue Dimension**«, die Mitarbeiter der Dresdner Bank sollten »**Weltstandard**« werden.

Große Worte, doch der Weltstandard ließ auf sich warten, wie später so manches Mystery Shopping zeigte. Nicht nur bei der

Dresdner, sondern auch bei der Konkurrenz. Grund: Die meisten Banker in den Chefetagen konnten sich nicht schnell genug durchringen, dem eingangs zitierten Credo van Hoovens zu folgen. Sie warteten damit so lange, bis es fast zu spät war, weil die besten Verkäufer woanders gelandet waren. Stattdessen hatten sie Höheres im Sinn, als sich mit den Niederungen des Verkaufs von Allfinanzprodukten am Banktresen oder gar im Außendienst zu beschäftigen. Zum Beispiel ein Global Player zu werden. Oder wenigstens auf Augenhöhe mit den Reichen der Republik zu verhandeln, mit ihnen Golf oder Tennis zu spielen und gemeinsame Clubabende zu verbringen.

Dafür bot sich zu Beginn der 90er-Jahre die Ausgliederung des Geschäfts mit den Reichen und Superreichen scheinbar ideal an. Flugs reanimierte die Deutsche Bank das Privatbankhaus Grunelius (Motto:»Aus Tradition großen Vermögen verpflichtet«). Die Dresdner Bank folgte mit der Privatbank Hardy. Während die Bayerische Vereinsbank auf die Bethmann-Bank setzte, schickten die Commerzbank mit Commerz Finanz Management und die Hypo-Bank mit H.C.M. Zwitter in den Kampf um reiche Kunden: die einen eher als Finanzplaner, die anderen eher als Verkäufer.

In der Rückschau wirkt das alles irgendwie komisch. Aber die Großbanken hatten ja genug Geld und konnten die Dividenden zum Großteil aus den Erträgen üppiger Beteiligungen an ihre Aktionäre bezahlen. So eine komfortable Situation macht träge und alles andere als erfinderisch, erst recht, wenn man es sich leistet, verächtlich auf alles herabzublicken, was mit dem Verkauf von Finanzprodukten zu tun hat. Nicht von ungefähr machten in den 80er- und 90er-Jahren neben den verkaufsorientierten Versicherern auch Finanzvertriebe wie MLP, Deutsche Vermögensberatung, AWD und OVB mit Versicherungs- und zunehmend auch mit Bankprodukten ein Bombengeschäft.

Seitdem versuchen Banken und Sparkassen ununterbrochen ihre Beratungskompetenz herauszustellen, ohne sie im selben Maß zu besitzen, wie sie mit ihr angeben. Schon 1990 warb die Westfalenbank damit, indem sie sich als »Die Berater-Bank« – mit Bindestrich – in Szene zu setzen versuchte. »Vermögensberatung der Zukunft« versprach die Advance Bank zehn Jahre später. Ihre eigene Zukunft währte nicht lange. »Dresdner Bank Die Beraterbank« – ohne Bindestrich – schlug es uns jahrelang aus allen möglichen Medien entgegen. Dazu, wie zum Teil schon in der Einleitung erwähnt, mal »Sparen & Anlegen«, mal »Vorsorgen & Planen«, mal »Vermögen aufbauen & vermehren«.

Auf Dauer nerven solche Floskeln, weil sie immer wieder denselben Textbaukästen entnommen und auch von anderen Instituten verwendet werden. Ihr Ziel besteht darin, Kunden einzufangen oder zu behalten, um ihnen etwas zu verkaufen. Klar, denn jede längere Beratung kostet viel Zeit und damit Geld. Geld, das die Banken inzwischen nicht mehr beliebig aus Beteiligungserträgen abziehen können, denn die Beteiligungen sind zum größten Teil verkauft. Geld, das über Provisionen, offene und versteckte Gebühren wieder hereinkommen muss, denn Berater kosten viel Geld, vor allem, wenn sie angestellt sind und auch dann bezahlt werden müssen, wenn sie nichts verkaufen. Und wenn freie Mitarbeiter mit variabler, vom Umsatz der Bank abhängiger Bezahlung oder wenn Finanzvertriebe mit ähnlicher Vergütung an ihre Stelle treten sollen, folgt ein Zetermordio vonseiten der Gewerkschaft Ver.di.

Jetzt rächen sich mehrere Strategiefehler auf einmal: langjähriger Stellungskrieg zwischen den Etepetete-Bankern und ihren verkaufsorientierten Gegnern, Provisionsschinderei statt Finanzplanung für Kunden, Service zum Abgewöhnen, »Weltstandard«-Träume von der Allfinanz, zum Scheitern verurteilte Fusionen und Kooperationen, nicht zu vergessen teure

Experimente, vom längst verschwundenen alten Investors Club der Deutschen Bank in Düsseldorf bis zu ihrer Q110-Filiale in Berlin, vom Ambiente der Norisbank im Colani-Stil bis zu Kaffeefilialen der SEB Bank, deren Grün an die Coffee Shops von Starbucks erinnert.

Auch nicht zu vergessen: die vielen Pannen, bei denen es sich angeblich immer um einen Einzelfall gehandelt haben soll. Wie im Jahr 2001, als *Die Telebörse* einen Bankentest veröffentlichte. Die HypoVereinsbank kommentierte ihr damals schlechtes Abschneiden daraufhin mit:»**ein bedauerlicher Einzelfall**«. Oder später, als ein aus Sicht der Citibank»**bedauerlicher Einzelfall**« einem unerfahrenen Kunden laut *Manager Magazin* 37 000 Euro Verlust mit Aktienfonds einbrachte. Und noch später, als die Dresdner Bank ihre Mitarbeiter in den neuen Bundesländern mit Mails traktierte, sie sollten mehr Fonds verkaufen, und danach allzu rüde Formulierungen als »**einen bedauerlichen Einzelfall in einem einzigen Vertriebsgebiet**« bezeichnete.

Alles von gestern? Keinesfalls, auch in Zukunft wird es viel zu bedauern geben, und daran ist zum Teil ausgerechnet der Gesetzgeber schuld. Denn seit dem 1. November 2007 gelten in Deutschland neue Regeln für die Anlageberatung und speziell für den Fondsverkauf, basierend auf der Umsetzung der europäischen Richtlinie MiFID (Markets in Financial Instruments Directive). Zunächst hat der Gesetzgeber versäumt, darin den Verkauf geschlossener Fonds zu regeln. Hierbei handelt es sich rechtlich zwar nicht um Wertpapiere, aber aus Sicht der Anbieter von Finanzprodukten einschließlich ihrer Verkäufer ebenso um Provisionsmaschinen wie bei Aktien-, Renten- und sonstigen Fonds. Und dann gibt es noch eine Ausnahme, die unter anderem freie Fondsverkäufer begünstigt: Für sie gelten nicht die neuen Vorschriften zur Anlageberatung.

Die Bundesanstalt für Finanzdienstleistungsaufsicht, kurz Ba-
Fin, äußerte sich dazu bereits im Juli 2007, indem sie zunächst
die Merkmale der Anlageberatung auf ihre Art erläuterte: persönliche Empfehlung in Bezug auf Geschäfte »mit bestimmten
Finanzinstrumenten«, Empfehlung gegenüber Kunden oder
deren Beauftragten erst nach Prüfung der persönlichen Umstände, außerdem Empfehlung »nicht ausschließlich über In-
formationsverbreitungskanäle oder für die Öffentlichkeit«.
Dann nahm die BaFin sich die Ausnahme vor: »**Danach wird
für die Anlageberatung, sofern sie sich auf Investment-
fondsanteile bezieht, keine Erlaubnis der BaFin benötigt.**«
Diese »Ausnahmevorschrift für sogenannte Fondsvermittler«
(O-Ton BaFin) ist ein folgenschwerer Freibrief. Denn sie geht
von der Fiktion aus, bei Fonds handele es sich um eine Anlage
mit Risikostreuung. Doch das ist längst von gestern, heute do-
minieren Fondsspezialitäten. Im Extremfall gilt der Freibrief also nicht nur für breit anlegende Fonds, sondern auch für solche, die das Geld der Anleger womöglich in den BRIC-Ländern
Brasilien, Russland, Indien und China investieren.

Nun sind Fonds alles andere als einfache Finanzprodukte, die
man mir nichts, dir nichts Verkäufern überlassen kann. Doch
offensichtlich ist der Gesetzgeber von dieser Fiktion ausgegan-
gen. Die Realität sieht, generell bezogen auf das Verhältnis von
Fondsbesitzern zu ihren Beratern, ganz anders aus. Zu diesem
Ergebnis kam die Fondsgesellschaft Axa Investment Managers
bereits acht Monate nach der MiFID-Umsetzung in deutsches
Recht: »Das Vertrauen der deutschen Fondsbesitzer in ihre Berater ist innerhalb eines Jahres deutlich gesunken. Während
2007 noch 32 Prozent die Empfehlung ihres Beraters als besonders wichtig erachteten, sind 2008 nur noch 26 Prozent der
Fondsbesitzer dieser Meinung.« Wenn das nicht alles sagt.

Erst ein Hammer,

dann die Plattitüden-Panscher

Union Investment weiß zu nutzen, dass die Deutschen Angst vor Steuern und Abgaben haben, mit Sprüchen wie: »Heute Steuermann. Morgen Steuersparer«.

Und: »Bis 30.12. anlegen und 25 Prozent Steuern sparen!« Andere verstümmeln die deutsche Sprache, die Deutsche Bank lädt sogar zum Spielen ein.

Mit Verlaub, ihr Leute von der Fondsgesellschaft der Bankgenossen mit angeschlossenen Volks- und Raiffeisenbanken, so könnt ihr die Bundesbürger nicht für dumm verkaufen. Habt ihr nicht? Doch. »Wer clever ist und bis 30.12. anlegt«, behauptet ihr, erspare sich das Viertel Abgeltungsteuer. Den Soli und die Kirchensteuer habt ihr weggelassen, nun gut, das wären dann alles zusammen sogar fast 28 Prozent. Immer unter dem Vorbehalt, dass die vielfach unausgegorene Steuer, von der vor allem die Reichen mit hohem Kontostand profitieren, in den kommenden Jahren nicht noch mehrfach geändert werden muss, dass die Kirchenmänner eure Kunden an die Hammelbeine bekommen und, und, und.

Für die Reklame mit dem Steuervorteil habt ihr, zum Beispiel in der Zeitschrift €uro extra Anfang 2008, euren Fonds UniRak vorgeschoben, der in den vergangenen zehn Jahren per Ende 2007 für »durchschnittlich 7,6 Prozent Ertrag pro Jahr« gut war. Wie es sich gehört mit der üblichen Einschränkung, dass er in Zukunft nicht nur besser, sondern auch schlechter abschneiden kann. Was soll das? Wie viele Anleger könnt ihr vorweisen, die den UniRak in den fraglichen zehn Jahren besaßen und dann mit genau 7,6 Prozent jährlich abstießen? Gibt es überhaupt einen einzigen? Zweifel sind erlaubt. Zumal die ganze Argumentation durch das folgende Beispiel noch mehr ad absurdum geführt wird, und das ist ein Hammer.

Bedingt durch die Vorschriften zur Abgeltungsteuer, konnte es sich bei den Sprüchen von Union Investment nur um die Einladung zur Anlage im Jahr 2008 handeln und nicht zum Abschluss eines langjährigen Fondssparplans. Also eine Anlage mit Risiko, denn das Kürzel Rak steht ja für Renten und Aktien, folglich für Kursschwankungen und damit auch Kursverluste. Käme es nun beispielsweise zu einem Verlust von 10 Prozent, wird deutlich, wie hanebüchen die ganze Steuersparreklame ist. Bleiben wir bei der Prozentrechnung und nehmen wir den Ausgangswert eines Fondsanteils hypothetisch mit 100 Prozent bzw. 100 Euro an, bedeuten 10 Prozent Verlust, dass 10 Euro Verlust entstanden sind, der Wert also auf 90 Euro gesunken ist. Setzen wir nun die Ersparnis dagegen, die sich durch die Vermeidung der Abgeltungsteuer ergibt: Das ist, ohne Soli und Kirchensteuer, bei 7,6 Prozent jährlichem Ertrag grob gerechnet ein Viertel davon, das heißt 1,9 Prozent bzw. 1,90 Euro bezogen auf den Ausgangswert von 100 Euro. Bevor dieser sogenannte Steuervorteil den Wertverlust von 10 Euro ausgleicht, müssten also fünf Jahre und knapp zwei Monate vergehen (10 geteilt durch 1,9).

Daraus folgt: Union Investment hat versucht, Interessenten mit dem abgedroschenen Steuerspar-Argument für dumm zu verkaufen. Der Hammer wiegt umso schwerer, als UniRak laut Statistik des Fondsverbandes BVI allein im ersten Halbjahr 2008 nicht nur 10, sondern 13,6 Prozent an Wert verlor und im Jahresvergleich per 30. Juni sogar 16 Prozent. Legen wir den Verlust von 13,6 Prozent zugrunde: Rechnet man den Vorteil durch die Vermeidung der Abgeltungsteuer für den Fall dagegen, dass ein Anleger sein Geld Anfang 2008 in UniRak investiert und diesen Verlust erlitten hätte (ein Viertel von 7,6, also 1,9 Prozent), müsste er sogar über sieben Jahre warten (13,6 geteilt durch 1,9), um rein rechnerisch den Nachteil wieder wettzumachen, der ihm durch falsches Timing entstand. Daraus folgt: Das Argument mit der Abgeltungsteuer ist nicht nur dumm, sondern im Hinblick auf das Timingproblem sogar brandgefährlich.

Trotzdem ging die Werbekampagne in die nächste Runde wie etwa in der Juli-Ausgabe des *Manager Magazins* – mit denselben dummen Argumenten, dieses Mal wegen der zeitlichen Verschiebung aber unter Hinweis auf nur noch »**durchschnittlich 5,2 Prozent Ertrag pro Jahr**«. Dazu folgt hier analog wieder die Gegenrechnung: Ein Viertel von 5,2 macht 1,3 Prozent. Um den Wertverlust von wieder zugrunde gelegten 13,6 Prozent wettzumachen, sind dann sogar mehr als zehn Jahre erforderlich, bis sich die Abgeltungsteuer rechnet. Dasselbe Spielchen lässt sich natürlich auch in der anderen Richtung treiben, mit Wertsteigerungen statt mit Wertverlusten. Die Erkenntnis ist dann unter dem Strich aber wieder ähnlich: Im Vergleich zu Wertveränderungen des Fonds und damit zum Timing ist der Effekt der Abgeltungsteuer unbedeutend. Daraus wird auch kein Schuh, nur weil die Konkurrenten ähnlich hanebüchen mit dieser Steuer auf Kundenfang gehen so wie die Sparkassen-Fondsgesellschaft Deka Investment mit ihrem dummen Spruch »**Aus die Steuer, fertig, los!**« – einfach unverantwortlich. Schlimm genug, dass ausgerechnet die Zeitschrift *Finanztest*, die sich sonst so gern dem Anlegerschutz verschreibt, in ihrer Ausgabe vom September 2008 den ganzen Unsinn auch noch mit einer Titelstory beförderte und dazu eine Aussage machte, die an der Seriosität des Blattes zweifeln lässt: »Die Frage, ob jetzt ein günstiger Kaufzeitpunkt ist, wird zweitrangig.« Der UniRak-Fall hat bewiesen, dass das Gegenteil richtig ist.

Um beim Union Investment-Jargon zu bleiben: »Wer clever ist«, schaut vielleicht erst einmal im Internet nach dem Ergebnis einer Meinungsumfrage des Forschungsinstituts Forsa im Auftrag des Finanzvertriebs AWD vom März 2008. Danach haben 59 Prozent der Bundesbürger Angst vor hohen Steuern und Abgaben, dagegen nur 45 Prozent vor Terrorismus. Dieses Ergebnis bestätigt ein Mal mehr die unter Protagonisten von Steuertricks weit verbreitete Erkenntnis, der Steuerspartrieb der Deutschen sei stärker ausgeprägt als ihr Geschlechtstrieb. Union Investment hat die Erkenntnis zur Werbebotschaft umfunktioniert. So gesehen, hat bestenfalls die Fondsgesellschaft clever zu sein versucht. Ob ihre Anleger clever sind, hängt von allem Möglichen ab, nur nicht davon, dass sie sich Steuer-Angst einjagen lassen.

Es gibt bestimmte Begriffe, die mal so, mal so zusammengesetzt sind und in der Werbung von allen Unternehmen, Branchen, Verbänden und Interessengruppen immer wieder bevorzugt werden. Mit ihnen gehen auch Banken und Sparkassen geradezu penetrant auf Kundenfang. Dazu gehören neben »clever« beispielsweise auch »mehr« und »machen«. »**Immer eine Idee mehr**«, so warb einst die Bausparkasse BHW. »**Mehr Ideen fürs Geld**«, legte die deutsche Dependance der Schwedenbank SEB später nach. Wahrlich nicht originell. Ihr Spruch aus dem Jahr 2008 mag dann zwar origineller gewesen sein, erinnerte aber eher an ein paneuropäisches Gunstgewerbe als an eine Bank: »**Italiener können küssen. Schweden können Konten.**« Aus den Flegeljahren der Direktbanken stammt »**Mehr Bank braucht kein Mensch**« von der Bank24, mit der die Deutsche Bank so lange herumexperimentierte, bis die Kunden die Nase voll hatten. Einen Volltreffer landete schließlich, wenn auch unfreiwillig, die deutsche Staatsbank KfW mit ihrem Spruch »**Eine Bank, die mehr bewegt als Geld**«. Unfreiwillig, weil sie bis 2007 derart in die internationale Finanzkrise verwickelt wurde, dass letzten Endes die Steuerzahler für die bewegenden Geldabenteuer büßen müssen. Dazu einige Kapitel weiter mehr.

Die gerade zitierten Beispiele haben eines gemeinsam: Es handelt sich um Plattitüden, bei denen man sich fragt, warum für deren Panscher und ihren Wortmischmasch viel Werbegeld ausgegeben wird. Geld, das die Institute sinnvoller in die Qualität ihrer Finanzprodukte und die Weiterbildung von Mitarbeitern investieren könnten. Doch die Werbeschlacht geht weiter, und in manchen Fällen geraten die Plattitüden sogar zur peinlichen Verstümmelung der deutschen Sprache. Wie einst bei der Post, die in den 80er-Jahren »**Das clevere Konto**« anbot. Oder zuletzt bei Easy Credit mit dem sprachlichen Unfug »**Der clevere Credit**«. Als wenn ein Konto oder ein Kredit clever sein könnten. Das erinnert stark an ein anderes Wortpaar: In Bankerkreisen ist oft ist von »**spekulativen Aktien**« die Rede, ohne dass jemand aus der Finanzbranche je erklären könnte, was konkret damit gemeint ist. Und wenn dann einer doch den Versuch unternimmt, kommen dabei bestenfalls pseudowissenschaftliche Erklärungen heraus mit Begriffen wie Volatilität, Tracking Error, Alpha, Beta und Omega. Statt einfach zu sagen: Spekulativ sind nicht einzelne Wertpapiere, sondern Anleger, die einen mehr, die anderen weniger. Die einen gehen ein höheres Risiko ein, weil sie unabhängig sind und weil sie die mit dem höheren Risiko oft verbundenen größeren Chancen wahrnehmen wollen. Die anderen scheuen das höhere Risiko, weil sie möglicherweise noch Kredite zurückzuzahlen oder eine Familie zu ernähren haben. Ob die einen mit vermeintlich weniger spekulativen Allianz-Aktien oder mit angeblich hochspekulativen Schweinebäuchen spekulieren, ist unerheblich, denn Spekulant bleibt Spekulant.

Der Begriff »machen« ist schier Branchen übergreifend. »Wir machen den Weg frei«, dieses Moto stammt von den Volks- und Raiffeisenbanken. Der Energiekonzern E.on hält dagegen mit: »Für Sie machen wir weltweit viel Wind«. Die Anti-Aids-Werbung verwendet das Mach-Wort sogar doppelt: »Sicher macht lustig« und »mach's mit«. Wie wenig die Finanzwerbung gefühlt-assoziativ davon entfernt ist, belegt die Deutsche Bank mit ihrer Animation zur wilden Spekulation und der Schlagzeile »**Machen Sie sich frei**«. Wenn es in ihrer Veröffentlichung *X-press Trading* vom Januar 2008 doch nur dabei geblieben wäre. Aber weit gefehlt, der Chefredakteur ließ keine Peinlichkeit aus, um seinen Lesern ein X für ein U vorzumachen und ihnen das Gegenteil der bewährten Börsenweisheit »Hin und her macht Taschen leer« zu vermitteln: »**Traden macht reich, Traden macht mobil, Traden macht frei.**«

Puh. Dass die Deutsche Bank so etwas durchgehen lässt, ist an sich erstaunlich. Oder doch nicht? Traden bedeutet handeln. Zur Sumpfblütezeit des Neuen Marktes von 1998 bis zum März 2000 handelten sich Day Trader mit Aktien erst in den Börsenhimmel und danach, als ihre Aktien nichts mehr wert waren, um Haus und Hof. Gewinner waren, ähnlich wie beim Roulette die Casinos, die Banken. Das ist eine ihrer Gewinnquellen: Davon zu profitieren, dass es Menschen gibt, deren Geldgier sie so lange zum Spielen animiert, bis sie kein Geld mehr haben. Auf dem Weg dahin bleiben stattliche Provisionen bei den Banken hängen, ohne dass diese allzu viel zu unternehmen brauchen, außer genug Spielzeug mitsamt der zugehörigen Software zur Verfügung zu stellen.

Die erwähnte Ausgabe von *X-press Trading* führte denn auch Abertausende von Optionsscheinen auf, eine Spezies von Finanzinstrumenten, deren Preisbewegungen die Kursausschläge der ehemaligen Highflyer am Neuen Markt zum Teil alt aussehen ließen. Die Scheine zielten auf Aktien, Rohstoffe und Währungen. Die Länderauswahl bei den Optionsscheinen auf Aktien erstreckte sich über alle fünf Kontinente: Sie umfasste von Marokko bis Ägypten, von Brasilien bis Korea, von der Türkei bis Mexiko eine große Auswahl an Ländern, in denen hektische Kursbewegungen gang und gäbe waren und die Hebelwirkung der Scheine, also deren hektisches Rauf und Runter, zusätzlich verstärkten. *X-press markets*, die Postille der Deutschen Bank für strukturierte Produkte, enthielt in ihrer Ausgabe vom August 2008, allen Börsenturbulenzen zum Trotz, immer noch eine vergleichbare Länderauswahl. Macht so etwas reich, mobil und frei? Wer's glaubt, sollte sich vom Schriftsteller Dostojewski eines Besseren belehren lassen, mit dessen Werk *Der Spieler*.

Von Volksaktien zur Volksverdummung

Wie Krug und Kerner, Merkel und Mehdorn
das Geschäft der Banken in Schwung bringen

Mit Speck fängt man bekanntlich Mäuse. Die sind – neben Flöhen, Kröten, Mücken und ein paar weniger tierischen Begriffen – ein Synonym für Geld. Wie kommt man als Bank oder Sparkasse an den Speck, um die Mäuse der Kunden einzufangen? Das hängt unter anderem von den Kunden ab. Die reiche Kundengruppe – nennen wir sie Firmenkunden und, um einen modischen Begriff aus der verquasten Bankersprache zu benutzen, High Net Worth Individuals – muss durch Speck in Form konkurrenzfähiger Angebote und guter Leistungen überzeugt werden. Die andere Kundengruppe, Geldlaien im weiteren Sinn, ist offenbar schon mit flotten und allzu oft dummen Sprüchen zu kriegen. Mit viel Werbung und Schwimmen im Strom. Mit hoheitlich formulierten Floskeln wie »**Wir gewähren Ihnen einen Kredit**« oder »**Ihr Bausparvertrag ist zuteilungsreif**«. Mit pseudowissenschaftlich umschriebenen oder einfach nur mit raffiniert verpackten Geldmischungen wie mit Fonds und Zertifikaten. Oder mit dem – zum Teil staatlich inszenierten und geförderten – Erzeugen von Torschlusspanik. Wie zu Beginn der 90er-Jahre durch das Fördergebietsgesetz, dessen Folgen (Schrottimmobilien in den neuen Bundesländern) arm gewordene Anleger noch heute zu spüren bekommen. Wie Ende der 90er-Jahre durch die von Banken und Sparkassen künstlich knapp gehaltene Zuteilung von Aktien des Neuen Marktes, die sich kurz darauf als wertlos erwiesen. Und wie im Jahr 2008 durch die im vorigen Kapitel aufs Korn genommene Abgeltungsteuer.

Gelegenheiten, mit ihren Kunden ins Geschäft zu kommen, gab und gibt es für die Geldhäuser zuhauf. Verfolgen wir dazu einige Höhepunkte, aber auch Tiefschläge, in der Geschichte der gerade erwähnten staatlichen Förderung, an der die Geldhäuser mitverdienten. Die Kungelei von Staat und Wirtschaft begann nach dem 2. Weltkrieg unter anderem mit dem berühmten § 7 b Einkommensteuergesetz, dem später § 10 e folgte. Beide brachten das Baukreditgeschäft ordentlich in Schwung, denn sie begünstigten Bauherren über alle Maßen. Unvergessen der spätere Spruch des schon im ersten Kapitel zitierten ehemaligen Deutsche Bank-Vorstands Eckart von Hooven aus dem Jahr 1978: »**Jeder gute Finanzierungsberater müsste heute in der Lage sein, eine 100-Prozent-Finanzierung zu verwirklichen.**« Van Hooven stellte damit indirekt einen Freifahrtschein für Finanzabenteuer vieler Bundesbürger aus. Nebenbei lag er im Clinch mit den Versicherern, deren Kapitalpolicen er den Sparplan mit Versicherungsschutz der Deutschen Bank entgegenzusetzen versuchte. Vergeblich, denn die Versicherer hatten ihren Kunden – mittelbar auch sich selbst – beim Gesetzgeber noch rechtzeitig vor der vollen Blüte des Wirtschaftswunders ein Privileg gesichert, das sie bis Ende 2004 behalten durften: die Steuerfreiheit der Erträge aus Kapitalpolicen, wenn die Kunden bestimmte Regeln einhielten, wie mindestens zwölf Jahre durchzuhalten. Dieses Privileg hatte der Sparplan der Deutschen Bank nicht.

Der in den 50er- und 60er-Jahren von der CDU/CSU dominierte Gesetzgeber wollte es nicht beim Bakschisch für Backsteine und Kapitalpolicen belassen, sondern schickte die Bundesbürger auch auf die durch Rabatte für Kleinsparer geförderte Pirsch nach Volksaktien, wie Preussag (heute TUI), VW, Veba (heute E.on) und schließlich Deutsche Telekom. Das verhalf Banken und Sparkassen zu jeder Menge neuer Depotkunden. Das mehrfach reformierte Vermögensbildungsgesetz führte den Instituten ebenfalls viele Kunden zu; davon profitierten zusätzlich die Bausparkassen. Seit den 70er-Jahren wurden Steuersparmodelle zur Modeerscheinung; sie kamen den Immobilien zugute (zunächst nur in den alten Bundesländern, durch das Fördergebietsgesetz nach der Wende auch in den neuen), außerdem Schiffen, Flugzeugen, Windkraftwerken und anderen subventionierten Objekten – in erster Linie aber denjenigen, die an der geschickten Modellierung verdienten. Das waren neben den Initiatoren solche Kreditinstitute, die es verstanden, die Objekte erst für die Initiatoren zu finanzieren, sie anschließend ihren Kunden zu verkaufen und im Extremfall darauf noch einen Kredit zu geben. Am Ende entsprach die Kreditpyramide vielfach nicht einer 100-, sondern sogar einer 200-Prozent-Finanzierung.

Als die staatlichen Kassen wegen der ganzen Steuersubventionitis leer zu werden drohten, kam den Instituten – erst zwischen den Jahren 1982 und 1987, dann von 1996 bis 2000 – gerade zur richtigen Zeit die Aufwärtsbewegung an den internationalen Aktienbörsen entgegen. Flugs ließen sie während der 90er-Jahre von ihren Investmentgesellschaften Fonds in allen erdenklichen Varianten konstruieren, Schwerpunkt Spezialitäten, von Branchen- bis zu Themenfonds, von biederen Garantie- bis zu den berüchtigten Neuer Markt- und TMT-Fonds (Technologie, Medien, Telekommunikation), deren Manager nur der Herde der anderen Manager hinterher zu laufen brauchten, um im allgemeinen Börsengalopp mithalten zu können. Der Staat half ihnen dabei, dieses Mal durch das Finanzmarktförderungsgesetz, mit dessen Hilfe die Anlagevorschriften liberalisiert wurden.

Die Aktienfonds-Manie in der zweiten Hälfte der 90er-Jahre brachte Auswüchse mit sich, wie deutsche Anleger sie noch nie erlebt hatten. Waren 1996 laut Statistik des deutschen Fondsverbandes BVI erst 166 Fonds neu aufgelegt und 20 aufgelöst worden, so stieg dieses Verhältnis bis 1999 auf 409 zu 36 und im Jahr 2000, als die meisten Aktienkurse bereits im März ihren Höhepunkt erreicht hatten, sogar auf 535 zu 31. Bei den neu aufgelegten Kreationen handelte es sich fast ausschließlich um Spezialitätenfonds. Was dann geschah, lässt viele Anleger heute noch einen großen Bogen um Aktienfonds machen. Denn die schlechtesten unter denen brachten innerhalb Jahresfrist horrende Verluste. Hier die traurige Minusbilanz der fünf in Deutschland offiziell zugelassenen Versager vom 1. April 2000 bis 31. März 2001 in Prozent: FI Lux IQ Internet – 88,1, Nordinternet – 86,6, VMR Internet Vision – 85,8, DWS Internet-Aktien Typ 0 – 80,4, UniNeueMärkte – 79,7. Aus den Optimisten, im Börsenjargon Bullen genannt, war also in kurzer Zeit eine Herde Rindvieh geworden.

Daraufhin zogen sich die Banker, die bis dahin kräftig mitgetrampelt hatten, einfach zurück. Bis 2003 sank die Zahl der neu aufgelegten Fonds auf 206, dagegen schnellte die der aus dem Verkehr gezogenen auf 347 hoch. Das Vermögen von einigen war zwischenzeitlich sogar unter 1 Million Euro gerutscht, etwa von MPC New Markets oder H & A Lux DAC Internet-Fonds. An ihnen nagten die fixen Kosten natürlich mehr als an größeren Fonds, aber auch diese lieferten abschreckende Beispiele. Wie JB-Multistock-Special Europe Stock B, mit dem Anleger allein im Jahr 2002 mehr als die Hälfte ihres Vermögens verloren. Das hinderte JB (Kürzel für die Schweizer Bank Julius Bär) nicht, sich schon zwei Jahre später wieder mit flotten Sprüchen an das deutsche Publikum zu wenden wie »**True to you**« oder wie mit der folgenden Verhohnepiepelung der Anleger: »**Für alle, denen schon beim Gedanken an eine Achterbahn flau im Magen wird. Absolute Return Produkte. Fonds, die nicht zu viel riskieren.**« Also einfach die Multistock-Special-Achterbahn abgebaut und die vielen Opfer, die aus der Kurve geflogen sind, mal eben auf die Absolute-Return-Couch des Psychologen verbannt.

Im Jahr 1996 wurde nicht nur wegen der danach anschwellenden Zahl der Spezialitätenfonds eine neue Epoche eingeläutet, sondern auch, weil damals Aktien der Deutschen Telekom an die Börse kamen. Dadurch schien die Volksaktien-Idee bestätigt zu werden. Der insbesondere auch bei Kleinaktionären sensationelle Erfolg der – wegen der Angaben im Emissionsprospekt bis heute umstrittenen – Telekom-Aktien führte dazu, dass Banken und Sparkassen zunächst sehr viele neue Depotkunden gewannen. Erfolge haben bekanntlich immer viele Väter, doch in diesem Fall ragte einer ganz besonders heraus: der aus dem Fernsehen bekannte Schauspieler Manfred Krug, der die Stimmung für T-Aktien mit flotten Sprüchen enorm anzuheizen verstand. Das tat er jedoch nicht nur 1996, sondern zum Leidwesen vieler Sparer zusammen mit seinem Kollegen Charles Brauer leider auch später, als der Großaktionär, der Bund (mittelbar über die Kreditanstalt für Wiederaufbau, kurz KfW), zur Unzeit – während des Abwärtstrends im Juni 2000 – weitere T-Aktien unters Volk bringen ließ. Die Banken unter Führung der Deutschen und der Dresdner sowie von Goldman Sachs halfen bei der Volksverdummung mit, der damalige Finanzminister Hans Eichel auch.

Die Banken nutzten die Gunst der Stunde, T-Aktien an ihre nichts ahnenden Kunden zu verkaufen, bevor der Aktienkurs dann in nicht einmal drei Jahren geviertelt wurde. Es blieb allerdings dem Telekom-Finanzvorstand Karl-Gerhard Eick vorbehalten, in jenem Juni den verfänglichsten Spruch loszulassen: **»Den Anlegern bietet sich die ausgezeichnete Gelegenheit, bei diesem Megatrend mit einem einzigen Investment von Beginn an dabei zu sein.«** Zwar kein Banker-Spruch, aber einer, der belegt, mit welchen fadenscheinigen Argumenten ein Finanzvorstand für Banker auf Kundenfang ging.

Acht Jahre später, im Juni 2008, geschah etwas, was Börsenauguren schon lange vorhergesagt hatten: Der Kurs der Air Berlin-Aktie stürzte noch mehr ab, obwohl er schon vorher kräftig ins Trudeln geraten war. Das hatte zwar nicht direkt etwas mit der T-Aktie zu tun, aber gewisse Parallelen waren doch da: Für den Börsengang der Fluggesellschaft im Jahr 2006 hatte Multi-Fernsehmoderator Johannes B. Kerner mit flotten Sprüchen wie »**Ich zeichne Aktien von Air Berlin**« ähnlich penetrant geworben wie zehn Jahre zuvor Manfred Krug mit: »**Die Telekom geht an die Börse, ich geh' mit**«. Die Moral von der Geschicht': Traue den Fernsehpromis nicht. Vor allem dann nicht, wenn sie sich mit Börsenaspiranten und so indirekt auch mit deren Bankern verbünden.

Der Speck, mit dem die Geldhäuser Mäuse fangen, besteht aus noch viel mehr fetten Würfeln und Schwarten. Im Zweifel lässt sich dafür alles verwenden, was Geld bringt. Zum Beispiel waren es vor der Euro-Einführung die auf dieses Ereignis zugeschnittenen Fonds: Man konnte viele von ihnen zwar kaum von anderen Fonds unterscheiden, aber das Euro-Etikett half, ihren Verkauf anzukurbeln. Dann kam die Krise als Verkaufshilfe gerade recht: Nachdem die Aktienkurse von 2000 bis 2003 eingebrochen waren, ließen sich Garantiefonds und -zertifikate bestens an Frau und Mann bringen, außerdem offene Immobilienfonds. Erste, zweite und dritte Plätze im Kampf um die Trophäe als bester Fonds oder beste Fondsgesellschaft zogen ebenso wie die Preise für »**Deutschlands beste Börsensoftware**« (Consors, heute Cortal Consors), »**Die fairste Kreditbank**« (ING-DiBa) oder »**Mittelstandsbank des Jahres 2008**« (Commerzbank). Der Rohstoffboom und sein Pendant, die Inflation, sorgen dafür, dass sich spätestens seit 2006 Zertifikate auf Gold und Öl, Kupfer und Weizen, Sojabohnen und Schweinebäuche zackzack verkaufen lassen.

Machten noch um die Jahrtausendwende alle Fonds Furore, deren Aktien irgendetwas mit »**Growth**« (Wachstum) zu tun hatten, so wendete sich das Blatt seit 2003 zu »**Value**« (Wert, sinngemäß: Substanz). Danach kamen Nachhaltigkeits-, Gesundheits- und Infrastrukturaktien an die Reihe, flankiert von den entsprechenden Zertifikaten, deren Wirkungsweise allerdings kaum noch ein Anlageberater versteht, geschweige denn ein Anlagelaie. Und wenn Kanzlerin Angela Merkel ständig den Klimaschutz heraufbeschwört, legt sie für die Geldhäuser ganze Speckrollen aus. Denn im Gefolge sind nicht nur Nachhaltigkeits-, Öko-, grüne und sonstwie ökologisch verpackte Fonds und Zertifikate angesagt, sondern in Deutschland auch Millionen von Energieausweisen, die Hauseigentümer über kurz oder lang zwingen, ihre Hütten dicht zu machen. Und weil das kostspielig ist, profitieren davon mit Krediten die Banken einschließlich der KfW mit ihren Förderprogrammen, die Bau- und sonstige Sparkassen.

Ein weiteres Modethema hieß und heißt nach wie vor: Logistik. Damit schöpften – neben gut geführten Speditionen und der Deutschen Post (außer in den USA) – zunächst vorwiegend offene und geschlossene Fonds eine Art Überrendite ab, indem sie Immobilien an Knotenpunkten des Verkehrs erwarben. Doch seit sich über DB Mobility Logistics, eine Tochter der Deutschen Bahn, aus Anlass des umstrittenen Börsengangs Politiker und Banker die Köpfe heiß redeten, kam das Thema auch von daher in Mode. Das lag im Wesentlichen am – nicht minder umstrittenen – Bahn-Chef Hartmut Mehdorn, der es verstand, die Nation zu spalten. Der *Stern* beschrieb im März 2008, wie die gespaltenen Lager aussahen: »Mehdorn und seine Strippenzieher aus der Regierungskoalition, Struck, Steinbrück, Tiefensee, Kauder und ein paar mehr möchten die Bahn privatisieren, sie möglichst schnell an die Börse bringen. Die anderen, die große Mehrheit der Bevölkerung, sind dagegen, auch die Basis der SPD.«

Mehdorn empfand es offenbar nicht einmal als peinlich, dass seine Bahner ihn in ihren Publikationen so beschrieben, als habe Clint Eastwood im Italo-Western »Für eine Handvoll Dollar« gerade wieder einen Fiesling aus dem Weg geräumt: »Eisernen

Willen signalisieren schmale Lippen und gewölbte, hohe Stirn, Energie bündelt das Kinn. Die Augen blitzen.« Den Bankern kam zupass, dass Mehdorn in jahrelanger Kleinarbeit die meisten Bedenkenträger aus dem Weg geräumt hatte. So konnten sie – unter Führung von Deutscher Bank, Goldman Sachs, Morgan Stanley und UBS – endlich davon träumen, am Börsengang mitzuverdienen.

Das Verantwortungs-Los der Kunden

»Geld muss schwitzen«, behauptet die Commerzbank.
Warum denn?

Was machen Banken und Sparkassen eigentlich? Die Frage ist
berechtigter denn je. Zu ihr gibt es aus interner Sicht zwar Tausende von Abhandlungen in Azubi-Lehrgängen und studenti-
schen Seminaren, in gedanklich dünnen Festschriften, wenn
wieder einmal ein Herr des Geldes seinen 60. oder 70. Geburtstag feiert, und in dicken Wälzern, für deren Lektüre kaum noch
jemand Zeit aufbringt. Aber seltsamerweise beschränken sich
die Veröffentlichungen aus externer Sicht, also aus der Perspek-
tive der Kunden, im Wesentlichen auf deren Beschwerden, die
– wenn schon die Ombudsmänner (so etwas wie Schiedsrichter zwischen Kunden und Instituten) sie nicht herausrücken –
wenigstens woanders landen: bei den Verbraucherzentralen
der Bundesländer und ihrem Berliner Verband, beim Deutschen Institut für Anlegerschutz in Berlin, beim Institut für Finanzdienstleistungen in Hamburg sowie bei Publikationen wie
Finanztest, Börse Online, Wirtschaftswoche, Guter Rat und *Süddeutsche Zeitung*. Nicht zu vergessen Dutzende von spezialisierten Anwälten, die allzu gern mit den Medien kungeln, um den
Ansprüchen ihrer Mandanten Nachdruck zu verleihen. Betriebswirtschaftslehre der Banken und Sparkassen aus Kunden-
sicht? Fehlanzeige.

Die Institute handeln mit Geld in allen erdenklichen Varianten: Scheine, Münzen, Konten aller Art, Tages- und Festgeld,
Sparbücher und -briefe, Dispo-, Unternehmens-, Raten-, Bau-
und sonstige Kredite, Maestro- und Kreditkarten, Anleihen, Bundesschatzbriefe, Aktien, Unternehmensbeteiligungen, Fonds,
Zertifikate und andere Derivate, Währungen, Edelmetalle,
Versicherungspolicen, Immobilien und fallweise sogar Infor-

mationen. Also im Wesentlichen Geld als Finanzprodukt, das eine mehr oder weniger hohe Spanne enthält, mit der die Institute ihre Mitarbeiter bezahlen und Glaspaläste finanzieren. Mehr, wenn sie Unternehmensbeteiligungen hin und her schieben (was laut Bankerdefinition vornehmer formuliert zum Investment Banking gehört), weniger, wenn sie mit Edelmetallen in physischer Form handeln, und gar keine Spanne, wenn sie an der Kasse einen Fünfhunderter in fünf Hunderter wechseln.

»Geld muss schwitzen«, fabulierte die Commerzbank einst – aus Bankersicht. Damit fasste sie so gut wie alles zusammen, was die Spielarten des hier beschriebenen Geldhandels kennzeichnet. Also Betriebswirtschaftslehre der Banken und Sparkassen in einem einzigen Satz. Das war im Sommer/Herbst 2001. Bravo, bis dahin. Doch dann kam die Ernüchterung: Die Schweißperlen sollten weder von einem Konto mit zweistelligen Zinsen noch von einer heißen Aktie triefen, sondern vom ActivPlan, einer nicht einmal coolen, auf Fonds basierenden Vermögensverwaltung, wie sie im Prinzip auch bei allen anderen großen Anbietergruppen zu haben war, nur dass die Commerzbank gleich mit sechs Varianten aufwartete. Man schrieb das Jahr 2 der abstürzenden Aktienkurse. Folglich mussten Finanzprodukte her, die Sicherheit und Professionalität versprachen. Und weil damals das Image von Fonds wegen ihrer abstürzenden Preise und darüber stürzenden Manager schon ähnlich gelitten hatte wie das der Aktien, erhielt der ActivPlan den Beinamen Vermögensverwaltung.

»Schon ab einem Einstiegskapital von € 25 000«, fügte die Bank noch hinzu, um erst gar nicht falsche Hoffnungen von Kleinsparern zu wecken. Dabei sollte die Individualität nicht zu kurz kommen: **»Abgestimmt auf Ihr individuelles Risikoprofil finden unsere Finanzexperten die passende Strategie für Ihr persönliches Anlageziel.«** Doch was, bitteschön, ist ein Risikoprofil? Also schnell nachgeschlagen im *Commerzbank-Ma-*

gazin für individuelle Anlageprodukte, Ausgabe Juli/August 2007, Schutzgebühr 2,90 Euro. Und siehe da, auf Seite 18 endlich gefunden: »**Commerzbank-Kunden können – entsprechend ihrem individuellen Bedarf und der strategischen Ausrichtung – beim ActivPlan zwischen unterschiedlichen Risikoprofilen wählen. Diese erstrecken sich vom reinen Euro-Renten-Management bis hin zur chancenorientierten Strategie eines reinen Aktienmanagements.**« Aha, die Risikoprofile sind in den sechs Jahren zwischen 2001 und 2007 also von den Kunden auf sechs Fondsmischungen übergegangen. Daraus lernen wir zunächst: Der Begriff ist so dehnbar, dass er sich offensichtlich auf Menschen wie auch auf Fonds beziehen kann. Nur, was sagt er dann noch aus? Nichts.

Das lässt sich auch mit einem weiteren Argument begründen. Im Magazin für 2,90 Euro Schutzgebühr erwähnt der zuständige Bereichsleiter der Commerzbank unter anderem die Münchner Researchfirma FondsConsult, die dem ActivPlan in zwei Risikoklassen »eine besondere Konzeptstärke« bescheinigt habe. So weit, so gut, was auch immer Konzeptstärke bedeuten mag. FondsConsult-Vorstand Joachim Meyer wies indes schon mal auf die entscheidende Schwachstelle des ganzen Konstrukts hin, das Sechser-Konzept mit den sechs Fondsmischungen: »Bei so vielen Anlageklassen wird die Performance-Verantwortung vom Verwalter auf den Kunden übertragen.«

Wie viel Unfug hinter einer solchen Methode steckt, wird auch unter einem anderen Aspekt deutlich: wenn man sich in die Lage eines Kunden versetzt, zum Beispiel eines normalen Mittelschicht-Kunden mit 25 000 Euro auf dem Konto. Seine Risiken reichen vom Ausrutschen in der Badewanne bis zum Unfall auf dem Weg zum Büro, vom möglichen Verlust des Arbeitsplatzes bis zur Berufsunfähigkeit, von der Gefahr der Scheidung bis zur unzureichenden Altersvorsorge – und, wenngleich in den meisten Fällen erst auf einem mittleren oder hinteren Platz, von unzureichenden Zinsen bis zu Schieflagen mit Fonds für 25 000 Euro. Und nun besitzt ein Banker die Frechheit, das – ohnehin mit fragwürdigen Methoden ermittelte – Risikoprofil der Fondsmischung A, B, C, D, E oder F auf diesen Kunden zu projizieren, dessen Risiko nur zu einem Bruchteil aus Fehlern bei der Geldanlage besteht. Rutschige Badewannen und kostspielige Scheidungen mögen ja nicht zum Metier von Bankern gehören, doch das gibt ihnen längst noch nicht das Recht, Kunden mit unlogischen, fadenscheinigen Argumenten in Fonds zu locken und so die Verantwortung mal eben von sich auf die Kunden zu schieben.

Propaganda mit Prozenten

»0,50 Prozent p.a. Basiszins + 3,75 Prozent p.a. Quartal-Bonus + 1,00 Prozent p.a. Extra-Bonus = 5,25 Prozent p.a.*«
So etwas nennt die Postbank »**einfach und flexibel**«.
Andere können es auch nicht besser.

Allein schon das hochgestellte Sternchen über dem letzten »p.a.« bedurfte einer nicht weniger als dreizeiligen Erklärung dieser Postbank-Aktion, die bis zum 30. Juni 2008 lief. Dazu weitere Erläuterungen wie: »**Zusätzlich zum Basiszins von 0,5 Prozent p.a.* erhalten Sie den Quartal-Bonus, rückwirkend für den Teil Ihres Guthabens, der ein ganzes Kalenderquartal auf Ihrem Sparkonto liegt. Ihren Quartal-Bonus erhalten Sie im Eröffnungsquartal ab dem Datum der Ersteinlage – maximal für die Höhe Ihrer ersten Einzahlung.**« Alles klar? Nein? Macht nichts, es lohnt sich sowieso nicht, die Sternchen-Geheimnisse zu ergründen. Das tat ohnehin bereits die Zeitschrift *Finanztest* noch vor jenem 30. Juni und kam beispielsweise zu dem folgenden Ergebnis:»Das Quartal-Spar-Angebot ist ein verkappter Festgeldvertrag. Im Gegensatz zu einem Tagesgeldkonto unterliegt das Quartal-Sparen zu allem Überfluss auch noch einer dreimonatigen Kündigungsfrist.« Spätestens Ex-Fußballweltmeister Franz Beckenbauer, Werbe-Ikone der gelben Bank, hätte deren Offensivdrang wegen Foulspiels unterbinden müssen. Hat er aber nicht.

Die ärgerliche Quartalsgeschichte wäre bald in Vergessenheit geraten, wenn nicht auch andere Banken versucht hätten und weiter versuchen würden, mit fürchterlich komplizierten Angeboten Kunden zu ködern, und das nicht erst seit gestern. Genaugenommen hatte die neue Ära der Propaganda mit Prozenten am 1. Dezember 1994 begonnen. Damals wollte Spaniens Banco de Santander den deutschen Markt erobern und drohte:

»**Schwarzer Freitag für viele Banken. Santander Direkt Bank ist da.**« Die bedrohlich erscheinende Kampagne kam zunächst allerdings kaum über die Drohgebärde hinaus. Später spalteten die Spanier das Deutschland-Geschäft auf in den unter eigenem Namen weiter betriebenen Zweig mit Kreditkarten und Währungskonten sowie in die Onlinebank Patagon. Schließlich, man schrieb das Jahr 2008, meldeten sie sich als Santander Consumer Bank unter anderem mit ihrem »**Sparbrief in XXL**« zurück, und eine andere Werbe-Ikone, der Rennfahrer Lewis Hamilton, sollte neue Kunden mit »**100 x Hockenheim live**« gewinnen.

Wäre es doch nur allein bei den Geld-Gags von Postbank und Santander geblieben! Doch weit gefehlt, die Konkurrenten ließen sich welche einfallen, die zum Teil viel skurriler waren. Der Tankgutschein der Volkswagen Bank direct als Beigabe zur Kontoeröffnung im Jahr 2004 mag ja noch zum Schmunzeln angeregt haben. Doch das wird manchem Anleger vergangen sein, der die »**Dresdner Fondsanlage SuperPlus**« aus demselben Jahr mit dem Hinweis »**ab 5,55 Prozent per annum**« unter die Lupe nahm. Immerhin, im Gegensatz zum »p.a.« der Postbank ist der lateinische Begriff für pro Jahr hier wenigstens ausgeschrieben, wenn auch leider nicht erklärt. Die Erklärung für das Angebot selbst liest sich dann so: »**Eine Kombination aus 60 Prozent Investmentfonds und 40 Prozent Termineinlage. Die Termineinlage garantiert 5,55 Prozent p.a. ab einer Mindesteinlage von 10 000 Euro, 6,66 Prozent p.a. ab 100 000 Euro, 7,77 Prozent p.a. ab 500 000 Euro für eine Laufzeit von 3 Monaten.**« Und dazu die lächerliche Aufforderung: »**Ein Grund mehr, sich jetzt von uns beraten zu lassen.**« Dem kann man nur entgegensetzen: kein Grund, auch nur einen einzigen weiteren Gedanken darauf zu verschwenden. Denn mit »ab 5,55 Prozent« zu werben und dann gleich zuzugeben, dass dieses Angebot nur auf die Termineinlage zu beziehen sei, ist Bauernfängerei der plumpsten Art. Da erübrigt sich jede Beratung. Allzu viel daraus gelernt haben die Leute von der Dresdner aber trotzdem nicht. Denn auch danach produzierten sie Gags, wie – in Zusammenarbeit mit dem Babybreihersteller Hipp – ein Babysparbuch, das 2,25 Prozent Zinsen bis zum dritten Geburtstag unter anderem mit der Mitgliedschaft der Eltern in einem Babyclub verband, wofür die stolzen Mütter und Väter 20 Euro Startguthaben und Hipp-Produktproben für ihre Kleinen erhalten konnten. Hoffentlich mussten da nicht auch die Eltern ein Bäuerchen machen.

Kombinationen wie die hier beschriebenen hatten in der fraglichen Zeit, von 2004 bis 2007, als die Zinsen für das Ersparte in Deutschland zur Magerkost gehörten, geradezu Hochkonjunktur. Daran beteiligten sich neben der Dresdner unter anderen auch die bereits erwähnte Volkswagen Bank direct, ihre Konkurrentinnen von BMW und Daimler, die Citibank und die Netbank. Bei der Neueröffnung von Konten gab es hier und da alle erdenklichen Geschenke, von der ADAC-Mitgliedschaft bis zum Bahnticket, vom Designerschlitten bis zur Körperfettwaage. Die HypoVereinsbank machte es ganz spannend: Was sie an Zinsen zahlte, hing vom Abschneiden des FC Bayern München in der Fußballbundesliga ab.

Andere Banken favorisierten derweil ganz besonders solche Geschenke, durch die sie selbst etwas geschenkt bekamen. Geht nicht? Doch. Zum Beispiel gewährte die Netbank 35 Prozent Rabatt auf den Ausgabeaufschlag von Fonds und verlangte von ihren Kunden obendrein auch noch jährlich 28 Euro Depotgebühren. 35 Prozent, das sah nach viel aus. Doch damals, im Jahr 2007, gab es woanders bereits unzählige Fonds ohne Ausgabeaufschlag, und das auch ohne Depotgebühren. Konkurrentin Comdirect gab sogar 50 Prozent Rabatt, allerdings nur auf eine eng begrenzte Auswahl an Fonds. Eine kompliziertere Kombination mit Fonds bot Cortal Consors an, aber – eine weit verbreitete Masche – nur für Neukunden und auf 20 000 Euro begrenzt. Geradezu unangenehm fiel die KarstadtQuelle Bank auf, wobei sie ihren Partner Sparschwein AG gleich mit ins Rennen schickte. Zunächst sollten Interessenten 15 Fragen beantworten, wie: »**Gehen Sie in ein Fitness-Studio?**« Oder: »**Versuchen Sie Ihr Glück mit Lotto/Losen/Casino?**« War alles beantwortet, durfte die Sparschwein AG die neuen Kunden mittels Telefon, SMS, Mail und auf dem Postweg bearbeiten.

Statt Kunden mit Gags zu locken oder mit Kombi-Finanzprodukten zu verwirren, fing die zur ING-DiBa mutierte ehemalige Gewerkschaftsbank BSV, später Allgemeine Deutsche Direktbank bzw. DiBa, in der fraglichen Zeit Kunden auf die allereinfachste Art ein: mit einem damals hochverzinslichen Extra-Konto. Dessen Zinsen sind inzwischen zwar nur noch Mittelmaß, aber mit dieser Aktion war die DiBa an einem Wettbewerber nach dem anderen vorbeigezogen, und das alles ohne Filialen. In nur sechs Jahren, von 2001 bis 2007, versechsfachte sie die Zahl ihrer Kunden. Damit nicht genug, anschließend arbeitete sie mit dem Extra-Geld ihrer Sparer weiter, indem sie die Baufinanzierung forcierte. In derselben Zeit hatten die früher in dieser Sparte starken HypoVereinsbanker die absurde Idee, ihre Kunden an sogenannte Heuschrecken weiterzureichen oder mit abschreckenden Konditionen ganz loszuwerden. Und da sie schon mal den Gag mit den FC Bayern-Sonderzinsen produziert hatten, erfanden sie 2008 wieder einen neuen: ein Zertifikat auf den »**Best-Tagesgeld-Index**«, bestehend aus den fünf besten deutschen Tagesgeldangeboten, allerdings begrenzt auf den unter Banken üblichen Tageszins Eonia. Also erst ein Mal um die Ecke konstruiert, dann noch ein Mal – und schließlich dafür den Kunden sogar noch 0,3 Prozentpunkte an Gebühren abgeknöpft.

Warum einfach, wenn es auch kompliziert geht? Weil die Bankstrategen, sofern es sie überhaupt gibt, den Kampf gegen die Um-die-Ecke-Denker, Verpackungskünstler, Werbefuzzis und

Verkaufstalente in ihren eigenen Reihen längst verloren haben. Um nur auf die Fußball-Europameisterschaft 2008 zurückzukommen: Die HypoVereinsbank ging aus diesem Anlass mit einem »**Champions Bond**« auf Kundenfang. Dieses Finanzprodukt sollte Anleger von der Wertentwicklung eines aus vier Aktienindizes bestehenden sogenannten Korbes profitieren lassen, in dem die Wertentwicklung von neun Meisterschafts-Teilnehmerländern wiedergegeben war. Alles klar? Wenn ja, dann nehmen wir uns doch mal weitere Kundenfänger vor. Während die Dresdner Bank mit einem zeitlich begrenzten Bonus für ein Tagesgeldkonto aufwartete, machte es die LBBW wiederum besonders kompliziert: Sie stattete ihre EM-Anleihe mit allerlei Beigaben aus, die auf den ersten Blick eine tolle Verzinsung ahnen ließen, wie »**Chance auf 7 Prozent Bonus je Periode**«, »**3 Prozent einmalige Zusatzverzinsung, wenn Deutschland Fußballeuropameister 2008 wird**« und »**voller Kapitalschutz plus Mindestrendite bei Endfälligkeit durch 104 Prozent Mindestrückzahlung**«. Doch auf den zweiten Blick war das alles gar nicht toll, und fairerweise gab die LBBW zu: »Rendite nach oben begrenzt, nur Mindestrückzahlung möglich, während der Laufzeit Kurse unter 100 Prozent möglich«. Deutschland wurde nur Vize-Europameister, und Anleger, die sich das ganze Brimborium erspart hatten, konnten froh sein, wenn sie lieber Poldi und Schweini zusahen, als über Prozentrechnungen zu brüten.

Aber warum dann erst das ganze Bohei um Bonus, Zusatzverzinsung und Kapitalschutz? Drei Antworten drängen sich auf: 1. weil die Kombination dieser Begriffe hohe Zinsen und gleichzeitig Sicherheit suggeriert. 2. weil spätestens seit der Fußballweltmeisterschaft 2006 in Deutschland Patriotismus einschließlich Fahnenschwingen gern zur Schau gestellt wird. 3. weil auch andere Banken die EM-Sucht für eigene Zwecke genutzt haben. Und wie, sogar im wahrsten Sinn des Wortes. Etwa die Raiffeisen Centrobank mit ihrem »**Lucky-Basket**«, der die Anleger von Sportwettenanbietern profitieren lassen sollte, also von der Spielsucht. Oder die Société Générale mit dem »**Bre-wery**«-**Zertifikat**, einem aus Bieraktien bestehenden Anlagege-bräu – schließlich wird ja bei Großereignissen wie der EM viel Bier getrunken, allzu oft bis zur Trunksucht. Auf solche Um-die-Ecke-Ideen muss man erst einmal kommen.

Da machte es der Bund einfacher, als er am 1. Juli 2008 mit der Tagesanleihe startete, einem zu Tagesgeldkonten der Banken und Sparkassen in Konkurrenz stehenden Produkt. »Ordnungs-politischer Sündenfall«, kommentierte flugs die *Börsen-Zeitung*. Gewiss, aber pragmatisch gesehen vor allem ein Magnet für das Geld der Sparer. Das hätten die Institute schon längst haben können, wären sie nicht ihren Eck-Denkern, Werbe- und Ver-kaufsleuten aufgesessen, statt es mit einfachen Produkten, mit etwas mehr Überzeugungskraft und einer Beratung zu versu-chen, die nicht nur dem Verkauf dient, sondern den kunden-gerechten Rat in den Mittelpunkt rückt.

Tanz der Vampire

**Citibank, Santander Consumer Bank, RBS & Co.
treiben es ganz raffiniert.**

Als Christine Novakovic noch den Zunamen Licci trug, erhob die *Wirtschaftswoche* unter dem alten Chefredakteur sie 2003 zur »Managerin des Jahres«. Sie war Chefin der deutschen Citibank Privatkunden AG und ließ in dieser Funktion keine Gelegenheit aus, sich entsprechend in Szene zu setzen. Ob in der Frankfurter Hochschule für Bankwirtschaft, wo Jungbanker sie geradezu anhimmelten, oder bei heißen Diskussionen mit den Chefs anderer Banken, stets hatte sie triftige Argumente auf Lager, um den Vorsprung der Citibank vor den konkurrierenden Instituten herauszustellen. Wie um die Jahreswende 2003/04, als sie, darauf angesprochen, selbstbewusst von sich gab: **»Der Vorsprung liegt immer noch bei einigen Jahren, allein wenn ich mir die wichtigsten Kennzahlen anschaue, zum Bespiel das Aufwand/Ertrag-Verhältnis. Um einen Euro einzunehmen, gaben wir 2002 nur 41 Cent aus. Es dauert nicht mehr lange, dann sind wir in den 30ern.«**

Hochmut kommt vor dem Fall. Gerade mal gut ein Vierteljahr später musste Licci für das Geschäftsjahr 2003 einen um 14,5 Prozent gesunkenen Gewinn vor Steuern einräumen. Hauptursache war wohl die um fast 50 Prozent aufgestockte Risikovorsorge. Kurze Zeit später verließ Licci die Citibank, machte Anfang 2005 noch einen Abstecher zur Führungsriege der Hypo-Vereinsbank, verließ nach knapp einem Jahr auch die und privatisierte schließlich, wenigstens vorläufig.

Managerinnen und Manager der Citibank waren schon immer gekommen und gegangen, aber am Ende blieb, sieht man von Unterbrechungen wie der stark erhöhten Risikovorsorge für das

Geschäftsjahr 2003 ab, unter dem Strich fast immer ein Gewinn übrig, der die Konkurrenten vor Neid erblassen ließ und offensichtlich ausschlaggebend dafür war, dass Frankreichs Crédit Mutuel für den Kauf der Citibank Privatkunden AG 2008 viel Geld ausgab. Das Erfolgsgeheimnis: Konzentration auf private Kunden, denen man gern Ratenkredite schmackhaft macht, zum Beispiel im Februar 2008, hier mittels Brief an Haushalte in München, durch Sprüche wie: »**Mit dem Citibank Sofortkredit hat Ostern mehr zu bieten. Und jeder möchte seine Lieben mit kleinen, bunten Überraschungen verzaubern. Wer dafür nicht lange die finanziellen Mittel aufspüren möchte, dem erleichtern wir jetzt die Suche nach einem größeren finanziellen Spielraum.**« Ganz schön raffiniert: Hier tut die Citibank so, als werde der finanzielle Spielraum durch einen Kredit größer. Das würde aber nur stimmen, falls es den Kredit zinslos gäbe. Also ist die Aussage falsch. Ebenso wie die folgende, mit der die Münchner Haushalte zwei Monate später bombardiert wurden: »**Allen, die Lust auf etwas Neues haben, bieten wir ab sofort einen größeren finanziellen Spielraum und mehr finanzielle Unabhängigkeit.**« Die Citibank hatte noch mehr auf Lager, zeigte sich auch beim Sprücheklopfen flexibel: »**Money to go – der faire Kredit der Citibank**«, machte sie Kunden zur selben Zeit in ihrer zentral gelegenen Frankfurter Filiale das Leben auf Pump schmackhaft. Das versteht heute auch fast jeder nicht der englischen Sprache Mächtige, denn er kennt ja »Coffee to go« und »Pizza to go«. Der große Unterschied: Kaffee und Pizza mögen schlimmstenfalls überteuert sein, lassen sich aber bezahlen. Dagegen wird es beim Money richtig teuer.

Das beginnt damit, dass Lockvogel-Zinsangebote in der Regel um eine Fußnote ergänzt werden, die auf die Abhängigkeit von Bonität und Laufzeit hinweist. Das ist normal. Doch was danach kommt, sprengt den Rahmen eines normalen Ratenkredits bei Weitem. Dazu der auf Verbraucherthemen spezialisierte Redakteur Thomas Öchsner von der *Süddeutschen Zeitung*: »65 bis 70 Prozent der Kunden sichern bei dem Institut ihren Ratenkredit mit einer Versicherung ab. Ungefähr ein Drittel wählt alle drei Schutzoptionen: eine Versicherung für den Todesfall, bei Arbeitsunfähigkeit und bei Arbeitslosigkeit.« Kommen noch andere Versicherungen und Gebühren dazu, wird das Ganze sehr teuer. Öchsner führt einen extremen Citibank-Fall an, in dem aus einem Zinssatz von 14,81 Prozent bei Hinzuziehung von Versicherungen und Gebühren effektiv sage und schreibe 42,1 Prozent wurden. Dazu der in diesen und ähnlichen Fällen immer wieder gern zitierte Arno Gottschalk von der Verbraucherzentrale Bremen: »Ein solches Geschäftsgebaren ist Vampir-Banking.«

Dass es auch anderswo schnell hochprozentig wird, belegt Öchsner mit einem Extremfall von der in der Santander Consumer Bank aufgegangenen CC-Bank. Dort beliefen sich die gesamten Kredit- und Versicherungskosten eines Ehepaars auf effektiv 39,9 Prozent. Die Reaktion der CC-Bank: eine Floskel, die – wie schon in einem Kapitel zuvor zitiert – auch von anderen immer wieder gern genommen wird, wenn sie sich ertappt fühlen. Sie bezeichnete das Malheur des Ehepaars schlicht und einfach als »**sehr bedauerlichen Einzelfall**«.

Der große Unterschied zwischen den Nominal- wie auch Effektivzinsen von Ratenkrediten einerseits und ihren effektiven Kosten andererseits erklärt sich vor allem daraus, dass Versicherungen nicht in die Berechnung der Effektivzinsen einbezogen werden müssen, es sei denn, eine Bank oder Sparkasse besteht darauf. Die wird sich aber hüten, das zu tun. Oder doch nicht? Jedenfalls wandte sich die Citibank-Konkurrentin RBS, deren deutsches Privatkundengeschäft inzwischen ebenso unter dem Santander-Dach gelandet ist wie das der GE Money Bank und die zusammen mit Tchibo schon mal den Gag »**zinsfreies Weihnachtsgeld**« produziert hatte, im November 2007 wie folgt an die Leser der *ADAC Motorwelt*: »**Gas geben mit niedrigen Kreditzinsen**«. Niedrig? Ab 4,5 Prozent nominal für damalige Verhältnisse gewiss. Aber wieder so ein ganz raffiniertes Ding mit Fußnote, und die hatte es in sich, stand da doch tatsächlich: »**Nicht vergessen – die Restschuldversicherung: Ihr Schutz bei unvorhersehbaren Zahlungsausfällen wie z. B. Arbeitslosigkeit, Arbeitsunfähigkeit und Tod. Beantragen Sie unseren Ratenkredit gemeinsam mit Ihrem Lebenspartner.**« Das heißt, die RBS forderte Interessenten unverblümt zum Gasgeben einschließlich Versicherungen auf und wollte darüber hinaus noch durch Einbeziehung des Lebenspartners sich selbst absichern. Wer darauf hereinfiel, unterschrieb zusätzlich zum Kreditantrag dann wohl wie selbstverständlich auch gleich die Versicherungsformulare und wundert sich seitdem über die enormen effektiven Kosten des Kredits.

Ähnlich wie RBS ging ein halbes Jahr später auch Fortis mit einem Angebot der Von Essen Bankgesellschaft auf Kundenfang. Das Ganze las sich so, als hätte jemand bei RBS abgeschrieben: »**Schützen Sie sich vor den Folgen unvorhersehbarer Ereignisse wie Arbeitslosigkeit Arbeitsunfähigkeit oder Tod – mit einer Restschuldversicherung.**« Dazu der Aufruf zum Wechsel der Bank. Ganz ohne Zweifel, der Markt für Ratenkredite ist hart umkämpft, da darf man nicht zimperlich sein. »**Keine Gnade walten lassen, sondern Kredite verkaufen und damit Geld verdienen**«, ließ sich denn auch Theophil Graband als Chef der Norisbank vom *Spiegel* zitieren. Aus der Norisbank wurde, wenngleich nur zum Teil, die TeamBank. So mancher Kunde geriet schließlich mit den Namen ganz durcheinander. Denn nachdem die Norisbank AG im Jahr 2000 unter dem Namen easyCredit im Internet einen Ratenkredit mit sofortiger Onlinezusage angeboten hatte, wurde sie 2003 von der DZ Bank übernommen und so Verbundpartner der Volks- und Raiffeisenbanken. Gut drei Jahre später gingen ihre Filialen, Kundenverbindungen und ihr Markenname an die Süddeutsche

Bank, die dann als Norisbank GmbH firmierte. Anfang 2007 entstand die TeamBank als Nachfolgerin der Norisbank AG. Wahrscheinlich wusste da so mancher hin und her geschüttelte Kunde gar nicht mehr, wohin er gehörte.

Solche verwirrenden Bäumchen-wechsle-dich-Aktionen toppen das Durcheinander bei den Konditionen, die von Außenstehenden kaum noch zu durchschauen sind. Und wie steht es um die Berater der Banken und Sparkassen? Die Zeitschrift *Finanztest* kam im Februar 2007 aufgrund realer Kreditgespräche zum Ergebnis, dass diesbezüglich nur drei von 13 Banken gut waren (Commerzbank, Berliner Sparkasse und Postbank), dann ein breites Mittelfeld nur befriedigend oder ausreichend abschnitt und die Santander Consumer Bank nach der Dresdner Bank, beide mit der Note »mangelhaft«, das Schlusslicht bildeten. Einen Monat später veröffentlichte die Zeitschrift ergänzend zu ihrem Test die Ergebnisse einer Studie des Bundesverbandes der Verbraucherzentralen. Ihr Fazit: »In beiden Fällen haben Citibank, HypoVereinsbank und Santander Consumer Bank schlecht abgeschnitten. Dem Verband war auch die frühere Norisbank (jetzt Teambank) negativ aufgefallen.«

Kunden, die einen Kredit dringend benötigen, sind normalerweise nicht gerade erpicht, ihr Institut um eine Bestätigung zu bitten, wonach Kredit- und Versicherungsantrag eng miteinander verbunden seien. Die Citibank behauptet denn auch knallhart: »**Kunden werden niemals dazu aufgefordert, eine Restschuldversicherung abzuschließen, um einen Kredit bewilligt zu bekommen.**« Und sie ergänzt im Bemühen um Nachdruck, wenn auch mit komischem Deutsch: »**Die Unabhängigkeit beider Produkte war schon immer gegeben und wurde seit Beginn intern mit Geschäftsanweisungscharakter kommuniziert. 2002 haben wir in einer internen Geschäftsanweisung noch einmal verschriftlicht, dass eine Kreditentscheidung unabhängig vom Abschluss einer Versicherung ist.**«

Anlegerschutz auf Deutsch

Meyer-Vorfelder hatte es mit der Göttinger Gruppe, Sanio hat es mit flotten Sprüchen – und gerät beim Phoenix-Betrug in Erklärungsnot.

Die allerwenigsten Beschwerden von Kunden über Banken und Sparkassen landen direkt bei den Medien, mit mehr von ihnen plagen sich die Verbraucherzentralen herum, zu weiteren Anlaufstellen gehören auch das Institut für Finanzdienstleistungen in Hamburg und das Deutsche Institut für Anlegerschutz in Berlin. Nicht zu vergessen die stark zunehmende Zahl von Rechtsanwälten, die – oft unter Mithilfe der Medien – Druck auf die Geldhäuser ausüben, um zu eigenen Gunsten lukrative Vergleiche zu erreichen. Die meisten Beschwerden bekommen die als Schiedsrichter fungierenden Ombudsleute direkt auf den Tisch wie der seit dem Jahr 2000 für die privaten Banken zuständige Horst-Diether Hensen, früher Vizepräsident des Hanseatischen Oberlandesgerichts Hamburg. Das Gros seiner Fälle betraf zuletzt mit je etwa einem Drittel das Wertpapier- und das Kreditgeschäft. Bei Letzterem dominiert, wenn es zum Streit kommt, die Auseinandersetzung um die Höhe der Zinsen. Hensen resümiert, unter den Beschwerdeführern gebe es »Dummerles und Pechvögel, Besserwisser, Wichtigtuer und solche, die von den Banken für ihre Beschwerdeschreiben abenteuerlich hohe Stundensätze kassieren möchten«. Und auf der Gegenseite? »Im Tonfall der von den Banken verfassten Stellungnahmen gibt es bemerkenswerte Stufungen zwischen eisiger Kälte und freundlicher Erklärung der eigenen Sicht des Falles.«

Der Bundesverband deutscher Banken rief das außergerichtliche Ombudsmannverfahren 1992 ins Leben, die anderen Verbände der Finanzwirtschaft, Versicherer inbegriffen, folgten später. Im Grunde begann damals eine neue Ära: Die Kunden hatten die Nase voll davon, Kredite »gewährt« oder »zugeteilt« zu bekommen. Die von ihren öffentlichen Geldgebern nur unzureichend ausgestatteten Verbraucherzentralen kamen beim Bearbeiten von Beschwerden nicht mehr mit, die Medien wollten ihre Leser, Zuschauer und Zuhörer nicht ständig mit neuen Geschichten über Kreditwucher oder Falschberatung konfrontieren, und sonstige Institutionen fielen kaum durch besondere Effizienz auf. Am schlimmsten war, dass es keine vorbeugenden Maßnahmen gab, dass rechtzeitige Warnungen vor Machenschaften im Geldsektor zeitweise allein von Zeitschriften wie *Das Wertpapier*, *Börse Online* und *Finanztest* stammten. So konnte es dazu kommen, dass – um nur zwei markante Fälle zu nennen – die Landesbank Berlin erst nach einer Reihe von Skandalen ins Visier der damaligen Bankenaufsicht geriet und die Göttinger Gruppe ungestraft das Geld vieler kleiner Leute vernichtete. Wobei Baden-Württembergs ehemaliger Finanzminister Gerhard Meyer-Vorfelder, seinerzeit auch Präsident des Fußballvereins VfB Stuttgart und später sogar des Deutschen Fußballbundes, seinem VfB zum Sponsorengeld der Göttinger Gruppe mitverhalf.

Die für Banken, Sparkassen und Versicherer zuständigen Aufsichtsämter waren zu Beginn der 90er-Jahre schon längst etabliert, die für den Wertpapierhandel verantwortliche Behörde folgte 1995. Alle drei schlossen sich 2002 zur Bundesanstalt für Finanzdienstleistungsaufsicht zusammen, kurz BaFin genannt. Die überwiegend von den beaufsichtigten Unternehmen finanzierte Mammutbehörde platzte von vornherein aus allen Nähten. Über die Entscheidung, einen Teil der Aufsicht (ausgerechnet den für die drei Finanzbranchen) in Bonn anzusiedeln und den anderen Teil (für den Wertpapierhandel) in Frankfurt am Main, schütteln Insider noch heute den Kopf. Inzwischen beschäftigt die BaFin 1693 Mitarbeiter (Stand Ende 2007); vier Jahre zuvor waren es erst 1505.

Mit der Zahl der Stellen wuchsen auch die Aufgaben. Wie effektiv arbeitet die Behörde? Ginge es nach den flotten Sprüchen ihres einige Jahre lang allein an der Spitze amtierenden, dort inzwischen von vier Kollegen flankierten Präsidenten Jochen Sanio, müsste es sich geradezu um eine Ausgeburt an Effektivität handeln. Dazu, chronologisch, nur fünf Beispiele: »**Wenn wir den Eindruck gewinnen, dass die Bank eine riskante Strategie verfolgt, verstärken wir die Aufsicht über das Institut. Wir nehmen es in Manndeckung.**« (*Wirtschaftswoche*, 25. März 2004) »**Wir haben außerordentlich große und gute Augen, wir sehen fast alles.**« (*Börsen-Zeitung*, 20. Juli 2004) »**Schlappschwänze sind hier fehl am Platz.**« (*Süddeutsche Zeitung*, 26. September 2006) »**Diejenigen, die das Desaster zu verantworten haben, müssen unbedingt zur Rechenschaft gezogen werden.**« (Beim Neujahrsempfang, 16. Januar 2008, zur internationalen Finanzkrise) »**Das Auf und Ab der Märke ist mir vertraut.**« (In der Pressekonferenz am 15. Mai 2008)

Weniger flott gerieten Sanios Sprüche, als es darum ging, konkrete Probleme zu bewältigen. Beispiel Ratenkredite: »**Wenn die Horrorzahlen der Verbraucherinsolvenzen weitergehen, werden die Risikomodelle der Kreditinstitute einem wirklichen Härtetest unterworfen**«, äußerte er sich im Oktober 2007. Im Jahresbericht 2007, der zur Pressekonferenz vom Mai 2008 vorgelegt wurde, ging Sanio auch auf die Finanzkrise ein. Sein ernüchterndes Fazit: »**Wir wussten nicht, welch böses Spiel in den vergangenen Jahren auf der anderen Seite des Atlantiks getrieben wurde.**« Ja, war denn niemand von den 1693 Mitarbeitern der BaFin mal drüben, um sich wenigstens einen groben Eindruck zu verschaffen? Abgesehen davon, ließ sich die Preisblase am amerikanischen Häusermarkt spätestens 2005 anhand allgemein zugänglicher Statistiken ermitteln.

Das Hamburger Institut für Finanzdienstleistungen nahm sich die BaFin vor, auch im Mai 2008, aus Anlass dubioser Finanzgeschäfte im Internet: »Während Hütchenspieler an der Straßenecke spätestens nach einer Stunde von der Polizei festgenommen werden und ihnen ein Strafverfahren droht, bleibt die Aufsichtsbehörde BaFin bei offensichtlichen Betrügereien untätig und erklärt sich für nicht zuständig.« Fazit: Die BaFin müsse »präventiv und schneller handeln, die Verbraucher warnen und damit effektiv schützen. Anscheinend ist die Aufsichtsbehörde durch neue Techniken wie das Internet überfordert.«

Schweres Geschütz, und wie sieht die Realität aus? Die Zahl der von der BaFin seit Anfang 2007 gestoppten unerlaubten Geschäfte umfasste Mitte Juli 2008 gerade mal 13 Fälle, von denen einer hier und da in den Medien mit mehr als nur einem kleinen Vermerk erwähnt wurde: der Schuss vor den Bug der Novex-Sparkasse. Ansonsten Namen, mit denen kaum etwas anzufangen war, wie Sachwert-Capital, Julius Stein, Color für Kinder oder Glatt Sparkasse. Und die dubiose Göttinger Gruppe? Fehlanzeige. Die Warnung vor ihr blieb seit den 90er-Jahren weitgehend einigen Zeitschriften und Zeitungen vorbehalten.

Einen Namen konnte die BaFin in ihrem Jahresbericht 2007 wegen der Brisanz nicht aussparen: Phoenix Kapitaldienst. Diese Firma aus Frankfurt am Main hatte etwa 30 000 Anleger um ihr Geld gebracht und war pleite gegangen. Von den ihr anvertrauten rund 600 Millionen Euro blieb nur ein kleinerer Teil in der Insolvenzmasse übrig. Die Entschädigungseinrichtung der Wertpapierhandelsunternehmen (EdW), der Phoenix angeschlossen war und die demzufolge in diesem Fall die Anleger mit einem Teilbetrag (höchstens 20 000 Euro pro Anleger) entschädigen müsste, hatte – und hat nach wie vor – bei Weitem nicht genug Geld, um das zu leisten. Woher nehmen? Naheliegender Gedanke: von den der EdW angeschlossenen Firmen. Doch die sträuben sich dagegen, so gut es geht; vielen von ihnen würde dann sogar die eigene Pleite drohen. Andere versuchen aus der EdW auszutreten, und Vermögensverwalter, denen die Zulassung bei der BaFin zur Pflicht zu werden drohte, haben ihren Firmensitz rechtzeitig ins Ausland verlagert.

Peinlich, peinlich: Die EdW soll den geschädigten Anlegern etwa 200 Millionen Euro zahlen, die sie nicht hat. Einen Kredit konnte sie bis zum Sommer 2008 immer noch nicht bekommen, unter anderem, weil der Haushaltsausschuss des Bundes ihr Ende November 2007 eine Bürgschaft verweigert hatte. Das magere Ergebnis: bis Mitte 2008 gerade mal 79 Anleger (von rund 30 000) mit 1,4 Millionen Euro entschädigt und danach nur noch 2,2 Millionen Euro in der Kasse. Der FDP-Abgeordnete Frank Schäffler hat ausgerechnet, dass die Prozedur der Entschädigung unter den im Sommer 2008 gegebenen Umständen noch mindestens 15 Jahre dauern würde.

In ihrem Jahresbericht 2005 hatte die BaFin den Fall Phoenix unter anderem wie folgt kommentiert: »**Vor den Hinweisen der Geschäftsleitung bestanden keine Anhaltspunkte für kriminelle Machenschaften ... Auch eine 2002 von der BaFin angeordnete Sonderprüfung ergab keine Anhaltspunkte für eine Unterschlagung von Kundengeldern oder sonstige Unregelmäßigkeit im Handelsgeschäft des Instituts.**« Erst im März 2005 untersagte die BaFin der Firma, die Geschäfte weiterzuführen. Und wie versuchte die BaFin sich im Jahresbericht 2007 aus der Affäre zu ziehen? Auf ihre Weise, im Stil eines sich nach allen Seiten absichernden Beamten. Dazu hier nur Zitate aus zwei Passagen:

»**Der Insolvenzverwalter beabsichtigt, das Insolvenzverfahren durch einen Insolvenzplan abzuwickeln. Dafür müssen die Insolvenzgläubiger den Insolvenzplan annehmen ... Solange die Aussonderungsproblematik im Insolvenzverfahren nicht geklärt ist, ist es auch für die EdW nicht möglich, eine konkrete Berechnung der Entschädigungsansprüche aller Anleger vorzunehmen. Die Entschädigung sollte des-**

halb ursprünglich erst bei Vorliegen eines rechtskräftigen Insolvenzplanes beginnen.« Und so weiter, immer im schwurbeligen Beamtendeutsch.

Was lehrt uns das? Vor allem eines: Eine Mammutbehörde, die es bisher nicht geschafft hat, Anleger – und das trotz Sonderprüfung bei Phoenix – rechtzeitig vor Betrügern zu schützen, beherrscht ganz offensichtlich nicht ihr Handwerk. Wenigstens ein Trost bleibt den sie überwiegend finanzierenden Instituten: Sie können die Kosten für den Beamtenapparat irgendwie auf ihre Kunden abwälzen. Derweil hat die BaFin im Juni 2008 ein neues Organisationsstatut beschlossen. Es soll das Verfahren für Direktoriumssitzungen neu regeln. Donnerwetter.

Vorsicht, Verpackungskünstler!

Schotter, Golf und Nervenkitzel

Banken und Banker, Sparkassen und ihre Direktoren, Verbände und ihre Lobbyisten anno 2008: Ratlos, aber nicht sprachlos, ohne Strategie, aber dazu immer einen Spruch auf den Lippen, arm an durchschlagenden Ideen, aber reich an schlagkräftiger Werbung, durchgeschüttelt von der finanziellen Achterbahnfahrt der vergangenen Jahre, aber schon wieder zum nächsten Looping bereit – man ist ja angestellt und angeschnallt, ist kein Unternehmer und darf sich trotzdem wie ein solcher aufführen mit dem Geld von Sparern und Steuerzahlern, Gläubigern und Aktionären. Fliegt der Schotter (Bimbes, Kies, Mammon, Moos und so weiter) beim Looping aus der Kurve – macht nichts, der eigene Bonus ist längst auf dem Konto, die Abfindung reicht für mehr als Aldi und Lidl.

Wohin mit dem Geld? »Wenn's um Geld geht: Sparkasse« lautete eine einprägsame Werbung schon seit den 60er-Jahren. Also nix wie hin. Konkret: am 18. Juni 2008 zur Frankfurter Sparkasse 1822 (das suggeriert Tradition und damit Vertrauen) an der Hauptwache im Zentrum von Mainhattan. Die Schalterhalle ist klein, es herrscht dicke Luft. Die Menschen drängen sich, als gäbe es etwas umsonst. Keine Chance, in absehbarer Zeit dranzukommen, geschweige denn, beraten zu werden. Aber immerhin Zeit genug, die ausliegenden Faltblätter zu studieren. Eines sticht besonders ins Auge. »**Unser Fonds des Monats**«, steht drauf, »DWS-Top-Dividende«. Scheint ja eine tolle Anlage zu sein, wenn eine Sparkasse statt der hauseigenen Deka-Fonds welche von der Konkurrenz verkauft, hier von der DWS aus dem Haus der Deutschen Bank. Doch was steht denn da noch für ein komischer Satz? »**Die Dividendensaison beginnt!**« Mit dickem Ausrufezeichen und dem Zusatz: »**Divi-**

dendenrenditen befinden sich auf historischem Hoch. Profitieren Sie jetzt von attraktiven Unternehmensgewinnen. Wir beraten Sie gerne.«

Die Beratung muss an diesem Tag aus genannten Gründen flachfallen. Wäre ja auch vertane Zeit, denn die Dividendensaison ist, wie in jedem Juni, zum allergrößten Teil vorbei. Welcher Rechenkünstler auf die historisch hohen Dividendenrenditen gekommen ist, bleibt ein Rätsel. Attraktive Unternehmensgewinne hin oder her: Wenn ihre Höhe, wie im Frühjahr 2008, erst einmal bekannt ist, haben die Aktienkurse ihren Zenit erfahrungsgemäß längst überschritten. Und wenn der Kursrutsch anschließend in den freien Fall übergeht, erreichen die Dividendenrenditen rein rechnerisch ein neues Hoch nach dem anderen, weil die Bruchrechnung beweist, was nicht zu ändern ist: Dividende im Zähler, Kurs im Nenner und das Ganze mal 100, angegeben in Prozent. Offenbar hat dieser Zusammenhang die Sprücheklopfer zu sehr an einen anderen Sparkassen-Slogan erinnert: »**Befreien Sie Ihren Kopf von Finanzfragen.**« Wirklich putzig.

Also auf zum nächsten Institut. Nur etwas mehr als einen Steinwurf von der 1822er-Sparkasse entfernt befindet sich die Frankfurter Filiale der Naspa aus Wiesbaden, auch als Nassauische Sparkasse bekannt. Deren Vorstand Gerhard Wernthaler referierte am 11. Oktober 2006 immerhin vor Profipublikum in der Frankfurt School of Finance & Management, alias Hochschule für Bankwirtschaft, zu Themen wie Private Banking, Vermögensberatung und Veranstaltungsmanagement. Letzteres umfasst so erlesene Aktionen wie Simulatorflug und Mitkochdinner, Kunstfrühstück und Golfturnier, Weinlese und Rheingau-Musikfestival. Dazu passt allerdings gar nicht das Ambiente an und in der Frankfurter Filiale: Im Durchgang zur Naspa geben sich schon mal Bettler und Obdachlose ein Stelldichein, und wer die Rolltreppe zur Schalterhalle hinauffährt, begegnet einer leicht stickigen Atmosphäre wie in der 1822er. Parterre ist ein großes Plakat nicht zu übersehen. Darauf steht in dikken Lettern: »Na, **bitte! Die Naspa gehört zu den Besten.**« Dazu etwas weniger dick aufgetragen: »»cum laude‹ vom *Elite Report*«. Dann aber wieder dicker, sodass unbedarfte Sparkassenkunden sich im Zentrum der Hochfinanz wähnen dürften: »**Auch 2008 zählt das Vermögensmanagement der Naspa zur Elite Deutschlands.**« Also auf Augenhöhe mit Deutscher Bank, Allianz & Co.? Ganz und gar nicht. Denn wie der folgende Blick hinter die Kulissen zeigt, handelt es sich in Wahrheit um Hochstapelei.

Der *Elite Report* wurde im Wesentlichen vom Münchner Journalisten Hans-Kaspar von Schönfels entwickelt und erst mithilfe der Zeitungen *Die Welt* und *Welt am Sonntag,* seit 2008 über die Verlagsgruppe *Handelsblatt* verbreitet. Dabei geht es im Kern um Testergebnisse zu Vermögensverwaltern im deutschsprachigen Raum. Warum die Naspa sich selbst »zu den Besten« zählt, bleibt allerdings ein Rätsel. Denn sie erhält in der Ausgabe von 2008 nur die drittbeste von drei vergebenen Noten, die – wie beim Doktorexamen – »summa cum laude«, »magna cum laude« und eben »cum laude« heißen. Vor ihr liegen 18 »summa cum«- und 13 »magna cum«-Vermögensverwalter, macht zusammen 31, neben ihr auf gleicher Höhe neun weitere. Ob sie Nummer 32 oder erst Nummer 41 ist, erschließt sich zwar nicht aus dem elitären Werk, aber eines steht fest: Die Naspa gehört nicht zu den besten Vermögensverwaltern, sondern eher zu den üblen Verpackungskünstlern. Ertappt, Nummer 32 bis 41.

Das Verpacken will gelernt sein. Die Konkurrenz, zum Beispiel die HypoVereinsbank, hält in ihrer Frankfurter Zweigstelle unweit der Naspa auch eine Menge Verpackungsmaterial bereit. Allerdings mit nichtssagenden Phrasen wie »**Mehr Europa, mehr Leistung vor Ort**« oder mit Kalauern wie »**Eine renditestarke Anlage kann auf etwas Wesentliches verzichten:**

Nervenkitzel«. Womit wir lernen, dass Nervenkitzel wesentlich ist. Wirklich saukomisch. Die Frau hinter dem Tresen ruft dem staunenden Besucher noch ein »Wie kann ich Ihnen helfen?« hinterher, doch der Besucher ist allein schon von den Plakaten mit dem Europa- und Nervenkitzel-Gewäsch bedient.

Wenn allerdings demnächst eine reiche Kundin beim Kunstfrühstück oder Golfturnier der Naspa auftaucht, hat die Sparkasse sie womöglich schon an die HypoVereinsbank verloren. Deren »Wealth Management« schreckt nämlich unter der Regie von Italiens UniCredit, nun mit rotem Logo auch für die Bajuwaren – bei einer traditionell weiß-blauen Bayernbank eigentlich ein Fauxpas – vor nichts mehr zurück, um auf Umwegen an Kunden zu kommen. Und an Kundinnen, denn die verwalten bekanntermaßen in vielen Fällen das Geld, das der schuftende Gatte in der rauen Welt des Jetset-Business verdient. So kam es Ende Mai 2008 zum »1. HypoVereinsbank-Ladies-German-Open«-Golfturnier, mit freundlicher Unterstützung von Audi, Pioneer Investments und *Süddeutscher Zeitung*. Akquise, so lautet die Devise, und das möglichst zielgruppenkonform: Die Anti-Nervenkitzel-Anlage mit dem Namen Pioneer Investments Euro Stoxx Protect ist offenbar weniger für Ehefrauen von Jetsettern als für Angsthasen gedacht, weil sie 100 Prozent Kapitalschutz verspricht – ohne jedoch im Werbefaltblatt mit einem einzigen Wort darauf einzugehen, worum es sich bei dem Kapitalschutz-Produkt handelt. Dagegen zielt das Golfturnier auf Leute, die sich das leisten können. Die dürfen allerdings nicht unbedingt sicher sein, wenigstens 100 Prozent Kapitalschutz zu bekommen. Denn im *Elite Report* der besten Vermögensverwalter, Jahrgang 2008, ist die HypoVereinsbank, München, nur unter ferner liefen erwähnt, also nicht einmal unter »cum laude«.

Pioneer Investments, Co-Sponsor des Golfturniers, war ursprünglich, lange bevor UniCredit zugriff, eine amerikanische Fondsgesellschaft. Nach dem ersten Zusammenbruch der Aktienkurse in den Jahren 2000 und 2001 verwies sie, wohl aus lauter Sorge um den Fondsabsatz, auf ihre lange Tradition: »**Krisenbewährt seit 1928**«. Solche irreführenden Floskeln fanden und finden sich häufig auch anderswo in der Finanzwerbung. Sei es, dass Pioneer-Konkurrent Franklin Templeton 2004 um die Ekke argumentierte: »**Wir gratulieren Ihnen zu unserem Fünfzigsten.**« Sei es, dass die Schweizer Großbank UBS unter Hinweis auf ihr Wissen und ihre Erfahrung 2008 mit »**über 140 Jahren Branchenexpertise**« warb. Eine Fondsgesellschaft 1928 zu gründen, also ein Jahr vor dem größten Börsenkrach aller Zeiten, kam vom Timing her aus Kundensicht einer Katastrophe gleich. 2004 zum Fünfzigsten zu gratulieren war total verfehlt, weil die Mehrheit der Deutschen 1954 mit dem Wiederaufbau beschäftigt und vom Gewinn der Fußballweltmeisterschaft berauscht war, aber nur eine verschwindende Minderheit genug Geld für Fonds übrig hatte, schon gar nicht für amerikanische. Und 140 Jahre Expertise setzen, wenn schon nicht Methusalem, so doch wenigstens fachliche Kontinuität über mehrere Generationen voraus, was in der Bankbranche mit ihrer enormen Fluktuation – gerade auch bei der UBS – ausgeschlossen ist.

1928, das war 21 Jahre vor Gründung der ersten deutschen Fondsgesellschaft ADIG. Von ihr spaltete sich Ende der 90er-Jahre ein Teil ab und hieß dann, unter dem Dach der HypoVereinsbank, Activest. Aus ADIG wurde unter dem Dach der Commerzbank Cominvest, Activest ging in Pioneer auf. Worin, bitteschön, besteht da noch die Tradition? Ähnliche Beispiele ließen sich nach Belieben fortsetzen. Man denke nur an den Deutschen Investment-Trust, später DIT, dann dit und schließlich Allianz Global Investors. Oder an die Fonds von Merrill Lynch, die den Namen BlackRock erhielten.

Um Fondsanteile unters Volk zu bringen, ließen die Pioneer-Strategen aus Anlass ihrer Werbung im Jahr 2000 sogar den russischen Revolutionär Lenin auferstehen. Sollte das etwa Tradition bedeuten? Die Gags konnten offenbar nicht peinlich genug sein, um dem damals noch florierenden Fondsgeschäft der Konkurrenten Paroli zu bieten. Schließlich strich UniCredit solche Mätzchen aus dem Programm und verschmolz, wie erwähnt, Pioneer mit der HypoVereinsbank-Fondsgesellschaft Activest, der nach der Abspaltung von ADIG nur ein kurzes Leben beschieden gewesen war. Arme Fondskunden: In der fraglichen Zeit, seit Ende der 90er-Jahre, hatten sie es mit einem wüsten Hin und Her zu tun, das sich negativ auf ihre Anlagen auswirkte. Denn alles kostete viel Geld für Verwaltung und Werbung, Geld, das am Ende in großem Umfang auch die Anleger aufbringen mussten. Danach waren bestenfalls sie selbst krisenbewährt.

So einfach geht es wirklich nicht,

Herr Ackermann

**»Die IKB ist kein Systemproblem Deutschlands,
sondern das ist ein Einzelfall.«**

Deutsche Bank-Chef Josef Ackermann ist, zumindest nach außen hin, im Gegensatz zu so manchem seiner Vorgänger bekannt als Freund ausgewogener Worte und Werturteile. So versuchte er sich denn auch in der *ZDF*-Sendung mit der Moderatorin Maybrit Illner am 20. September 2007 zu präsentieren. Doch der Versuch gelang ihm nicht ganz. Zum Beispiel, wenn er behauptete: »**Ich glaube, dass jetzt alle größeren Risiken transparent gemacht wurden.**« Das war sicher gut gemeint. Also das Gegenteil von gut, denn etwas mehr als sieben Monate später musste er den ersten Quartalsverlust der Deutschen Bank seit fünf Jahren vermelden und im Brief an die Aktionäre zugeben: »Kurzfristig sind die Aussichten in höchstem Maße unsicher.« Was ihn allerdings nicht hinderte, sich in beruhigender Krisenprosa zu üben: »**Wir sind mittlerweile eher am Beginn des Endes als am Ende des Anfangs der Krise.**«
Im *ZDF* war Ackermann die Sache mit der IKB herausgerutscht. Diese Düsseldorfer Mittelstandsbank hatte noch Mitte Juli 2007 behauptet, nur im einstelligen Millionenbereich von der US-Hypothekenkrise betroffen gewesen zu sein. Daraus waren dann innerhalb kürzester Zeit ein paar Milliarden Euro geworden, unter anderem amateurhaft verspielt mit Conduits (Zweckgesellschaften), die phantasievolle Namen trugen wie Rhinebridge und Rhineland Funding Capital Corporation. Wirklich kein Systemproblem?

Setzen wir doch einfach Bankensystem statt System ein, denn in der Sendung ging es ja um Banken. Die drei wichtigsten Säulen dieses Systems sind: 1. private Geschäftsbanken einschließlich Privatbankiers, 2. Sparkassen mit Landesbanken, 3. Volks- und Raiffeisenbanken inklusive genossenschaftlichen Zentralbanken. Die IKB gehörte damals zwar zur ersten Gruppe, besaß aber in der staatlichen, dem Bund gehörenden und keiner der drei Säulen zuzuordnenden KfW eine Großaktionärin, die bei ihr – damals mit 37,8 Prozent Anteil am Kapital – in entscheidenden Fällen das Sagen hatte. Unter den weiteren Großaktionären ragten heraus: die Stiftung Industrieforschung mit 11,8 Prozent und die Köln-Luxemburger Privatbank Sal. Oppenheim mit 5,0 Prozent. Also zumindest ansatzweise bereits ein Systemproblem.

IKB und KfW bildeten ein seltsames Duo: Der KfW-Vorstand wurde angeführt von der im Frühjahr 2008 aus dem Amt geschiedenen ehemaligen Politikerin Ingrid-Matthäus Maier (SPD), der KfW-Verwaltungsrat von den Bundesministern Michael Glos (CSU) und Peer Steinbrück (SPD). Den IKB-Vorstand leitete Stefan Ortseifen, den Aufsichtsrat der frühere Veba/E.on-Chef Ulrich Hartmann. Vorstandschef Ortseifen, der pikanterweise auch dem KfW-Verwaltungsrat angehörte und sich so nebenbei ein bisschen selbst kontrollieren durfte, musste nach einer dramatischen Aktion der Bankbranche zur Rettung der IKB Ende Juli 2007 seinen Hut nehmen. Der Chef des Aufsichtsrats schied mit der IKB-Hauptversammlung im Frühjahr 2008 aus. Ortseifens Interimsnachfolger wurde Günther Bräunig, Hartmanns Nachfolger Werner Oerter; die beiden Neuen kamen natürlich von der KfW. Was die ganze Branche, von der Deutschen Bank bis zur kleinsten Klitsche mit Anschluss an das Sicherungssystem des deutschen Bankgewerbes, nicht von der Pflicht befreite, zulasten ihrer Eigentümer und Kunden für die verspielten IKB-Milliarden Opfer zu bringen. Also wahrlich kein Einzelfall, sondern ein richtig großes Systemproblem. Das wurde schließlich, nach langen Verhandlungen, im August 2008 mit der Übertragung von 90,8 Prozent der IKB-Anteile durch die KfW an den Finanzinvestor Lone Star zwar nicht aus der Welt geschafft, aber wenigstens das KfW-IKB-Problem war gelöst – zu Lasten deutscher Steuerzahler.

Pikant waren in der alten Konstellation auch – sieht man von anderen Mitgliedern im damaligen KfW-Verwaltungsrat ab wie Gewerkschaftsboss Michael Sommer und Linksaußen Oskar Lafontaine – mindestens zwei weitere Personalien. Mit Jörg Asmussen gehörte ausgerechnet ein Steinbrück-Vertrauter dem IKB-Aufsichtsrat an; darüber hinaus wachte er als Verwaltungsrat der Bundesanstalt für Finanzdienstleistungsaufsicht (BaFin) über eine Behörde, die auch die IKB zu bewachen hatte – ein weiterer Fall von ein wenig Selbstkontrolle. Und Thomas Fischer durfte 2007 noch bis in den Sommer hinein als Mitglied des KfW-Verwaltungsrats fungieren. Warum so lange, wird wohl immer ein Rätsel bleiben, hatte er doch als ehemaliger Chef der nordrhein-westfälischen Quasi-Staatsbank WestLB im April 2007 bekannt gewordene Spielereien des Instituts mit Aktien mitzuverantworten, was ihn allerdings erst Ende Juli seinen Job kostete. Da dürfte sich auch Deutschbanker Ackermann nicht ein Lächeln verkniffen haben, war Fischer vor der Zeit als WestLB-Chef immerhin schon mal Mitglied des Deutsche Bank-Vorstands, wo er wohl allzu gern erster Mann geworden wäre.

Inzwischen wird Ackermann das Lächeln wieder vergangen sein, muss er sich doch um die etwas aus dem Ruder gelaufenen Geschäfte des eigenen Hauses kümmern – und obendrein um das von ihm im *ZDF* so heftig dementierte Systemproblem IKB, das auch ein Problem der KfW und darüber hinaus des deutschen Bankensystems geworden ist. Kurzum, dieses muss neu geordnet werden. Warum, darauf gibt es meistens zwar nur Antworten wie: es sei zu zersplittert, bringe keine internationalen Champions mehr hervor, verdiene zu wenig und so weiter. Alles richtig, aber das wichtigste Argument fehlt fast immer:

Wenn die Beteiligungsverhältnisse so bleiben wie bisher, drohen alle deutschen Banken im internationalen Vergleich bedeutungslos zu werden. Und ausgerechnet das Schicksal der KfW ist mitentscheidend dafür, ob sich am Ende ein Champion herausbildet (oder mehrere) oder nur lauter international unbedeutende, in Zockereien verwickelte Mitspieler.

Ein kurzer Schlenker von den Anfängen der KfW bis zur Gegenwart zeigt, warum. Die Idee zu ihrer Gründung stammte von keinem Geringeren als Hermann Josef Abs, seit 1938 Vorstandsmitglied der Deutschen Bank und deren einflussreichster Chef nach dem 2. Weltkrieg. Die KfW sollte das Geld aus dem von den USA zur Verfügung gestellten Marshallplan sinnvoll einsetzen. Die amerikanische Militärregierung ließ sich von der Idee überzeugen; 1948 konnte die damals noch Kreditanstalt für Wiederaufbau genannte Bank starten. Abs wurde erst ihr Verwaltungsratsvize, um kurz darauf in den Vorstand delegiert zu werden und dort zu dessen Sprecher aufzusteigen. Wenn man so will, einer der Vorgänger von Matthäus-Maier – mit einem Klassenunterschied, wie er größer nicht sein könnte. Durch das neue Mandat verfügte Abs derart entscheidend über den Marshallplan-Geldtopf, dass ihm bald die halbe Wirtschaftswelt zu Füßen lag. Den Rest an Einfluss und Macht verschaffte er sich über den schon damals mit Politikern und Gewerkschaftern stark durchsetzten Verwaltungsrat und über Aufsichtsratsmandate, deren Zahl bereits bis zum Jahr 1950 auf 17 anwuchs.

Heute präsentiert die KfW sich gern als Bankengruppe speziell zur Förderung von Wohnungs- und Städtebau, Export- und Projektfinanzierung, Umwelt und Kultur, von der Frankfurter Oper bis zu lustigen Musikanten mit ihrem Programm »Mi loco tango«. Dabei stellt sie gern ihre »gesellschaftliche Verantwortung« heraus. Zu deren Realisierung hat sie nun genug Gelegenheit, allerdings mit einer anderen Interpretation des Begriffs Gesellschaft, als aus ihrer Förderwerbung hervorgeht.

Denn sie nimmt für den Bund die Funktion als Gesellschafter wichtiger Beteiligungen wahr, sei es als Umschlagplatz für Telekom-Aktien, sei es als Großaktionär der Deutschen Post, an der sie laut deren Geschäftsbericht Ende 2007 zu 30,5 Prozent beteiligt war. Der Löwenanteil der verbleibenden 69,5 Prozent entfiel auf institutionelle Anleger aus den USA. Dazu schrieben die Postler in ihrem Geschäftsbericht: »Die Anzahl der aus den USA herausgehaltenen Aktien ist um 5 Prozentpunkte gestiegen.«

Das heißt Amerikaner hatten ein auffallend großes Interesse an dem gelben Riesen. Dessen Mitarbeiter in den deutschen Zweigstellen oder die überforderten Briefträger dürften es sicher nicht geweckt haben, die heftig in die Miesen geratenen US-Geschäfte durch den erbitterten Wettkampf mit dem großen Rivalen UPS wohl auch nicht und die sonstigen Aktivitäten des 2008 wegen der Liechtenstein-Affäre von Frank Appel abgelösten Post-Chefs Klaus Zumwinkel erst recht nicht. Schon eher die Mehrheitsbeteiligung an der Deutschen Postbank, die immer dann für besonders große Schlagzeilen sorgte, wenn ein Konkurrent Übernahmegelüste andeutete, sei es die Commerzbank, sei es die Allianz mit ihrem Sorgenkind Dresdner Bank, sei es die Deutsche Bank. Sie und einige andere wollten die Postbank haben, schließlich kam die Deutsche Bank zum Zuge. Die Deutsche Post wollte ihren Anteil verkaufen, natürlich zu einem möglichst hohen Preis. Das Begehren der Konkurrenten rührte weder von der Postbank-Bausparkasse BHW noch vom Ex-Fußballer Franz Beckenbauer, der in der Werbung mit dem Golfschläger nach Firmenkunden ausholte. Sondern, Stand Frühjahr 2008, in erster Linie von 14,6 Millionen Kunden und über 13 000 Filialen.

Eine Sonderrolle spielte die Postbank in ihrer Funktion als Transaktionsbank: Sie besorgte den Zahlungsverkehr, die Kontoführung und die Kreditverarbeitung auch für die Deutsche

Bank, die Dresdner Bank und die HypoVereinsbank. Alles in allem führte sie 72 Milliarden Transaktionen pro Jahr durch, das waren 230 Buchungen pro Sekunde. Auf dem Umweg über die KfW und die Deutsche Post war die Postbank also zu einer Art Nervenzentrum der zwischenzeitlich ins Koma versunkenen Deutschland AG geworden, wie man das Beziehungsgeflecht der deutschen Finanz- und Industriekonzerne einst nannte, hin und wieder auch heute noch nennt. Im Frühjahr 2008 gliederte sie das Transaktionsgeschäft in die Tochter BCB aus und betrieb damit deren Öffnung für das internationale Geschäft, während sie sich selbst auf diese Weise für eine Übernahme in Stellung brachte. Also eine im Vergleich zur Zeit davor insgesamt veränderte Konstellation, die den Ausgangspunkt für eine Neuordnung des deutschen Banksystems bilden konnte. Die IKB »kein Systemproblem Deutschlands«, sondern »ein Einzelfall«? In diesem Kontext, wenn auch um einige Ecken, ganz sicher alles andere als das.

Und wie schrieb doch so treffend der intime Bankenkenner Bernd Wittkowski bereits in der *Börsen-Zeitung* am 2. August 2007 über die IKB: »Neben eigenen Investments in den US-Markt für Hypothekenkredite betätigen sich die Düsseldorfer als Asset Manager und Liquiditätsspender für einen Fonds mit dem unschuldigen Namen ›Rhineland Funding‹, der 13 Mrd. Euro an Krediten bzw. Verbriefungen im Feuer hat.« Dafür steht nun, auf dem Umweg über die KfW, der Bund gerade und damit das Millionenheer der deutschen Steuerzahler. Also auch diesbezüglich kein wirklicher Einzelfall, sondern etwas ganz Neues: ein Millionen-Einzelfall.

Die Quittung bekommen die Steuerzahler

MM spielt mit Worten: »**Nicht die KfW ist das Problem, sondern die IKB. Die KfW ist Teil der Lösung.**«

Wie bitte? Die KfW hat ein Milliardenproblem, und trotzdem ist sie selbst keines? Ihre frühere Vorstandssprecherin Ingrid Matthäus-Maier, kurz MM genannt, hatte ebenso wie ihr Verwaltungsrat und der Aufsichtsrat der IKB nicht aufgepasst, als diese ein immer größeres Rad drehte, und auf einmal soll alles nur an der Düsseldorfer Mittelstandsbank gelegen haben? Überhaupt, die KfW als Teil der Lösung: MM gab diesen Kalauer aus Anlass ihres Rücktritts Anfang April 2008 von sich. Ihre Bank betonte noch: »**Ohne die Belastungen aus der IKB-Abschirmung und die Abschreibung der Beteiligung an der IKB hätte die KfW einen Konzerngewinn von knapp 1 Mrd. Euro erzielt.**« Klar, und ohne die wilde Spekulation mit Häusern in den USA, in Großbritannien, Irland, Spanien und sonst wo gäbe es keine internationale Finanzkrise. Gibt es aber.

Allein die Belastungen aus der IKB-Krise beliefen sich für die KfW laut deren Mitteilung zur Zeit des MM-Rücktritts auf 7,2 Milliarden Euro, wovon damals nur 400 Millionen Euro aus Abschreibungen für den zwischenzeitlich auf rund 43 Prozent erhöhten Anteil der KfW an der IKB stammten. Der Löwenanteil in Höhe von 5,3 Milliarden Euro wurde durch Entnahme aus dem Fonds für allgemeine Bankrisiken getragen. Solche Zahlen sprechen nicht nur der früheren KfW-Werbung Hohn, die da lautete: »**Eine Bank, die mehr bewegt als Geld**«. Sondern auch der Aussage des Ende Juli 2007 verabschiedeten IKB-Vorstandssprechers Stefan Ortseifen, der noch einen Monat zuvor frech behauptet hatte: »**Auch das letzte Geschäftsjahr ist für uns sehr erfolgreich verlaufen.**« Offenbar nahmen alle Verantwortlichen seine Worte für bare Münze, was ihn anspornte, nur noch mehr auf die Sahne zu hauen, mit Sprüchen wie: »**Wir haben eine überzeugende Strategie und hochqualifizierte, motivierte Mitarbeiter**«.

Ortseifens ganzer Stolz waren offenbar seine Zweckgesellschaften unter Führung von Rhineland Funding, die ihr Investmentportfolio im Geschäftsjahr 2006/07 von 9,7 auf 12,7 Milliarden Euro erhöhte, das heißt auf fast ein Drittel des IKB-Kreditvolumens. Der solchermaßen aufgeblähten Konstruktion Rhineland folgte Rhinebridge mit 2,5 Milliarden Volumen an »**standardisierten ABS-Strukturen, die zu 85 Prozent mit AAA und AA geratet sind**«, verkündete Ortseifen. Hinter dem Kürzel ABS verbergen sich Asset Backed Securities, mit Anlagen (speziell Forderungen aller Art) unterlegte Verbriefungen, also gebündelte Kredite. Darunter kann man sich sinnbildlich ein Antiblockiersystem vorstellen, wie es in Autos eingebaut ist – allerdings im abgeschalteten Zustand, nach dem Motto: Vorsicht, bei der nächsten Vollbremsung kracht's!

Es fällt nicht schwer, den Bogen von den ABS-Strukturen der IKB zu deren Großaktionärin KfW zu schlagen, speziell zu einem ihrer beiden Verwaltungsratschefs, Finanzminister Peer Steinbrück. Der ließ es einige Wochen nach Ortseifens ABS-Lob zum Thema Zweckgesellschaft richtig krachen, wenn auch nur verbal: »In Wirklichkeit ist das eine Wundertüte, bei der Sie nicht wissen, wo der Knallfrosch drin ist.« Treffend formuliert, Herr Minister, aber warum so spät?

Um die richtige Antwort auf diese Frage zu finden, braucht man nur den Spuren von MM zu folgen. Sie kam im Juli 1999 in den KfW-Vorstand und löste dort im Oktober 2006 Hans Reich als Vorstandssprecher ab. Die Übernahme der Beteiligung von seinerzeit 34 Prozent an der IKB datierte aus dem Jahr 2001, nachdem MM eineinhalb Jahre Zeit hatte (Reich noch viel länger), die IKB unter die Lupe zu nehmen. Angenommen, die Neuerwerbung war damals in punkto Risiken nicht sauber, dann stellt sich die Frage, warum die KfW das Wagnis überhaupt einging. Angenommen, sie war sauber, dann muss der Knallfrosch irgendwann zwischen 2001 und 2007 ins IKB-Portfolio gesprungen sein. So oder so: Entweder war die Beteiligung der KfW an der Düsseldorfer Mittelstandsbank ein unbedachter Spontankauf ohne Rücksicht auf Risiken aus dem direkten Kreditgeschäft und aus Zweckgesellschaften, oder die Kontrolleure vom IKB-Aufsichtsrat, KfW-Vorstand und -Verwaltungsrat hatten das von ihnen zu kontrollierende spätere ABS-Geschäft einfach nicht verstanden. Da die KfW dem Bund gehört, steht zumindest eines fest: Die Quittung bekommen – wieder einmal – die Steuerzahler.

MM-Nachfolger Ulrich Schröder wurde schon zum Zeitpunkt seiner Nominierung nicht nur mit dem Problemfall IKB konfrontiert, sondern auch von der unrühmlichen Vergangenheit der Deutschen Telekom eingeholt. Denn der Bund hatte einen Teil von deren Aktien bei der KfW geparkt, die 2003 eine Umtauschanleihe in der Hoffnung auflegte, die Telekom-Aktien 2008 wieder loszuwerden. Doch daraus wurde nichts, weil die Käufer der Anleihe den Tausch in die Aktien des rosa Riesen wegen uninteressanter Konditionen verweigerten. Und so begab die KfW im Mai 2008 eine neue Umtauschanleihe, dieses Mal mit einer Laufzeit bis 2013. Schröder erhielt den Vorzug vor anderen Kandidaten unter anderem deshalb, weil er als Chef der NRW.Bank, der nach der KfW zweitgrößten deutschen Förderbank, auf diesem Gebiet Spezialkenntnisse mitbrachte. Die nützten ihm bei der Bewältigung der speziellen Probleme von IKB und Telekom allerdings erst einmal herzlich wenig.

Reingefallen

Fonds werden nicht gekauft, sondern verkauft

Für die einen wurden, wie das vorige Kapitel zeigt, ABS 2007/08 direkt zum schwer lösbaren Problem. Die Anleger von ABS-Fonds traf es indirekt: Sie kamen vorübergehend nicht an ihr Geld, weil die Fonds wegen der internationalen Finanzkrise im Sommer 2007 einen Teil ihrer ABS kaum noch bewerten konnten. Wenngleich der Anlass bei der zeitweisen Schließung offener Immobilienfonds zwischen 2004 und 2006 – dazu im nächsten Kapitel mehr – ein ganz anderer war, lief die Entwicklung doch auf dasselbe hinaus: Anleger waren eine Zeit lang mit ihren Fonds illiquide. Und wieder hatten auch die Kunden führender Fondsgesellschaften das Nachsehen. Waren es seinerzeit DB-Real-Estate- und KanAm-Kunden, so verlagerte sich das Problem 2007 auf Anleger, die zum Beispiel ABS-Fonds von Union Investment, Oppenheim, HSBC Trinkaus und anderen besaßen.

Wie Hohn klingen da die Botschaften, die in den vergangenen Jahren von Banken, ihren Fondsgesellschaften und vom Fondsverband BVI verbreitet wurden. So behauptete S Broker, ein Institut der Sparkassen, 2002, im Jahr abstürzender Aktienkurse und Fondspreise: »**Fonds sind eine bequeme Form der Geldanlage. Denn sie setzen sich aus einer Vielzahl unterschiedlicher Wertpapiere zusammen, die von professioneller Hand optimal verwaltet werden.**« Allianz Global Investors stieß fünf Jahre später ins selbe Horn: »**Profis legen Ihr Geld an den Kapitalmärkten an, Sie brauchen sich um nichts weiter zu kümmern. Durch Streuung auf viele verschiedene Werte reduziert sich Ihr Risiko. Sie können täglich über Ihr Geld verfügen und sind nicht an feste Laufzeiten gebunden.**« Der BVI grenzte erst die Direkt- von der Fondsanlage ab, bevor er auf die Qualitäten eines Fondsmanagers einging:

»Er kennt die Märkte, die Unternehmen, die Kursentwicklungen, um daraus wie der Pizzabäcker eine wohlschmeckende Spezialität zu machen. Welcher Geschmack das ist, welche Wünsche Sie dazu haben, das liegt an Ihnen. Die Auswahl ist groß, ein Berater hilft Ihnen gern.«

Was sollen einfache Sparer wie auch erfahrene Anleger davon halten? Der Unterschied zwischen den Ereignissen von 2004 bis 2006 bzw. 2007/08 einerseits und den hier zitierten Behauptungen andererseits ist krass, zeigt das Missverhältnis zwischen Dichtung und Wahrheit besonders deutlich. Aus Anlegersicht handelt es sich allerdings immer um dasselbe: um Fonds. Welche Verwirrung daraus entstanden ist, belegen die Ergebnisse, die Axa Investment auf Basis einer Umfrage von TNS Infratest im Juni 2008 vorlegte. Danach glaubt fast die Hälfte der Bevölkerung (48 Prozent), dass Rentenfonds der Absicherung der gesetzlichen Rente dienen. Und sogar mehr als die Hälfte hält die Manager offener Immobilienfonds für Käufer und Renovierer baufälliger Häuser, um diese zu höheren Preisen zu verkaufen. Fonds, was ist aus euch nur geworden? Alle Welt redet über Fonds, immer und überall. Man schreibt über sie, aber vorwiegend leider so unverständlich, dass Laien nicht mehr weiter lesen. Von Aktien-, Renten-, Geldmarkt-, Immobilien-, Dach-, Misch-, Hedge-, Index- und sonst noch was für Fonds, von offenen und geschlossenen Fonds, Publikums- und Spezialfonds, von OGAW, UCITS, ETF und Reits, Zertifikatefonds und Fondszertifikaten, von Rating und Ranking, Cost Averaging und Stückzinstopf, Performance und Portable Alpha. Die Liste ließe sich beliebig fortsetzen. Und dann so etwas, siehe Umfrage: Rentenfonds im Einsatz gegen die Altersarmut wegen der mauen gesetzlichen Rente und Fondsmanager als Immobiliendreher, Denkmalschützer oder womöglich nur Pinselsanierer.

Was ist überhaupt ein Fonds? Die klassische Definition stammt aus dem Gründungsprospekt des britischen Foreign & Colonial Government Trust aus dem Jahr 1868, hier in freier Übersetzung: »Den kleinen Sparern dieselben Vorteile zu verschaffen wie den Reichen, indem das Risiko durch die Streuung der Kapitalanlage auf eine Anzahl verschiedener Wertpapiere vermindert wird.« Gut gebrüllt, britischer Löwe, anno 1868.

Und was ist ein Fonds heute? Ein Phänomen für sich, das man nicht mehr nur mit einem Satz, geschweige denn mit einem Wort definieren kann. Das ergibt sich aus dem Missverhältnis von Dichtung und Wahrheit, aus der Fondsvielfalt, aus den sie begleitenden weiteren Begriffen, aus den Aktivitäten der Fondskonstrukteure und -verkäufer. Das heißt, wir haben es hier mit einem Phänomen zu tun, das aus vielen Teilen besteht. Die Definition von Foreign & Colonial in allen Ehren, aber sie ist nach fast eineinhalb Jahrhunderten von der realen Entwicklung längst überholt – was sich nebenbei auch schon mal darin äußerte, dass die Hypo-Bank, eine der Vorgängerinnen der Hypo-Vereinsbank, in den 90er-Jahren des 20. Jahrhunderts mit einem späteren Foreign & Colonial-Ableger groß ins Fondsgeschäft einsteigen wollte, das Vorhaben aber schon bald wieder aufgab und letztlich vergessen ließ.

Die *Zeitschrift für das gesamte Kreditwesen* traf den Nagel auf den Kopf, als sie das Wesen des Phänomens Fonds 2005 so beschrieb: »Fonds werden nicht gekauft, sondern verkauft.« Dahinter steckt die Erkenntnis: In der Regel gehen nicht die Kunden zu Banken, Sparkassen, Finanzvertrieben, Fondsgesellschaften oder -boutiquen, um ganz bewusst einen bestimmten Fonds (oder mehrere) zu kaufen, sondern sie werden von den Verkäufern dieser Institutionen mal vom Fondskauf überzeugt, allzu oft aber einfach nur dazu überredet. Wie geht das? Ganz einfach, ein Kaufanreiz muss her, am besten obendrein gleich noch ein zweiter und dritter.

Von der Abgeltungsteuer als Anreiz zum Fondskauf vor 2009 war schon die Rede. Zugegeben, die Kampagne kam besonders penetrant daher. Aber es handelte sich ganz und gar nicht um eine Ausnahme, sondern um eine weitere von vielen Varianten, mit denen die Geldhäuser seit Jahrzehnten auf Kundenfang gehen. Das begann in den 50er-Jahren mit der biederen Empfehlung, Vermögen aufzubauen, ohne allzu große Risiken einzugehen. Dafür waren die damals gegründeten Aktienfonds da, die im Gesetz über Kapitalanlagegesellschaften zum ersten Mal 1957 offiziell geregelt wurden. In den 60er-Jahren ging es dann überhaupt nicht mehr bieder zu. Denn erst gab die gesetzlich ungeregelte, international aufgestellte Fondsgesellschaft IOS mit großem Deutschland-Geschäft »**Wir-machen-euch-reich**«-Parolen von sich. Dann versprachen die damals erst lax geregelten US-Fonds wie Enterprise oder Value Line Special noch mehr Reichtum. Deren Wertsteigerung von mehr als 100 Prozent in nur einem Jahr (1967) elektrisierte die Anleger geradezu – und war so etwas wie eine Regieanweisung für die auf den Neuen Markt fixierten Fonds eine ganze Generation später. Aus dem Reichtum wurde nichts, im Gegenteil, die Fonds stürzten seit 1969 ab und viele Anleger ins Unglück. Das Fondsgeschäft schlief in Deutschland für ein Jahrzehnt ein.

Wer geglaubt hatte, dabei bliebe es, sah sich aber später getäuscht. Denn seit den 80er-Jahren legten die Marketingstrategen und ihre Fondsverkäufer erst richtig los. Und wenn die überwiegend künstlich erzeugten Anreize zum Kauf von Fonds auszugehen drohten, wurden schnell neue erfunden. Vergleichsweise einfach war da noch der Anreiz mit der Performance, dem Ergebnis über eine bestimmte Periode, die man einfach so festlegte, dass der eigene Fonds besonders gut abschnitt. Schon etwas komplizierter wurde es in flauen Börsenzeiten. Doch auch da kamen die Leute vom Marketing zu Hilfe. Entweder wiesen sie nach, dass ihre Fonds weniger ins Minus geraten waren als die der Konkurrenten. Oder sie setzten auf Risikoausgleich und Sicherheit: durch Vermögensverwaltung mit Fonds, später auch Lebenszyklus- und Dachfonds, Renten-, fast immer Geldmarkt- und offene Immobilienfonds, ergänzt um AS- und Garantiefonds.

Kunden, die sich von all dem immer noch nicht überzeugen ließen, bekamen ein Argument um die Ohren gehauen, dem sie sich nicht verschließen konnten, weil es mathematisch so klar zu sein schien: »**Cost-Average-Effekt**« bzw. »**Cost Averaging**«, das regelmäßige Anlegen eines festen Betrags in Fondsanteilen, von denen umso mehr gekauft werden, je niedriger ihr Preis ist, und umgekehrt. »**Insgesamt erzielen Sie damit einen günstigen durchschnittlichen Einstandspreis**«, argumentierte die Deutsche Bank ohne Wenn und Aber anhand eines Beispiels, das in solchen Fällen immer angeführt wird: Erst fällt der Fondspreis, dann steigt er, und am Ende erzielen Anleger mithilfe der beschriebenen Methode einen höheren Gewinn, als wenn sie jeweils eine bestimmte Zahl von Fondsanteilen gekauft hätten. Das sieht zunächst schlüssig aus. Der Haken an der Sache ist aber: Wenn der Fondspreis erst steigt und dann fällt, verpufft der Effekt. Das bekamen Anleger zu spüren, die ihn zwischen den Jahren 1997 und 2003 zu nutzen versuchten, als die Preise vieler Fonds erst bis zum Jahr 2000 kräftig stiegen und danach ebenso fielen. Und noch ein Haken: Bleibt der Fondspreis unten, haben die Anleger mit Zitronen gehandelt, denn Verlust ist Verlust, egal, ob mit oder ohne Cost Averaging.

Die Zeit um die Jahrtausendwende war die Zeit der Stars unter den Fondsmanagern wie Kurt Ochner, Karl Fickel, Wassili Papas oder Elisabeth Weisenhorn. Sie zauberten phantastische Ergebnisse aus dem Hut, ihre Fonds verkauften sich praktisch von selbst. Growth, also Wachstum, hieß die Devise, bezogen auf Wachstumsaktien – oder besser gesagt: auf Aktien, denen Fondsmanager und -verkäufer dieses Etikett anhefteten. Und wenn eine Fondsgesellschaft nicht die richtigen Stars in ihren

Reihen hatte, ließ sie sich Themenfonds als Verkaufshilfe einfallen. Wie Deka aus dem Sparkassensektor mit ihrem LifeStyle-Fonds, den sie so bewarb: »**Mit Deka-LifeStyle CF/TF investieren Sie in angesagte Marken und Unternehmen der Unterhaltungs-, Konsum-, Mode- und Freizeitbranche.**« Die Fondsgesellschaft der Großbank UBS legte einen Fonds für Luxusgüteraktien auf, die der DG Bank (jetzt DZ Bank) einen für Kunst, der allerdings mangels Masse schnell wieder aufgelöst wurde.

Als es mit dem Wachstumswahn und Thementamtam in die andere Richtung (nach unten) ging, die ehemaligen Stars die Growth-Aktien mangels verstopfter Börsen nicht rechtzeitig loswerden konnten und ihre Fonds hohe Verluste erlitten, kam Value in Mode. Das heißt Aktien, die Substanz hatten oder zumindest versprachen. Die darauf spezialisierten Fonds ließen sich besonders von 2005 bis 2007 gut verkaufen, nachdem ihre überdurchschnittlichen Ergebnisse aus den Jahren davor bekannt geworden waren. Dieser Erfolg fiel mit dem der Indexfonds zusammen, die in Deutschland zunächst vor allem von der HypoVereinsbank-Tochter Indexchange (später Teil von Barclays Global Investors) auf den Markt gebracht wurden. Die Idee hinter solchen Fonds ist naheliegend, aber doch irgendwie skurril: Die meisten Fondsmanager schneiden nachweislich schlechter ab als der Index, auf den sie sich beziehen. Folglich haben Anleger die Chance, mit Indexfonds besser abzuschneiden als mit gemanagten Fonds. Nachteil für Fondsgesellschaften: Die an Börsen gehandelten Indexfonds bringen ihnen weniger Geld.

Es liegt also nahe, dass sie zusätzliche Betätigungsfelder erschließen. Einige haben sie bereits: zum Beispiel Fonds, die sich dem Klimaschutz und speziell den damit beschäftigten Aktiengesellschaften widmen. Hier hat die vor schmelzenden Eisbergen posierende Bundeskanzlerin – wohl unfreiwillig – für Verkaufshilfe gesorgt. Oder Fonds, deren Aktien etwas mit der Bekämpfung der weltweiten Armut zu tun haben. Da trifft es sich gut, dass die Medien voll auf das Thema eingestiegen sind und bei dieser Gelegenheit gleich noch das Rohstoffthema ausgereizt haben. Oder nehmen wir die viel diskutierte Altersarmut, verbunden mit dem drohenden Hinweis, dass die gesetzliche Rente nicht reicht. Schwuppdiwupp, schon hat Union Investment eine Lösung für die Zeit nach Rentenbeginn auf den Markt gebracht und der eine oder andere Konkurrent Fonds in Vorbereitung, die in Aktien von Pillenherstellern, Kreuzfahrtreedereien und Altenheimbetreibern investieren.

Und wenn weder die Kanzlerin noch die Einsicht in die Probleme von Armut und Alter helfen und auch kein neuer Star-Fondsmanager auftaucht? Dann kommt der ehemalige Fußballstar Günter Netzer ins Spiel, der allein durch seine Kommentare im Fernsehen so bekannt ist, dass er für die Fondsgesellschaft Allianz Global Investors (AGI) geradezu eine Werbeikone darstellt. Er fungiert sogar als Bindeglied zwischen den Namen aller möglichen AGI-Vorgängerinnen, die unter Anlegern für erhebliche Verwirrung gesorgt haben dürften, wie dit, Deutscher Investment-Trust, dbi oder Adam.

Anleger fragen sich zu Recht, warum sie überhaupt auf die Verkaufs- und Werbekünstler reinfallen sollen, zumal, wenn sie selbst viel in Fondsprospekten herumblättern. Sollten sie eigentlich gar nicht, tun sie aber, jedenfalls in der Mehrzahl. Die einen, die Verstehenwollen-Herumblätterer, weil allein daraus endlose Fragen entstehen, die sie dann irgendeinem Anlageberater stellen, denn sie wurden dazu mit der unmissverständlichen Aufforderung »**Lassen Sie sich beraten**« (oder ähnlich) verführt. Schon reingefallen. Und die anderen, die Nichtverstehen-Herumblätterer, weil sie das, was in den Prospekten steht, wahrscheinlich gar nicht verstehen sollen und der Aufforderung sofort folgen. Erst recht reingefallen.

Halt die Presse

Offene Immobilienfonds auf dem Weg
in eine neue Ära

Gewinne aus dem Hut zu zaubern kann ja so einfach sein. Das dachten sich jedenfalls einige Manager offener Immobilienfonds und schritten in den vergangenen Jahren bei der einen oder anderen Gelegenheit gern zur Tat. Das klappte immer dann besonders gut, wenn sie einen neuen Fonds lancierten. Denn da wirkten sich die Einwertungsgewinne, wie die Medien die Produkte der Zauberei üblicherweise nannten, besonders positiv auf die Fondsergebnisse aus. Gewinne, die dadurch entstanden, dass Immobilien unmittelbar nach dem Einkauf höher bewertet wurden als nur zu den Anschaffungskosten. Doch seit 2008 ist Schluss damit, Einwertungsgewinne sind verboten. Das Jahr 2008 markiert auch anderweitig eine Wende in der Strategie der auf Bürohäuser, Einkaufszentren, Hotels und andere Gewebeimmobilien spezialisierten Fonds, die als offen bezeichnet werden, weil Anleger ein- und aussteigen können: Zum einen nahmen ihre Auslandsengagements innerhalb Jahresfrist von knapp 55 auf fast 60 Prozent zu, wobei der Anteil des außereuropäischen Auslands auf fast 10 Prozent stieg. Zum anderen strukturierten die Fonds ihre Portfolios auch in sonstiger Hinsicht um: indem sie wieder mehr Objekte kauften als verkauften, nachdem sie im vorangegangenen Jahr noch riesige Bestände verkauft hatten.

Keine Frage, die einst schläfrige Branche ist aufgewacht, aus langweiligen Bestandshaltern sind veritable Investoren und Händler geworden. Ein kurzer Rückblick ins Jahr 2003, als viele Anleger nach dreijähriger Aktienbaisse nichts mehr von Aktienfonds wissen wollten: Wohin flüchteten sie mit ihrem Geld? In offene Immobilienfonds, und das nicht zu knapp.

Denn die versprachen, wie schon in den Jahrzehnten davor, eine – wenn auch nicht gerade üppige – stetige Aufwärtsentwicklung, Steuervorteile inbegriffen. Willi Alda, damals Chef der Sparkassen-Fondsgesellschaft Deka Immobilien Investment, hob noch im Dezember 2003 hervor, ohne Marketingmaßnahmen für Deka-Publikumsfonds ausgekommen zu sein, und freute sich: »Dennoch sind uns mehr als 2,8 Milliarden Euro netto zugeflossen, ein erneuter historischer Rekordwert.«

Doch die Freude währte nicht lange, das Blatt wendete sich 2004 schlagartig. Widmete die *Immobilien Zeitung* den Sparkassenleuten noch im April 2004 die Schlagzeile »Die Deka baut und baut und baut«, so sah die Immobilienwelt nur fünf Monate später ganz anders aus. Am 30. September wandte sich die Muttergesellschaft DekaBank mit einem Brief, der es in sich hatte, an die Anleger. Ein kleiner Auszug: »**In der Medienberichterstattung zum angeblich größten Frankfurter Korruptionsskandal werden Eindrücke und Vorverurteilungen geliefert, die mit der Faktenlage mitunter wenig gemein haben.**« Was war geschehen? Michael Koch, Geschäftsführer von Deka Immobilien, hatte die Kündigung erhalten, weil herausgekommen war, »dass es Hinweise auf Unregelmäßigkeit in der Geschäftsführungstätigkeit von Herrn Koch gibt«.

Immer die Medien. Gewiss, sie hauten kräftig drauf, von »Deka verspielt Kredit bei den Sparkassen« (*Frankfurter Allgemeine*) bis »Immobilienskandal zieht immer weitere Kreise« (*Die Welt*) und »Nix wie raus« (*Der Spiegel*). Aber der Presse auch nur einen noch so kleinen Teil der Schuld zuzuschieben ist gerade in einer solchen Situation alles andere als angemessen. Zumal die Anti-Medien-Kampagne den Eindruck erweckte, als wäre sie abgestimmt gewesen. Sogar aus dem fernen München meldete sich Werner Schmidt zu Wort, ausgerechnet jener BayernLB-Chef, der später wegen der Verwicklung des Instituts in die internationale Finanzkrise seinen Hut nehmen musste. »**Meines Erachtens ist**

in den Medien völlig zu Unrecht von einer Krise gesprochen worden«, ließ Schmidt die Leser der *Börsen-Zeitung* wissen, und er legte nach: **»Vor allem die Medienberichterstattung hat zu einer Verunsicherung der Anleger geführt.«**

Inzwischen ist längst Gras über die Sache gewachsen, weil bei DekaBank und Deka Immobilien eine runderneuerte Führungsmannschaft antrat und die Probleme bereinigte. Das heißt, die DekaBank sorgte dafür, dass Anleger ihre Fondsanteile, vor allem die des besonders angeschlagenen Deka Immobilienfonds, weiter verkaufen konnten. Obwohl die Mittelrückflüsse so anschwollen, dass eine Fondsschließung möglich gewesen wäre. Den Anlegern von Deka blieb das erspart, was andere erleiden mussten: die tatsächliche Fondsschließung, jedenfalls für eine begrenzte Zeit. Das war aufgrund der Geschäftsbedingungen möglich und betraf Anleger von DB Real Estate (heute: RREEF) aus dem Deutsche Bank-Konzern, vor allem solche, die den – später umbenannten – Fonds Grundbesitz-Invest besaßen, und es betraf Anleger von KanAm, einer konzernunabhängigen Fondsgesellschaft.

Die Begleitumstände unterschieden sich allerdings in beiden Fällen von denen bei Deka. Während DB Real Estate Immobilien neu bewerten lassen musste, war es im Fall KanAm die Verkaufsempfehlung der Ratingagentur Scope, die für die zwischenzeitliche Fondsschließung sorgte. Dieser Fall zeigte besonders deutlich, wie anfällig offene Immobilienfonds geworden waren. Helmut Knepel vom Vorstand der mit dem Fondsrating befassten Firma Feri Finance brachte das Problem wie folgt auf den Punkt: »Wenn Sie einen offenen Immobilienfonds attackieren, wird das zu spontanen großen Mittelabflüssen führen, die das Konstrukt offener Immobilienfonds nicht verträgt.«

Das Bewertungsproblem, das DB Real Estate offenkundig hatte, gab es auch woanders, nur trat es damals bei den übrigen

Fondsgesellschaften nicht immer so deutlich zutage. Das hat sich mittlerweile geändert und findet in der Performance Niederschlag, die von Fonds zu Fonds immer weiter auseinandergeht, wie die Statistik beweist: Während die Ergebnisse über drei Jahre bis zum 30. Juni 2008 im Durchschnitt bei einem Plus von 14,9 Prozent lagen, schlugen sie in einzelnen Fällen kräftig nach oben und nach unten aus. So brachte es Grundbesitz Europa von RREEF auf plus 25,9 Prozent, wohingegen das Schlusslicht Euro ImmoProfil von iii-Investments mit äußerst mageren plus 0,4 Prozent gerade mal knapp über die Nulllinie kam und im Jahresvergleich mit – 0,4 Prozent sogar in die Miesen rutschte.

Ausgerechnet iii, die älteste deutsche Fondsgesellschaft für offene Immobilienfonds, deren Geschäftsführer sich selbst so kräftig auf die Schultern geklopft hatten, dass es peinlich war. Zum Beispiel fabulierte J. Paul Wonhas in der Festschrift zum 20jährigen Jubiläum der Deutschen Vermögensberatung AG (DVAG) 1995: »**Der Anlageerfolg des iii-Fonds Nr. 1 kann sich mit dem der anderen Investmentfonds im 35-Jahres-Vergleich auf einem Spitzenplatz messen.**« Und im Jahr darauf gratulierte die iii-Geschäftsführung der DVAG in einem Brief zum vermeintlichen gemeinsamen Erfolg: »**Fast 50 Prozent der von der DVAG vermittelten iii-Depots stammen aus den Neuen Bundesländern. Gerade diesen Menschen wurde durch die beratende Tätigkeit der DVAG geholfen, ihren Weg in die ungewohnte freie Marktwirtschaft zu finden.**« Die Brüder und Schwestern aus der ehemaligen DDR bekamen dann aber in Anbetracht der spärlichen iii-Ergebnisse eher einen Eindruck von ungewohnt schlechten Immobilienfonds. Das Ganze grenzt schon an Zynismus. Was hatte iii-Geschäftsführer Günther Hackeneis doch einmal über seine Anleger geäußert: »**Es macht überhaupt keinen Sinn, sie mit einem Zahlenfriedhof zu langweilen.**« Klar, erst recht, wenn ein Fonds den Eindruck macht, er sei schon scheintot.

Was Tests, Preise, Awards und sonstige Auszeichnungen wirklich wert sind

Wundersame Altersvorsorge: Die Postbank ignoriert die Abgeltungsteuer, die DWS lässt ein Schwein simulieren.

Die Spielerei mit Worten gehört ebenso zur Kunst der Banker wie das Spiel mit Geld. Während der 2007 offen ausgebrochenen internationalen Finanzkrise kam heraus, dass allzu viele von ihnen mit Geld gespielt hatten. Wer danach ertappt wurde, zog sich mit warmen Worten und einem ebensolchen Handschlag zurück, genannt Abfindung oder auch goldener Handschlag. Die anderen spielten umso intensiver weiter mit Worten, und ihre Werbeagenturen liefen zur Hochform auf. Denn es galt – und gilt erst recht für die Zukunft –, die von der Bundesregierung vorbereiteten, als Steuerreform und Altersvorsorge kaschierten Akquisitionshilfen zu nutzen: Abgeltungsteuer und Riester-Rente.

Diese Maschen ziehen immer: Der Gesetzgeber legt einen Termin fest (im Fall der Abgeltungsteuer Ende 2008), und die halbe Finanzwelt drängt die aufgescheuchten Sparer, bis dahin unbedingt die Geldanlagen umzuschichten, natürlich so provisionsträchtig wie möglich. Oder Politiker, Banker, Versicherer und Medien machen (wie im Fall der Riester-Rente, bei der man angeblich etwas geschenkt bekommt) eine große Schau aus der Altersarmut. Kein wichtig tuender Politiker, der darauf nicht anspringt, kein Banker oder Versicherer, der nicht spontan einen Riester-Sparplan aus dem Köcher ziehen könnte, keine Fernseh-Quatschrunde bei Illner, Will, Kerner & Co., die sich nicht mindestens ein Mal im Monat diesem Thema widmet. Und die anderen Medien machen mit, sei es, indem sie den demografischen Faktor, sprich Altersarmut, bis zur Unerträglichkeit dramatisieren, sei es, dass sie mit Sonderveröffentlichun-

gen Schleichwerbung für kollektive Bank- und Versicherungs-
produkte betreiben, sei es, dass sie als Hauszeitschriften die
Werbetrommel rühren.

Manches vermittelte zunächst einen harmlosen Eindruck. Zum
Beispiel die Ausgabe März/April 2008 der *Anlagewelt*, einer Zeitschrift der Postbank. Auf der Titelseite warb sie mit drei Zähne
fletschenden Frauen mittleren Alters unter Hinweis auf die Abgeltungsteuer für den Fonds Postbank Dynamik Best Garant. Im
Editorial machte dann ein Bereichsleiter den Lesern Beine, indem
er auf das Ende der Zeichnungsfrist am 28. März hinwies. Zwei
Seiten weiter erinnerte auch das Frauentrio noch einmal an diesen Termin. Seltsam nur, dass die *Anlagewelt* vom März/April
2008 ausgerechnet in der großen, zentral gelegenen Post-Zweig-
stelle am Goetheplatz in Frankfurt am Main mit viel Publikums-
verkehr noch Ende April auslag, also einen Monat nach Zeich-
nungsschluss – nicht gerade eine Werbung für den gelben Riesen.

Nur eine Formalität? Ganz und gar nicht, denn die Schlampe-
rei wurde an anderer Stelle zu einem richtigen Ärgernis: Neben Faltblättern mit Reklame für den nicht immer funktionie-
renden Lagerservice der Post, für deren DHL-Dienst, die Telekom, die ARD-Fernsehlotterie, die ZDF-Aktion Mensch, die
Versicherung HUK-Coburg, für den Stromlieferanten Licht-
Blick, für eine von der Postbank-Tochter BHW angebotene, in
die Jahre gekommene Immobilie und allerlei andere Produkte fand sich Ende April 2008 auch die Broschüre »Wertpapiere bei der Postbank« mit dem am Schluss ganz klein gedruck-
ten Hinweis »Stand: Januar 2007 (Änderungen vorbehalten)«.
Sie lag Ende Mai immer noch aus. Und Ende Juni. Darin war
mindestens an drei Stellen Volksverdummung der übelsten
Art zu finden. Zitate:

1. **»Sie wollen Ihre Anlage vor möglichen Risiken schützen.
In diesem Fall sind z.B. europäische Rentenfonds und**

**Fonds- oder Zertifikatesparpläne für Sie besonders interes-
sant.**« Aber hallo, was ist mit der Abgeltungsteuer, was mit den
Risiken von Zertifikaten, die als Inhaberschuldverschreibungen
durch keinen Einlagensicherungsfonds geschützt sind?

2. »**Realisierte Kursgewinne aus Wertpapierverkäufen sind
steuerfrei, sofern die Wertpapiere über ein Jahr in Ihrem Besitz waren.**« So steht es da, ohne Wenn und Aber. Und so liegt
es da, Ende April 2008, ohne Rücksicht auf das Anfang 2009
niedersausende Fallbeil, genannt Abgeltungsteuer, wodurch
realisierte Kursgewinne aus Verkäufen von nach 2008 gekauften Wertpapieren betroffen sind.

3. »**Ein Fonds- oder Zertifikatesparplan eignet sich besonders für den gezielten, langfristigen Vermögensaufbau. Sie
investieren mit regelmäßigen Sparraten in Fonds oder Zertifikate Ihrer Wahl – und kombinieren damit alle Vorteile
einer bewährten Sparform mit attraktiven Renditechan-
cen.**« Gleich zwei Behauptungen, die so nicht stimmen. Denn
abgesehen von der Abgeltungsteuer, sind Fonds- und Zertifikatesparpläne für Anleger mit Kosten belastet (Ausgabeaufschlä-
ge, Verwaltungs- und Transaktionskosten, ausgewiesene und
versteckte Gebühren). Außerdem eignet sich, bedingt durch die
Konstruktion, nicht jeder Sparplan für den langfristigen Vermögensaufbau. Das von Zertifikatesparplänen zu behaupten,
ist allein schon deshalb verwegen, weil es sich mangels langfris-
tiger Daten noch gar nicht beweisen lässt. In diesem Kontext
mit »einer bewährten Sparform« zu argumentieren, ist wirklich
dummdreist. Und nochmals sei betont, dass die hier aufs Korn
genommene Broschüre Ende Juni 2008 weiter in der stark fre-
quentierten Post am Frankfurter Goetheplatz auslag.

Die Postbank muss sich zudem vorhalten lassen, mit ihren
Auslagen bis Ende Juni 2008 auch anderweitig nicht mehr auf
der Höhe der Zeit gewesen zu sein. Ihre Werbung als Partnerin

des Versicherers HUK-Coburg mit Testergebnissen von der Ratingagentur Assekurata bis zu den Zeitschriften *ÖKO-Test, Guter Rat* und *Finanztest*, die bis Januar 2006 zurückreichten, mag durchaus noch in Ordnung gewesen sein. Doch um ihre Kooperation mit der Firma LichtBlick zu bewerben, begab sie sich wohl in das dunkelste Kellerarchiv und stöberte dort ein Ergebnis der Zeitschrift *Test* auf, die den Stromversorger mit »gut« bewertet hatte – im August 2001. Wobei noch nachzutragen ist, dass das Faltblatt mit diesem dunklen Kapitel der LichtBlick-Postbank-Kooperation den Stand 12/2007 auswies. Ihr Leute von der Postbank, nehmt euch endlich den Spruch der Gebrüder Thomas und Christoph Gottschalk aus Anlass ihrer »Aktie Gelb«-Reklame zu Herzen: »Aufgepost!«

Die Werbung mit Testergebnissen ist mittlerweile zu einer regelrechten Epidemie ausgeartet. Zugegeben, die gerade zitierten Zeitschriften geben sich alle Mühe, ihren Lesern eine Entscheidungshilfe zu bieten. Und betroffene Banken, die schlecht abschneiden, reagieren im Zweifel, indem sie Abhilfe zu schaffen versuchen. So, wie es inzwischen der Dresdner Bank gelungen ist, deren Chef Herbert Walter sich noch in einem Interview mit der *Süddeutschen Zeitung* am 16. Februar 2007 vorhalten lassen musste, von der Stiftung Warentest *(Finanztest)* für Konsumentenkredite die Note »mangelhaft« erhalten zu haben. Walter gelobte Besserung, beim nächsten vergleichbaren Test schnitt die Dresdner nicht mehr so schlecht ab.

Doch eine solche Asche-auf-mein-Haupt-Reaktion ist eher eine Nebenerscheinung. Im Mittelpunkt stehen dagegen immer wieder Testergebnisse und sogenannte Awards (Preise bzw. Auszeichnungen), die von Banken, Sparkassen, Versicherern, Bausparkassen, Finanzvertrieben und anderen mit Geld beschäftigten Unternehmen am liebsten bis zum Gehtnichtmehr ausgeschlachtet werden. Wobei am Ende so skurrile Ergebnisse herauskommen wie mehrere »beste« Banken oder der »beste«

Fonds für japanische Nebenwerte unter Beimischung von Blue Chips aus dem südlichen Pazifik. Schon im April 2007 veröffentlichte der deutsche Investmentverband BVI ein Transparenztableau mit nicht weniger als neun auf Rating (Bewertung) und Ranking (Erstellung von Rennlisten) spezialisierten Firmen. Nun stelle man sich vor, jede von ihnen lobt nur fünf erste, zweite und dritte Preise aus. Das macht dann zusammen 135.

Übertrieben? Ganz und gar nicht. Schon die wenigen folgenden Beispiele allein aus dem Jahr 2008 vermitteln einen Eindruck von der Inflation der Preise, die im Finanzsektor ja nicht nur für Banken und Versicherer mitsamt deren Produktpalette, für Fondsgesellschaften und ihre Fonds vergeben werden, sondern auch für das ganze Universum an Zertifikaten, die normale Anleger kaum noch verstehen (die meisten Anlageberater wahrscheinlich auch nicht). Auffallend oft mit von der Partie: die Zeitschriften €uro und *Focus Money*. Auch *Capital, Handelsblatt* und der Fernsehsender *n-tv* lassen ungern etwas anbrennen, wenn es um Preisverleihungen geht. So darf dann zum Beispiel Comdirect mit dem €uro-Preis »**beste Bank Gesamtsieger 2008**« angeben und ihre Konkurrentin ING-DiBa mit dem *Focus Money*-Preis »**3 x beste Fondsbank**«. Die Fondsgesellschaft M & G ist laut €uro »**Fondsmanager des Jahres 2008**«, ihre Rivalin Pioneer laut *Capital* die »**Top-Fondsgesellschaft**«, während Fidelity und iShares sich beide als »**2008 Fund Awards Winner Germany**« bezeichnen dürfen, vergeben vom *Handelsblatt* in Kooperation mit der Rating- und Rankingfirma Morningstar. Mehr gefällig? Bitte: Die Commerzbank wird von *Focus Money* und *n-tv* mit dem »**1. Platz Discountzertifikate bedacht**«, die Bank Sal. Oppenheim vom selben Medienduo mit dem »**1. Platz Aktienanleihen**«. Während HSBC Trinkaus mit dem Preis »**1. Platz bester Service bei Zertifikaten**« werben kann, vergeben vom *Handelsblatt* zusammen mit dem Deutschen Institut für Service-Qualität, pocht Goldman Sachs auf die Auszeichnung »**Trendsetter des Jahres**«

von *Focus Money*. Und wenn man denkt, es geht nicht mehr, kommt wenigstens ein kleines Lichtlein her, in diesem Fall für die BHF-Bank mit dem »3. **Platz Kategorie bester Emittent Garantie-Zertifikate**«, wieder einmal gestiftet vom Duo *Focus Money* und *n-tv*.

Für Anleger alles kein Problem? Doch. Denn abgesehen von der schon als Hyperinflation daherkommenden unerträglichen Preislawine halten die Bewertungsmethoden kaum der kritischen Prüfung stand. Beispielsweise bei Fonds: Ihre Bewertung aus Anlegersicht ist – anders als aus Sicht der Marketingleute – eine ganz komplizierte Angelegenheit; am Ende gleicht sie meistens trotzdem dem Blick in den Rückspiegel, also in die Vergangenheit. Für Anleger kommt es indes darauf an, Fonds – ebenso wie Aktien oder Anleihen – zum richtigen Zeitpunkt zu kaufen und später mit möglichst hohem Gewinn wieder zu verkaufen. Die überwiegende Mehrheit der Fonds ist spezialisiert, also vom Auf und Ab der jeweiligen Börsen und anderen Märkte abhängig. Anleger müssen folglich entweder selbst ein gutes Timinggespür haben oder einen entsprechenden Rat einholen. Doch bei wem? Da die meisten Berater der Banken und Sparkassen, auch die der »besten« Banken, längst zu Verkäufern oder Ansagern in Call Centern getrimmt sind und das verkaufen, was sie auf Anweisung von oben gerade verkaufen müssen, kommen sie nicht in Betracht. Rating und Ranking hin oder her, es hilft nicht viel weiter, auch wenn Fonds und ihre Gesellschaften noch so sehr mit Preisen überschüttet werden. Und dann stehen Anleger ja auch vor dem Problem, Fonds neben anderen Finanzinstrumenten, etwa Zertifikaten, die ebenfalls mit allen möglichen Preisen bedacht werden, in ihre ganz persönliche Finanzplanung zu integrieren. Kurzum, zwischen Testergebnissen und Preisen jeder Art einerseits sowie den Kundenbedürfnissen andererseits klafft eine riesige Lücke.

Leider sind, wie gezeigt, auch die mit Rankings, Ratings, Testergebnissen und Preisen um sich werfenden Medien für Bank- und Sparkassenkunden unter den genannten Umständen nur von begrenztem Nutzen. Denn angenommen, €uro sagt hü, *Focus Money* hott, das *Handelsblatt* hühott und *Finanztest* hotthü, sind Leser, die Rat suchen, wahrscheinlich erst einmal irritiert. Und wenn, um ein konkretes Beispiel zu nennen, die Deutsche Bank-Tochter DWS in *€uro extra* 1/2008 mit einem Test von Fondssparplänen aus *Focus Money* 40/2007 für die Riester-Rente wirbt, die Werbung mit dem Spruch »**Geld gehört zur Nr. 1**« unterstreicht und dabei auch noch zusätzlich auf Fonds der Konkurrenten Axa, Schroders und Threadneedle verweist, ist die Verwirrung der Leser komplett.

Diese Werbeanzeige hat es auch anderweitig in sich. So ist der Hinweis auf einen Test von Fondssparplänen durch *Focus Money* als denkbarer Beleg für die Qualität der Riester-Rente von DWS an sich schon problematisch. Denn genau dazu folgt unten kleingedruckt zu Recht die wichtige Einschränkung: »**Ergebnisse beruhen auf einer simulierten Rückrechnung und haben nur begrenzten Aussagewert.**« Trotzdem verpasst die DWS dem ganzen Sprüchekonstrukt unter einem Sparschwein mit drei Geldschlitzen die Überschrift: »**Never change a winning Schwein!**« Was soll das denn? Die Interpretation erlaubt die beiden folgenden Auslegungen: Wenn man das Schwein simulieren ließ, kann es nicht in der Realität gewonnen haben (»winning«), sondern nur in der wenig aussagefähigen Rückrechnung. Und wenn es nie ausgetauscht werden soll (»never change«), ist die Simulation ein äußerst schwacher Anreiz, es zu behalten. Offensichtlich ist es müßig, der ganzen Schweinerei auf den Grund zu gehen zu wollen. Denn womöglich sollen gar nicht Anleger durch sie angesprochen werden, sondern Vertriebsmannschaften. Ein Indiz dafür ist jedenfalls der vom Werbetext umgebene kleine Hinweis: »**Vorabprovision für Sie**«.

Grüße aus Absurdistan

»Gewinnen Sie. Mit Ihrer Meinung zu den Märkten.
Zweistellige Renditen in jeder Marktsituation.«
Ein Angebot vom grauen Kapitalmarkt? Nein, eine
Aufforderung von Sal. Oppenheim zum Kauf von
Optionsscheinen, Aktienanleihen und Zertifikaten

So beginnt der Text eines Büchleins mit dem Titel »**Derivative Wertpapiere. Einfach. Intelligent**«. Der sich stets vornehm gebärdenden Bank entsprechend, ist es fein in blaues Leinen gebunden. Titel und Textbeginn sind allerdings gar nicht fein, sondern eine einzige Frechheit. Sehen wir uns das Konstrukt näher an.

Derivative Wertpapiere als einfach zu bezeichnen, ist verwegen. Sonst hätte beispielsweise die Oppenheim-Konkurrentin HSBC Trinkaus allein den Fragen und Antworten zu Anlagezertifikaten und Hebelprodukten, zwei weit verbreiteten Typen von Derivaten, nicht 160 Seiten gewidmet. Andere Aufklärungsschriften sind noch umfangreicher. Warum, liegt auf der Hand: Derivate (bei privaten deutschen Anlegern am weitesten verbreitet: Zertifikate, Optionsscheine und Aktienanleihen) sind, jedenfalls im hier relevanten Zusammenhang, die von Basiswerten, etwa von Aktien oder Rohstoffen, abgeleiteten Kombi-Finanzprodukte. Sie verkörpern alle möglichen Zweierkombinationen, von denen der eine Teil Basiswert oder auch Underlying genannt wird. Das kann zum Beispiel die Daimler- oder die Siemens-Aktie sein, aber auch der Deutsche Aktienindex, ein Basket (Aktienkorb), Öl, Gold oder sonst was.

Der andere Teil der Zweierkombinationen besteht aus komplizierten Formeln, an denen gewiefte Mathematiker rund um die Uhr herumtüfteln, um sie mit Basiswerten zu verknüpfen, zum

Beispiel zu Zertifikaten. Bei diesen handelt es sich, was vielen Anlegern offenbar nicht bewusst ist, um Inhaberschuldverschreibungen, die durch keinen Einlagensicherungsfonds geschützt sind. Die von den Mathematikern kreierten Kombiprodukte sind folglich alles andere als einfach und obendrein ungesichert. Sogar die meisten Anlageberater verstehen sie nicht mehr. Im Gegensatz zu den nicht abgesicherten Anlegern gibt es zur Absicherung der Banken zwar Prospekte, aber deren Inhalt versteht auch kaum noch jemand. Und um wieder auf den Anfangstext des Büchleins zurückzukommen: Intelligent können Derivate ebenso wenig sein wie andere handelbare Wertpapiere oder Rechte. Höchstens die Menschen dahinter mögen einen bestimmten Intelligenzgrad besitzen, jedenfalls die Mathematiker. Wer indes dem Personal an den Messeständen, etwa bei der Invest-Messe in Stuttgart oder der Internationalen Anlegermesse in Düsseldorf, Fragen zu solchen Ungereimtheiten stellt, erhält bestenfalls Prospekte und wiederum in Leinen gebundene Büchlein in die Hand gedrückt. Wie beim Monopolyspiel: Geh zurück auf Los.

Wie steht es nun um die zweistelligen Renditen? Die »in jeder Marktsituation« nur so sprudeln dürften, oder? Sie lassen sich natürlich erzielen, klar, ebenso wie man mit Aktien reich werden kann, wenn man die richtigen rechtzeitig kauft und wieder verkauft, und sogar Lottomillionär, wenn man die richtigen Zahlen tippt. Ein unangemessener Vergleich? Gar nicht. Denn der Erfolg beim Geschäft mit Derivaten ist auch vom Wörtchen Wenn abhängig, und das sogar mehrfach. Es beginnt »mit Ihrer Meinung zu den Märkten«. So lässt sich's gewinnen – allerdings vorausgesetzt, jemand behält mit seiner Börsenmeinung recht. Wer an der Börse schief liegt, was erfahrungsgemäß auf die Mehrzahl der Anleger zutrifft, verliert dagegen. Die ganze Argumentation von Sal. Oppenheim fällt damit in sich zusammen.

Die Bank begleitet ihre Penunzenprosa auf 84 Seiten nicht weniger als 22-mal mit dem verfänglichen Satz »**Das erwarten Sie**«. Verfänglich deshalb, weil der Erfolg von Geldgeschäften nicht davon abhängt, was jemand erwartet, sondern ob die Erwartungen tatsächlich eintreffen. Also wieder so eine nichtssagende Phrase. Sie wird mittlerweile in allen erdenklichen Abwandlungen vom Großteil der Finanzbranche verwendet. Hier zwei prominente Beispiele: »**Für jedes Börsenwetter: Die Zertifikatefonds von Allianz Global Investors**« und »**Egal, wo Sie die größten Anlageerfolge vermuten, ob im Zins-, Währungs- oder Aktienbereich – zu jeder Facette finden Sie eine attraktive Anlagelösung in den Zertifikaten der UBS.**« Kaum zu glauben, sogar die sonst eher kritische Zeitschrift *Finanztest* fiel auf die verfängliche Masche herein, als sie ihre Leser im Mai 2008 wissen ließ: »Mit Zertifikaten können Anleger in nahezu jeder Marktphase Geld verdienen.«

Wenn das angeblich so ist, stellt sich die Frage, warum die Anbieter von Zertifikaten und anderen Derivaten nicht einfach nur mit den verschiedenen Phasen der gängigen Märkte Geld zu verdienen versuchen, sondern auf die absurdesten Ideen kommen. Unter ihnen zählen beispielsweise das »**Multi Barrier Reverse Convertible auf Russische Stahlgiganten**« der Schweizer Bank Clariden Leu und fünf Indexzertifikate auf arabische Länder von ABN Amro noch zu den halbwegs begründbaren Kreationen. Was aber das Zertifikat auf einen **Afrika-Basket** der Schweizer Bank Julis Bär oder auf einen **Schwarzmeerbasket** der Konkurrentin Vontobel bei Anlegern zu suchen hat, bleibt ein Rätsel. Im zweiten Fall etwa nur deshalb, weil sechs Länder – allerdings mit ganz unterschiedlichen Interessen – an das Schwarze Meer grenzen? Die Antwort wird wohl ewig ein Schweizer Bankgeheimnis bleiben.

Immer, wenn ein neues Thema hochkocht oder gezielt zum Thema gemacht wird, stehen die Finanzmathematiker der Banken Gewehr bei Fuß, um das nächste Zertifikat zu konstruieren. An Themen fehlt es ja nicht gerade: Klimaschutz, Wassermangel, erneuerbare Energien, Infrastruktur, Globalisierung, Emerging Markets, Rohstoffe, Hunger, Überalterung, Verstädterung, Reichtum, Armut und – stark im Kommen – Inflation.

Sogar Hedgefonds gehörten schon zu den Basiswerten von Zertifikaten. Noch vor einigen Jahren ließ der Name von Florian Homm das Herz so manchen Fußballfans aus dem Ruhrpott höher schlagen, weil er sich einen größeren Aktienposten von Borussia Dortmund zugelegt hatte. Die SEB Bank gab Zertifikate auf Hedgefonds einer Holding aus, die Homm später verließ. Daraufhin nahm die SEB die Zertifikate vom Markt, und die Anleger kamen erst einmal nicht an ihr Geld. Was sich hier wie im Zeitraffer liest, ist in Wahrheit eine ganz schlimme Geschichte. Denn Homm hatte zusammen mit Kumpanen seine Anleger auf das Übelste ausgetrickst und verschwand anschließend von der Bildfläche. Die US-Anlegerzeitung *Barron's* und die *Wirtschaftswoche* schilderten später die unappetitlichen Einzelheiten des Skandals, doch da war es für die Anleger schon zu spät.

Bliebe es doch nur bei solchen Ausfällen. Aber weit gefehlt, Absurdistan ist überall, und das nicht erst seit gestern – was wiederum daran liegt, dass es an Themen für Zertifikate nie mangelt. Gehen wir zurück ins Jahr 2000, da war in Deutschland der Neue Markt das ganz große Börsenthema. Schon damals war Sal. Oppenheim fleißig dabei, etwa mit »**Kickstart**«-Zertifikaten auf Aktien von Mobilcom und Intershop, als sie zum Sturzflug ansetzten. Dazu die Parole: »**Nutzen Sie Ihre Chancen, doppelt zu gewinnen!**« Flankiert wurden solche Angebote von Aktienanleihen, unter anderem auch gekoppelt an Mobilcom- und Intershop-Aktien, mit dem Versprechen auf 23 und 25 Prozent. Dazu ein verräterischer Text, wie: »**Bei Fälligkeit am 8. Jan. 2002 wird die Anleihe zum Nominalbetrag** zurückgezahlt; notiert die Stammaktie der Intershop Communications AG am 28. Dez. 2001 jedoch unter 60,98 Euro, ist die Emittentin berechtigt, stattdessen 82 Aktien der Intershop Communications AG je 5 000 Euro Nominalbetrag zu liefern. Die Verzinsung von 25,00 Prozent p.a. wird unabhängig von der Kursentwicklung der Aktie gezahlt.« Das war fein kalkuliert – für die Bank. Für die Anleger blieben Brosamen übrig, denn die Aktien von Intershop (wie auch die von Mobilcom) wurden später nahezu wertlos.

Erfahrene Börsianer verwenden gern Kontraindikatoren. Dazu gehören neben Kennzahlen, Kursen und Kurven auch die Ergebnisse von Gesprächen beim Friseur und die Schlagzeilen in der *Bild*-Zeitung. Das heißt, wenn beispielsweise die Aktienkurse fast senkrecht nach oben schießen, der Friseur jede Menge an Börsentipps auf Lager hat und *Bild* »Wahnsinnskurse« titelt, wird es höchste Zeit, sich von Aktien zu verabschieden. Bei Zertifikaten, Aktienanleihen und Optionsscheinen ist es ähnlich, aber noch zuverlässiger: Je üppiger die Anzeigen, je dicker die Zeitungsbeilagen zu diesen Themen, je massierter die Angebote, je größer die mit ihnen verbundenen Versprechen und je dümmer die Sprüche, desto wichtiger wird es, wachsam zu sein und im Zweifel die Finger ganz von allen Derivaten zu lassen. Diese These lässt sich zwar besonders leicht durch einen Blick zurück erhärten, aber auch ein sensibles Gespür für die jeweils aktuelle Entwicklung hilft enorm, das Gegenteil von dem zu tun, was die Massen bewegt.

Dazu hier nur wenige Beispiele. 2001, noch bevor es die Aktienkurse total erwischte, warben Banken wie WestLB und BHF-Bank intensiv für Call-Optionsscheine auf den Nemax 50, einen Index des Neuen Marktes, bzw. auf die in dem Index enthaltenen heißen Aktien, wie T-Oline und die offenbar unvermeidliche Mobilcom. Die HypoVereinsbank hatte damals sogar einen Spruch auf Lager, für den jeder Banklehrling zum

Geldzählen in den Keller strafversetzt worden wäre: »**Optionsscheine bieten größere Gewinnchancen als Aktien. Aktienanleihen und Discountzertifikate mehr Sicherheit.**« Um eine Anleihe bei der früheren Reklame für das Waschmittel Dash
zu machen: Der Spruch der Bank war so falsch, falscher ging's
nicht. Denn unter Berücksichtigung des Risikos (im Extremfall
Totalverlust) und vor allem auch wegen der begrenzten Laufzeit können Optionsscheine gar nicht größere Gewinnchancen
bieten als Aktien. Und was »mehr Sicherheit« der beiden anderen Derivate betrifft, bedarf es nur der nochmaligen Erwähnung von Mobilcom und Intershop, um auch diese Aussage in
ihrer Absolutheit ad absurdum zu führen. Ganz zu schweigen
davon, dass Aktienanleihen und Zertifikate aller Art Anlegern
in den Jahren seit 2001 enorme Verluste gebracht haben.

Banken versuchen die Formeln der Mathematiker, die Außenstehende nicht verstehen, hin und wieder auch in Worte zu
fassen. Besonders Schweizer Banken zeichnen sich diesbezüglich durch die ihnen eigene Gründlichkeit aus. Das lässt
manchmal allerdings selbst ausgebuffte Profis an ihrem eigenen Verstand zweifeln. Nur ein Beispiel, hier von der Zürcher
Bank Clariden Leu zu ihrem »**Baby Barrier Reverse Convertible**«, aufgelegt im Mai 2008: »**Wenn mindestens einer der
Barrier während der Barrierperiode berührt oder unter-
schritten wird und mindestens einer der Schlussfixie-
rungspreise gleich oder tiefer ist als der entsprechende
Ausübungspreis, reduziert sich die Rückzahlung pro Baby
Barrier Reverse Convertible von 100 Prozent des Nominals
um die prozentuale Differenz zwischen dem Ausübungspreis und dem Schlussfixierungspreis des Basiswerts mit
der grössten Negativperformance.**«

Wie beantwortete doch so selbstherrlich wie irreführend Bernd
Ehmke, Derivatespezialist der Landesbank Berlin, den Lesern
der *Financial Times Deutschland* schon am 2. Februar 2007 die

selbst gestellte Suggestivfrage, ob man auf komplexe Produkt-
strategien verzichten sollte: »**Autofahrer, die die technische
Funktionsweise von Airbag und ABS nicht kennen, verzichten beim Kauf schließlich auch nicht darauf. Wichtig ist
hier allein deren zuverlässige Wirkung.**« Na denn, immer
schön vertraut auf die Wirkung des Baby Barrier Reverse Convertible, der Hedgefonds-, Mobilcom-, Intershop- und Schwarz-
meerbasket-Zertifikate.

Mal abgesehen von solch exotisch anmutenden Produkten aus
vergangener Zeit, stellt sich nach wie vor die grundsätzliche
Frage: Sind Airbag und ABS überhaupt vorhanden? Durch Kli-
cken auf die Internetseite des Deutschen Derivate Verbands
(DDV), der nach einigen Jahren mit zwei verschiedenen Deri-
vateverbänden seit 2008 die Interessen der Mitgliederbanken
unter einen Hut zu bringen versucht, kommen wir der Antwort
zumindest ein wenig näher. Der DDV bezifferte das im deutschen Retail-Derivatemarkt investierte Vermögen im Juli 2008
auf über 140 Milliarden Euro. Nachdem die Banken allein im
Juni 39 416 neue Zertifikate und Hebelprodukte auf den Markt
gebracht hatten, betrug deren Gesamtzahl nach Abzug der aus-
gelaufenen und ausgeknockten Produkte 325 439. Eine Wahn-
sinnszahl. Nun stelle man sich vor, dass hinter jedem Produkt
bestimmte mathematische Formeln stecken, die von der inzwischen auf über 2 000 angewachsenen Zahl an Derivatespeziali-
sten entworfen, zu einer Emission umgeformt und schließlich
auf direktem oder indirektem Weg als Wertpapier an den Mann
oder die Frau gebracht wurden.

Damit nicht genug der Tüftelei, denn rund um die Derivate ist
ein Geflecht gewuchert, das Außenstehende vorwiegend über
die enorme Werbung und darüber wahrnehmen, dass ihre Anlageberater ihnen ständig neue Produkte empfehlen. Dahinter
verbergen sich inzwischen sogenannte Gütesiegel, die von der
Einhaltung eines Kodex abhängen, und Ratings (Bewertun-

gen), die laut DDV auf fünf Anlegertypen zugeschnitten sind. Das Ganze wird wissenschaftlich verpackt, und der Beraterschulung soll die eigens ins Leben gerufene European Derivatives Academy dienen. Eine Wahnsinnsaufgabe. Wie sehr sie alle Teilnehmer fordert, ergibt sich allein schon daraus, dass zum Start des Zertifikateratings am 4. Juni 2008 nicht einmal alle DDV-Mitgliederbanken dabei waren. Die Erkenntnis, die sich daraus und dem hier beschriebenen Drumherum gewinnen lässt: Das Geschäft mit Derivaten für private Anleger ist viel zu schnell gewachsen, als dass es im Anlegersinn immer ordentlich funktionieren könnte, von Airbag und ABS ganz zu schweigen.

Das große Versteckspiel

»Bei uns verdient ein durchschnittlicher Finanzberater zwischen 70.000 und 80.000 Euro«, behauptet ein Deutschbanker – **»auf Provisionsbasis.«**

Uwe Wystup ist Finanzmathematiker, Professor an der noblen Frankfurt School of Finance & Management, einer, der weder vom Blatt abliest noch ein Blatt vor den Mund nimmt. Er überlässt auch nicht alles allein irgendwelchen gestylten Powerpointbildern, sondern verleiht den Bildern Power. Wenn er etwas vorträgt, gewinnen die Zuhörer schnell den Eindruck, dass er irgendwie auch den Schalk im Nacken hat. So wie am 12. März 2008, als er einen Vortrag mit dem Titel hielt: »Ist die Einführung der Riester-Rente vor allem ein Geschenk an die Finanzindustrie?« Vor ihm hatte immerhin schon Walter Riester selbst gesprochen, auch witzig. Doch Wystup hatte an diesem Abend mehr Zahlen drauf, keine langweiligen Statistiken, sondern die Kosten der Riester-Rente aus Sicht der Sparer am Beispiel der Angebote von Allianz, Axa, DWS und Nürnberger. Am besten schnitt DWS ab, die mit dem »Winning Schwein«, am schlechtesten Axa. Ihre Kunden kräftig zur Kasse bitten allerdings alle vier und mit ihnen die übrigen Konkurrenten.

Wystup betonte, wie schwierig es für ihn in der Regel war, die gewünschten Daten aus verschiedenen Unterlagen zusammenzustellen, und erst recht, von den Anbietern ergänzende Angaben zu erhalten, um überhaupt einen Vergleich anstellen zu können. Wie hilflos muss sich da erst jemand vorkommen, der weder genug Zeit für die Suche, noch das entsprechende Durchsetzungsvermögen bei den Anbietern, noch genügende mathematische Kenntnisse hat. Zumal die Riester-Rente nur ein winziges Teilchen aus dem Universum der mit Gebühren, Provisionen, Aufschlägen, Vergütungen und Spreads belasteten

Finanzprodukte von Banken, Sparkassen und Versicherern ist. Das Versteckspiel der Finanzbranche ist nicht auf die Riester-Rente beschränkt. Je komplexer ein Finanzprodukt, desto mehr bleibt den Kunden verborgen. Aber auch schon ein scheinbar einfaches Wertpapierdepot offenbart nicht alle Kosten. Das ergab die Analyse eines bei der Bank UBS Deutschland geführten Depots, die das *Manager Magazin* von Rödl & Partner erstellen ließ und im Heft vom Juli 2008 veröffentlichte. Ergebnis: nicht, wie angegeben, 0,576 Prozent jährliche Pauschale, sondern über 2 Prozent Gesamtbelastung jährlich.

Warum treiben Banken – und mit ihnen nahezu alle anderen Geldhäuser, Versicherer inbegriffen – ein solches Versteckspiel? Allein schon diese Frage werten die meisten Banker als Majestätsbeleidigung. Und wenn überhaupt eine Antwort kommt, dann so etwas wie »**Guter Service kostet Geld**«. Oder, dann aber schon hinter vorgehaltener Hand: »**Wenn die Kunden offen gesagt bekämen, was sie unter dem Strich wirklich zahlen, wechseln sie sofort zur Konkurrenz.**« Worin besteht der Service? Bei dieser Frage wird Majestät endgültig ungnädig. Ertappt, die Erklärung fällt schwer oder bleibt ganz aus. Denn spätestens jetzt müsste Majestät etwa so antworten: Bisher sind wir mit der Quersubventionierung unserer Sparten, mit Kunden, die nicht genug verglichen haben, mit Sonderaktionen und der Auflösung stiller Reserven über die Runden gekommen. Jetzt müssen wir uns etwas Neues einfallen lassen, aber uns fällt nichts anderes ein, als unsere Produkte möglichst knallhart zu verkaufen oder so etwas wie Tupperpartys zu veranstalten, um von den Kunden Geld abzuzweigen, ohne dass sie es merken.

Die Abzweigmethode war über viele Jahre bei allen Arten von Konten üblich, aber nur so lange, bis die Kunden sich zu wehren begannen, Gerichtsurteile zu ihren Gunsten erstritten und die Medien nicht nur einfach darüber berichteten, sondern immer häufiger auch Gebührenvergleiche veröffentlichten. Die Transparenz verbesserte sich zusätzlich mit dem Siegeszug der Direktbanken und generell mit der zunehmenden Internetnutzung. Gleichzeitig wurde sie aber auch durch immer komplizierter werdende Gebührenmodelle erschwert, sodass Kunden alle Mühe hatten, ihre eigenen Vorstellungen von der Kontoführung exakt so mit den Modellen in Einklang zu bringen, dass das Preis-Leistungs-Verhältnis stimmte.

Analog entwickelten sich die anderen Sparten des Geldgeschäfts wie Kredite, Fonds und Zertifikate: einerseits immer mehr Transparenz durch Preisvergleiche in allen möglichen Medien, andererseits immer komplexere Finanzprodukte. Was den letzten Punkt betrifft, hielt ein Begriff in die Geldwelt Einzug, der zwar immer wieder verwendet und von Fall zu Fall auch interpretiert wird, aber zweideutig bleibt: »**Financial Engineering**«. Darunter kann man sowohl die Konstruktion einer optimalen finanziellen Lösung für Kunden verstehen als auch die Konstruktion eines Finanzprodukts. Außerdem vermittelt dieser Begriff einen so professionellen Eindruck, dass Möchtegern-Berater ihn gern nach Gusto verwenden. Seine Doppeldeutigkeit offenbart das ganze Dilemma, vor dem Kunden im Verhältnis zu ihren Bankern stehen: Kunden wollen sich beraten lassen, um ihre Finanzen optimal auszurichten. Doch von wem? Normalerweise treffen sie auf die ihr Konto und/oder Depot führenden Banker, die ihre Finanzprodukte verkaufen müssen, um nicht bei nächster Gelegenheit gefeuert zu werden.

Zwischen dem Wollen und dem Müssen der anderen klafft eine riesige Lücke. Die tut sich bereits dadurch auf, dass die Mehrzahl der Kunden wohl immer noch glaubt, die Dienste der Banker seien entweder preiswert, weil die Gebühren – wenn überhaupt – nur aus dem Kleingedruckten hervorgehen, oder sie seien sogar gratis, weil ja kein Honorar anfällt. Die

Lücke wird umso größer, je individueller die Wünsche der Kunden sind. Dabei spielen die Steuern in Deutschland eine zentrale Rolle. Und wie reagieren dann die Banker? Überwiegend mit dem abwimmelnden Satz: »**Wenden Sie sich an Ihren Steuerberater.**« Dieselben Banker, die sich die dümmsten Sprüche zur Abgeltungsteuer einfallen lassen, um ihren Kunden Fonds zu verkaufen.

Wer das ganze System, das sich hinter all dem verbirgt, genauer kennenlernen will, ist gut beraten, Finanzverkäufer-Messen zu besuchen, wie die DKM in Dortmund oder Fonds Professionell-Messe in Mannheim. Was dort geboten wird, ist allererste Sahne – für die Verkäufer, versteht sich, aber genau das macht den Besuch für Anleger gerade so reizvoll. Denn dort erfahren sie aus erster Hand, wer die höchsten Provisionen, Rückvergütungen und sonstigen Geldgeschenke als Belohnung für fleißiges Akquirieren verteilt. Wessen Finanzprodukte mithin für Kunden am teuersten sind.

Wer dafür keine Zeit hat, kann sich mit den entsprechenden Publikationen behelfen, um wenigstens einen kleinen Schimmer von der Art der Vergütung für den Finanzverkauf mitzubekommen, zum Beispiel in den Zeitschriften *Cash* (nicht zu verwechseln mit dem gleichnamigen Schweizer Blatt) und *ASSCompact*. Nehmen wir Letztere vom Oktober 2005, als die DKM wieder einmal brummte. Da äußerte sich der unter anderem für den mobilen Vertrieb zuständige Deutschbanker Ulrich Christmann im Interview über die Zusammenarbeit von Ausschließlichkeitsvertretern mit der Deutschen Bank zunächst wie folgt: »**Diese Partnerschaft bedeutet, dass sie ihren Kunden stets eine optimale Finanzlösung anbieten können.**« Um kurz darauf fortzufahren: »**Die Handelsvertreter arbeiten ausschließlich auf Provisionsbasis. Kern unseres Vergütungssystems ist ein Provisionstableau, das die Produkte sehr auskömmlich honoriert. Darüber hinaus gibt es eine**

Zusatzprämie für Neukunden.« Und so weiter bis zu Treue-programmen, Vertriebspunkten, Boni und Incentives. »**Bei uns verdient ein durchschnittlicher Finanzberater zwischen 70 000 und 80 000 Euro.**« Nicht schlecht, und das allein auf Basis von Provisionen, die zu Lasten der Kunden gehen. Wo bleibt für diese – bei solch einer verräterischen Aussage – dann noch die »stets eine optimale Finanzlösung«? Ganz einfach, auf der Strecke.

Kommen wir nochmals kurz auf den eingangs zitierten ge-scheiten Professor Wystup zurück. Er veröffentlichte bereits früher Studien, die bis heute im Internet nachzulesen sind und so manchem Anleger die Augen dafür öffnen dürften, was sich hinter den Kulissen abspielt. Hier seine Zusammenfassung zum Thema, wie Investmentbanken Geld verdienen, vom April 2004: »Erträge können von Banken erzielt werden durch struk-turierte Produkte, deren Einzelteile für den Kunden nicht er-hältlich sind oder nicht erkennbar sind oder nicht bewertbar sind oder zu mühsam zu handhaben sind. Oder aus Kunden-sicht: ›Arbeite nie für die Banken.‹« Der Schlusssatz gibt das Zi-tat eines Warenhauschefs wieder.

Die im ersten Kapitel erwähnte Umsetzung der europäischen MiFID-Richtlinie in deutsches Recht spornte Banken und Spar-kassen an, flugs ihre Geschäftsbedingungen anzupassen und ihre Kunden bei dieser Gelegenheit insbesondere über ihre Wertpapiergeschäfte zu informieren. Dazu hier ein fulminan-ter Satz der Dresdner Bank aus dem Kapitel »Interessenkonflik-te«, in dem sie Formulierungen im feierlichen Stil der ersten Verfassung der USA verwendet und ihre Mitarbeiter »**auf hohe ethische Standards und kundenorientierte Verhaltensre-geln**« verpflichtet: »**Im Vordergrund steht das Kundeninter-esse.**« Kaum etwas könnte gegensätzlicher sein als diese Aussa-ge im Vergleich zu den Fonds- und Zertifikatekosten. Dazu die Dresdner, bezogen auf Fonds: »**Der Ausgabeaufschlag beträgt**

regelmäßig zum Beispiel bei Aktienfonds bis zu 6 Prozent, bei Immobilienfonds bis zu 5 Prozent und bei Rentenfonds bis zu 3 Prozent.« Für Zertifikate lässt sich das nicht so allgemein formulieren, weil ihre Preise ähnlich komplex zusammengesetzt sind wie sie selbst. Dafür entscheidend sind: der vom Emittenten errechnete innere Wert, die Kosten des Emittenten für Strukturierung und Vertrieb, sein Gewinn, bei fremden Zertifikaten die Vertriebsprovision (bis zu 3,5 Prozent jährlich) und die Vertriebsfolgeprovision (bis zu 0,5 Prozent jährlich). So weit das angebliche Kundeninteresse.

Um die Belastung von Fonds mit Nebenkosten auf einen Nenner zu bringen, hat die Branche die Total Expense Ratio (TER) erfunden. Das ist eine Kennzahl, die in Prozent die jährliche Belastung der Anleger mit bestimmten Kosten angibt. Offenbar kommt auch das Versteckspiel nicht ohne Anglizismen aus (dazu im nächsten Kapitel mehr). Die TER umfasst im Wesentlichen die Management- und Depotbankgebühren, Verwaltungs-, Werbe-, Vertriebs-, Wirtschaftsprüfer- und Publikationskosten. Dagegen bleiben, abgesehen vom Ausgabeaufschlag, die für Wertpapierkäufe und -verkäufe anfallenden Transaktionskosten und die Erfolgsbeteiligungen außen vor. Letztere können sogar anfallen, wenn Anleger leer ausgehen oder ein Minus machen. Im Vergleich dazu schneidet dann jede noch so teure Riester-Rente besser ab.

Von gedankenlos bis scheinprofessionell

»Mein Name ist Bond, Corporate Bond«

Es gab einmal so urdeutsche Einrichtungen, deutscher ging's nicht. Zum Beispiel die Post. Deren Kommando übernahm eines Tages Klaus Zumwinkel, mental gestärkt durch die Jahre bei der Unternehmensberatung McKinsey, später körperlich gestählt durch Wanderungen mit Jürgen Schrempp, dem nach dem Desaster mit Chrysler zurückgetretenen Erfinder der missglückten Daimler'schen Welt AG. Zumwinkel ließ schon bald den Behördenmief der Post durch frischen Wind ersetzen, indem er die Deutsche Post World Net etablierte und aus scheinbar altmodischen, aber dennoch verständlichen Begriffen, wie Gewinn und Wert, Ebit und Value machte. Derweil schwärmte Wandergenosse Schrempp vom Shareholder Value, einem bis heute schillernden Begriff, den man abwechselnd als Nutzen der Aktionäre oder als Selbstbedienung des Vorstands interpretieren kann.

Zumwinkel gab der Zeitschrift €uro vom Juli 2004 aus Anlass des Börsengangs der Postbank ein bemerkenswertes Interview, das deutlich zeigte, wie sehr er schon abgehoben hatte. Oder sollte es sich bei der folgenden Aussage zur Banktochter im Hinblick auf den Markt für private Kunden nur um einen Scherz handeln? **»Wir haben heute je nach Produktkategorie erst fünf bis sieben Prozent Marktanteil in Deutschland. Es gilt also noch 93 bis 95 Prozent Marktanteil zu erobern. Und die Postbank ist dafür schlagkräftig genug.«** Später ließ er dem Geschäftsbericht seiner Post für 2007 noch die Überschrift **»Road Map to Value«** verpassen, dann trat er wegen der Liechtenstein-Affäre erst einmal von der öffentlichen Konzernbühne ab.

Wenn Alphatiere wie Zumwinkel und Schrempp die englische Sprache strapazieren, sagen sich die Banker, jetzt erst recht. Also machen sie in dem ihnen eigenen Denglisch aus reichen Anlegern **High Net Worth Individuals** und aus superreichen solche mit dem Attribut Ultra. Beide Gruppen haben beim **Private Wealth Management** zwar ein Recht auf **Best Execution**, müssen aber ansonsten saftige **Fees** zahlen. Sind sie nicht ganz so reich, werden sie dem einfachen **Private Banking** zugeordnet, ohne sich dessen wirklich bewusst zu sein. Die ganz armen Schlucker müssen schließlich mit dem **Retail Banking** vorliebnehmen. Alle Anlegergruppen bekommen irgendwelche mit Titeln wie Investment-Fachwirt, **Financial Consultant** oder **Certified Financial Planner** dekorierten Berater zur Seite gestellt, egal, ob die ihnen passen oder nicht, egal auch, ob Auslaufmodelle oder junge Schnösel. Und wenn die Berater, die in Wahrheit verkappte Verkäufer sind, bei der nächsten Umstrukturierung ihres Instituts wegen unzureichender Vertriebsleistungen auf Nimmerwiedersehen verschwinden, kommen andere zum Einsatz, womöglich welche ohne Titel: Profiteure des **Grandfathering**, Leute, die viele Berufsjahre hinter sich und deshalb keine Prüfung und keinen Titel mehr nötig haben. Sie werden gern auf die ältere Generation losgelassen, für die sich im Branchenjargon netterweise nicht Begriffe wie altes Eisen und auch nicht Senioren eingebürgert haben, sondern Generation 50 plus, **Silver Ager** oder sogar **Best Ager**.

Die Titelflut ist bemerkenswert. Früher reichte, außer einem juristischen Abschluss, als Titel der Diplom-Kaufmann, -Volkswirt oder auch -Betriebswirt FH aus, wenn jemand in einem wirtschaftsnahen Beruf weiterkommen wollte. Und wer an der Universität noch eine Runde drehte, erheischte den Dr. rer. pol. oder rer. oec. Bis heute hat der Wind sich total gedreht: Eine bunte Vielfalt von mehr oder weniger qualifizierten Ausbildungsstätten, die damit viel Geld verdienen, bietet – neben den bereits genannten – allein in Deutschland eine Fülle von Titeln an, die sich wie ein Register der Harvard Business School lesen: **Certified Financial Manager, Certified International**

Wealth Manager, Master of Development Finance, Master of Mergers & Acquisitions, Executive MBA, Private Equity Advisor, Estate Planner, Certified International Investment Analyst, Certified Real Estate Investment Analyst, Commodity Advisor und so weiter. Hauptsache in englischer Sprache, oft kombiniert mit nicht zertifizierten Titeln, die sich alle anhängen dürfen, die bis drei zählen können, wie **Advisor, Associate Director, Vice President** oder **Head of** irgendwas. Die Titel egalisieren sich mittlerweile ebenso wie die in einem der vorangegangenen Kapitel aufs Korn genommenen Preise bzw. Awards, das heißt, den Bank-, Sparkassen- und sonstigen Kunden sagen sie erst einmal gar nichts. Ebenso wie der überwiegend nur noch mit dem Kürzel **CEO** (für: Chief Executive Officer) bezeichnete Gipfel im Arbeitsleben, wenn ein Karrierist Vorstandsvorsitzender geworden ist und dann endlich auch seine früheren Kontrahenten, die es nur zum **CFO** (Chief Financial Officer) oder **COO** (Chief Operating Officer) gebracht haben, nach Strich und Faden schurigeln kann.

Die Anbieter aller erdenklichen Dienstleistungen strapazieren Alt und Jung mit einem unerträglichen Denglisch-Kauderwelsch. Die – wie die Post – dem Behördenmief entstiegene Telekom übertreibt es da ganz besonders, ohne Rücksicht darauf, dass sich vor allem ältere Telefonnutzer von der Häufung der benutzten Begriffe wie Call & Surf, Calltime oder Fulltime angewidert fühlen und zu Vodafone wechseln könnten. Dort werden sie allerdings mit einer ähnlichen Wortwahl empfangen. Aus Sicht der Anbieter geht es in diesen Fällen darum, Kunden zu möglichst vielen Telefonaten zu bewegen, weil die Gewinnspannen der Telefonkonzerne wegen der zunehmenden Konkurrenz immer kleiner geworden sind.

Ähnlich verhält es sich mit dem Geschäft der Banken und Sparkassen, sofern es darum geht, durch den Handel Geld zu verdienen. Da ist zum einen die englisch, also vermeintlich modern, an Spielertypen gerichtete Aufforderung, mit der die im Jahr 2000 als »**The European Online-Broker**« auftretende Société Générale-Tochter Fimatex auf die Menschheit losgelassen wurde: »**Trade one & get one Trade free.**« Das sollte offensichtlich bedeuten, dass Fimatex jeden Handel innerhalb einer begrenzten Zeit mit einem Gratishandel belohnte. Also eine Art Halbierung der Provision, vergleichbar mit der Happy Hour in Bars. Konkurrent Comdirect ließ damals den Slogan folgen: »**Be empowered.**« Das Ziel war dasselbe: Anleger sollten möglichst viel Geld bei der Bank lassen. Mit anderen Worten und Anlagevehikeln, aber wiederum mit demselben Ziel versuchte es damals in Deutschland auch die Fondsgesellschaft Pioneer: »**Get more out of the Future.**« Also rein in ihre Fonds, nur dass die Anleger danach nicht mehr kontrollieren konnten, wie viel Provision ihnen für jeden von einem Pioneer-Fonds getätigten Handel abgenommen wurde. Dresdner Kleinwort (alias Dresdner Kleinwort Wasserstein alias Dresdner Kleinwort Benson), ein Ableger des Allianz-Konzerns, ließ 2008 folgen: »**Unexpected viewpoints. Radical Thinking. Inspiration.**« Dieser flotte Dreier sollte Anleger in Zertifikate und Optionsscheine locken. Ihre Kontrollmöglichkeiten waren hier, wie bei dieser Art von Anlagen üblich, stark eingeschränkt, wenn nicht sogar unmöglich.

Wolf Schneider, unermüdlicher Mahner und Buchautor, der sich immer wieder für die deutsche Sprache einsetzt, fasste seine Kritik an deren Missbrauch durch die Geldhäuser in der *Frankfurter Allgemeinen* einmal so zusammen: »Ich verstehe fast nichts von dem, was meine Bank mir schreibt. Die Sprache der Finanzbranche ist nicht für Laien gemacht. Das ist kurios, weil die Kunden der Banken in der Regel Laien sind. Ich kann keinen klaren Willen zur Kommunikation erkennen.« Er warf den Banken »hemmungsloses Imponiergehabe mit Fachwörtern« und mit Anglizismen vor, »die an den Englischkenntnissen eines Großteils der Adressaten vorbeigehen und sich wichtigtuerisch spreizen«. Zwei Beispiele, die er bei dieser Gelegenheit zum Besten gab: »**Buy and Build Strategy**« und »**Climate Solutions Management**«.

Wenn es allein dabei bleiben würde. Doch weit gefehlt. Nehmen wir uns eine weitere ehemals urdeutsche Einrichtung vor, die Allianz. Als sie, aus Anlass ihres Jubiläums zur Gründung im Jahr 1889, hundert Jahre später einen Prachtband herausgab, glänzte sie neben einer Fülle an historischen Bildern mit einer klaren Sprache, die das Lesen zum Vergnügen machte. Im Zuge der Erweiterung ihrer Aktivitäten verwandelte sie ihr einprägsames Motto »Hoffentlich Allianz versichert« später kurzerhand in »Hoffentlich Allianz«. Damit war sie bereits im neuen Jahrtausend angekommen. Ausgerechnet 2007, im Jahr 1 der internationalen Finanzkrise, ließ sie ihre in Allianz Global Investors umbenannte Fondsgesellschaft die Neuauflage der mit Fakten gespickten Schrift »**Bonds mit Kick**« veröffentlichen. Die war – in Bezug auf den Inhalt als solchen – an sich lesenswert, doch von Lesevergnügen keine Spur mehr. Stattdessen lauter Anglizismen. Die Begrüßung der Leser fiel zunächst ein wenig trocken aus. Dann, »**Beyond Euroland**«, wurden sie gleich in Hochspannung versetzt: »**Mein Name ist Bond, Corporate Bond!**« Und in 007-Manier ging es weiter mit »**More risk, more fun?**« James Bond hätte das Fragezeichen weggelassen, dagegen ließ die Lektüre immer mehr Fragen aufkommen, insbesondere, als nach »**In front of the curve**« die berüchtigten »**Asset Backed Securities**« an die Reihe kamen. Denn diese, üblicherweise ABS genannten, verbrieften Forderungen gehörten 2007 zu den Auslösern der internationalen Finanzkrise, die nicht nur die deutschen Banken IKB und KfW, die amerikanischen Bear Stearns und Lehman Brothers an den Rand des Abgrunds brachten, sondern auch die vermeintliche Creme de la Creme der Hochfinanz Milliarden über Milliarden kostete. Und was ließ Allianz Global Investors verlauten: »**ABS-Tranchen mit einem AAA-Rating stellen als sicherste Kategorie**

die größte Gruppe der Emissionen dar.« Das mit der angeblich sichersten Kategorie war, als »Bonds mit Kick« herauskam (5. Auflage, Stand März 2007), leider nicht mehr der Fall, denn ABS hatten sich inzwischen vielfach in Sequenzen aus dem James Bond-Film »Casino Royal« verwandelt.

Bis zu welcher Grenze sind Anglizismen akzeptabel, von wo an werden sie unerträglich? Die Banker machen sich dazu offenbar die wenigsten Gedanken, sonst würden sie ihr Pseudo-Englisch nicht ständig zur Schau stellen. Lässt sich akzeptieren, dass Banken **Forward-Darlehen** vergeben und die Schufa **Scoring** betreibt, ohne dass solche Begriffe wirklich detailliert erläutert werden? Warum muss es **Financial Planning** heißen, wenn Akquisiteure von Vertriebsgesellschaften ihren Kunden beim Sortieren von Dokumenten aus dem Schuhkarton helfen, und warum **High Watermark**, wenn ihre Vermögensverwaltung erst wieder nach Überschreiten des höchsten Depotstands ein Erfolgshonorar kassiert? Solche und ähnliche Fragen kann, ja, will niemand aus der Finanzbranche beantworten. Also bleibt es bei der Denglisch-Dominanz, schlimmer noch, sie nimmt überhand und erfasst letztlich auch die Finanzaufsicht BaFin, deren Jahresbericht 2007 nur so vor **Solvency II, Memoranda of Understanding, MaRisk** und **Non-Performing Loans** strotzt.

Also einfach alles übergehen, so tun, als habe man wenigstens die Hälfte davon verstanden? Das könnte Anleger viel Geld kosten. Im Fall der ABS-Tranchen mit einem AAA-Rating war das ja bereits der Fall. Und je mehr sich die Anglizismen hinter Kürzeln wie ABS verbergen, desto undurchsichtiger wird das Ganze und gefährlich obendrein. Greifen wir einfach mal **ETF** heraus. Dass es sich hierbei um einen **Exchange Traded Fund** handelt, steht sicher in irgendeiner Erläuterung. Nur, was ist das schon wieder? Gut, woanders steht: ein börsengehandelter Fonds. Was unterscheidet ihn von anderen Fonds, die ebenfalls an der Börse gehandelt werden, aber nicht zur ETF-Gruppe gehören? Spätestens hier muss auch so mancher Anlageberater passen. Ist er etwa auf der Höhe der Zeit, erklärt er seinem Kunden noch kurz die ETF-Funktionsweise und dass der Kunde sich allerlei Gebühren erspart, Ende. Wie es um die ETF-Innereien steht, bleibt dann in der Regel außen vor. Ebenso, dass die Gebühren anderer Fonds sich angeblich – aber nicht wirklich – an einer einzigen Kennzahl ablesen lassen: **TER (Total Expense Ratio)**. Und dass es andere börsengehandelte Fonds gibt, deren Kurse mal über, meistens jedoch unter ihrem **NAV** notieren, ausgeschrieben **Net Asset Value**, ein Nettoinventarwert, dessen unterschiedliche Berechnungsmodalitäten immer wieder endlose pseudomathematische Diskussionen auslösen. Die erstrecken sich außerdem auf **Reits**. Das sind die mit diesem Kürzel in die deutsche Sprache übernommenen **Real Estate Investment Trusts**, deren ideologisch geprägte Diskussion eine Zeit lang fast den Bundestag lahmgelegt hätte.

Die Beispiele belegen: Zwischen Bankern und Kunden sind unüberwindbare Sprachbarrieren aufgebaut. Zum Teil sind sie aus Gedankenlosigkeit dahin gekommen. Oder weil bestimmte Anglizismen als chic und modern gelten. Doch zu einem immer größeren Teil dürften die Barrieren bewusst konstruiert worden sein, um den Kunden gegenüber Professionalität zur Schau zu stellen, gerade auch durch Verwendung von Anglizismen. Eine Schein-Professionalität, deren wahre Absicht darin besteht, Kunden Ziele einzureden (die sie nicht haben), sie auf angeblich tolle Finanzprodukte aufmerksam zu machen (die sie nicht brauchen) oder sie mit dem Denglisch-Kauderwelsch (das sie nicht verstehen) derart zu verwirren, dass sie sich doch bitte, bitte, endlich beraten lassen mögen. Der Beratungsappell, millionenfach verbreitet, kommt bei den Kunden inzwischen nicht mehr richtig an. Wenigstens in dieser Hinsicht haben die Anglizismen etwas Gutes: Sie halten die Kunden davon ab, sich etwas aufschwatzen zu lassen, was sie nicht brauchen.

Unsinn, Tradition und Schokoriegel

BHF-Banker Robens bewältigt die Vergangenheit auf seine Weise: **»Ein Private Banking dieser Qualität lässt sich nicht kopieren, denn es bezieht seine Stärke aus einer mehr als 150-jährigen Tradition der Exzellenz.«**

Das mit der Tradition, die BHF-Bank-Vorstand Björn H. Robens da bemüht, lassen wir erst einmal mal so stehen, obwohl sie in diesem Fall auch heute noch vor allem von einem Mann geprägt zu sein scheint: Carl Fürstenberg. Die Kausalität verwirrt indes: Dass ein bestimmtes Private Banking nicht kopierbar ist, mag ja sein. Aber warum soll das ausgerechnet an der Tradition liegen?

Der Reihe nach: Bankier Fürstenberg hatte in vier Jahrzehnten, jeweils zwei vor und zwei nach 1900, die Berliner Handels-Gesellschaft zur Blüte getrieben, indem er durch sie die deutsche Großindustrie, Preußen, die Weimarer Republik und sogar Russland mit Kapital versorgen ließ. Private Banking? Fehlanzeige. Fürstenbergs am meisten zitierter Satz, hier in einer von mehreren überlieferten Versionen, besitzt auch heute noch mehr als nur ein Körnchen Wahrheit: »Aktionäre sind dumm und frech. Dumm, weil sie fremden Leuten ihr Geld anvertrauen, und frech, weil sie für diese Dummheit auch noch Zins haben wollen.« Private Banking? Doch wohl nur, wenn man darunter auch die Publikumsbeschimpfung von Fürstenberg versteht.

Und wie steht es mit der Tradition? Die noch nach dem Zweiten Weltkrieg weiterhin als Berliner Handels-Gesellschaft firmierende Bank hatte zunächst genug Substanz, um gegen die Großbanken konkurrieren zu können. Doch im Lauf der Nachkriegsjahrzehnte wurde sie abgehängt und schloss sich 1970 mit der Frankfurter Bank zur Berliner Handels- und Frankfurter Bank zusammen, später und heute wieder BHF-Bank, zwischenzeitlich ING BHF-Bank genannt. Ist so etwas Tradition, aus der man Stärke beziehen kann? Wohl nicht, denn Fusionen sind eher ein Zeichen von Schwäche. Immerhin, die Frankfurter Bank brachte das Geschäft mit der Vermögensverwaltung in die Ehe, sodass zumindest seit 1970 eine Art Private Banking entstehen konnte. Später scheiterte der Versuch, mit der IKB zusammenzugehen; das war eher Zufall als weise Voraussicht. Die größte Blamage leistete sich die BHF-Bank dann mit der Auflegung von Anleihen für das undurchsichtige Firmenimperium des australischen Oberspekulanten Alan Bond. Denn die Deutsche Schutzvereinigung für Wertpapierbesitz ließ den Fall wegen der in relativ kurzer Zeit wertlos gewordenen Anleihen vor den Kadi bringen und gewann schließlich vor dem Bundesgerichtshof.

Auch das gehört zur Tradition, aber keinesfalls zur Tradition der Stärke und erst recht nicht der Exzellenz, sondern eher der schwächelnden Potenz. Ebenso wie danach der Unterschlupf bei der niederländischen ING-Gruppe, die mit ihrer Neuerwerbung ganz und gar nicht glücklich wurde. Das *Manager Magazin* resümierte im Februar 2004: »Statt der BHF-Bank eine zukunftsweisende Strategie zu verordnen, sah der neue Eigentümer ING erst einmal tatenlos zu, wie sich die Führungscrew in Frankfurt in weiteren Machtkämpfen aufrieb, das Geldhaus im operativen Geschäft in die roten Zahlen rutschte und das einst glänzende Image der über 3,5 Milliarden Euro teuren Tochter Schaden nahm.« Qualität? Stärke? Exzellenz? Alles andere als das. Schließlich griff die Kölner Privatbank Sal. Oppenheim zu, indem sie das BHF-Privatkundengeschäft an Land zog. Das alles kann man drehen und wenden, wie man will, Stärke lässt sich aus der Nachkriegsgeschichte auf keinen Fall beziehen. Auch nicht aus der jüngeren Vergangenheit, denn 2007 hinterließ die internationale Finanzkrise bei der BHF-

Bank Spuren ebenso wie bei vielen anderen Banken: ihr Geschäftsergebnis sank um fast 15 Prozent.

Warum müssen Banker immer wieder mit der angeblich so wichtigen Vergangenheit daherkommen? Die BHF-Bank ist ja kein Einzelfall und ihr Jahrgang 1854 locker zu unterbieten. Zum Beispiel von einem Genfer Privatbankiers-Quartett, das für seine Vermögensverwaltung ebenfalls mit der Vergangenheit wirbt (»**Und das seit 200 Jahren**«): Bordier (1844), Mirabaud (1819), Pictet (1805) und Lombard Odier Darier Hentsch (1796). Wobei leicht zu erraten ist, dass es sich im letzten Fall um einen Zusammenschluss handelt, der Jahrgang 1796 also nicht unbedingt auf die Goldwaage zu legen ist. Amerikaner gehen mit traditionsreichen Namen dieser Art pragmatischer um: Der ehemalige Broker Merrill Lynch Pierce Fenner & Smith nennt sich seit seiner Mutation zur Investmentbank nur noch Merrill Lynch, und sein Fondsgeschäft gehört inzwischen zu BlackRock mit allen Konsequenzen, einschließlich neuer Fondsnamen.

Das Traditions-Tamtam wird längst auch von fast allen anderen Banken verbreitet. »**Die Deutsche Bank begleitet den Mittelstand seit 138 Jahren**«, war im Mai 2008 zu erfahren. Oha, wie hatte Rolf-E. Breuer, ehemals Vorstandschef des Instituts, noch in dessen Hauptversammlung sechs Jahre zuvor gejammert: »**Das Kreditgeschäft mit dem deutschen Mittelstand – nach Vorsorge – ist ein Wertvernichter.**« Ivo Schwartzkopff, Head Financial Intermediaries der UBS Deutschland – welch ein Titel – erinnerte mit seiner Wortwahl in einem *Bankmagazin*-Interview vom Juni 2008 ein wenig an den eingangs zitierten Spruch von BHF-Mann Robens: »**UBS blickt im Geschäft mit vermögenden Privatkunden auf eine 140jährige Erfahrung und Tradition zurück.**« Und was ist mit der jüngeren Geschichte? Etwa zur Entstehung der UBS, die ja erst aus der Verschmelzung von Schweizerischer Bankgesellschaft und Schweizerischem Bankverein entstand. Oder zum Zustandekommen von Milliarden-Abschreibungen aus Anlass der internationalen Finanzkrise 2007 und 2008. UBS-Konkurrentin Credit Suisse hatte es zuletzt offenbar ebenso nötig, Krisenprobleme mit der Tradition zu kaschieren, indem sie behauptete, man helfe den Kunden, »**neue Chancen zu realisieren. Seit 1856 ist das unsere Philosophie.**«

Haben Banker nichts Besseres herauszustellen als das Entstehungsjahr ihres Instituts und ausgerechnet damit in Verbindung ihre Qualität oder Stärke? Lässt diese sich wirklich aus der Tradition beziehen, obwohl die Gründer und ihre Nachfahren von einst längst das Zeitliche gesegnet haben und das Bankgeschäft von heute mit dem von ehemals so gut wie gar nichts mehr gemeinsam hat? Doch wohl nicht. Dem Aktionärsverächter Fürstenberg dürfte es im Übrigen erst einmal eiskalt den Rücken herunterlaufen, müsste er heute das Tun seiner Nachfolger beurteilen, wenn sie etwa für ihre Zertifikate mit dem Zusatz »**intelligente Finanzprodukte**« werben. Als wenn Buchungen in Kundendepots – Käufe von Zertifikaten und darauf basierende Forderungen sind im Grunde nichts anderes – intelligent sein könnten. Was für ein Unsinn, zumal in Verbindung mit dem Spruch »**Privat seit 1854**«.

Sal. Oppenheim, einst Konkurrentin der BHF-Bank und nun deren Muttergesellschaft, unterbietet den Jahrgang 1854 locker und sogar den von Lombard Odier Darier Hentsch, 1796, mit der Werbebotschaft »**Privatbankiers seit 1789**« – auch in Verbindung mit Zertifikaten, die es im Jahr 1789 noch nicht gab, als die Französische Revolution ihren Höhepunkt hatte und den Menschen nicht gerade nach Zertifikaten zumute war. Die werden zwar nicht selbst als intelligent dargestellt, aber wie beispielsweise im Fall von Protect-Discount-Zertifikaten (Werbung in der *Wirtschaftswoche* vom 11. September 2006) mit der Aufforderung versehen: »Intelligent investieren!« Diese subtile Variante der Ableitung des BHF-Unsinns lässt sich einfach analysieren. Die Botschaft lautet offensichtlich: Wer in Protect-Discount-Zertifkate investiert, ist intelligent. Ist sie/er das wirklich? Auf den Beweis werden wir vergeblich warten, denn er lässt sich wegen der verwirrenden Konditionen nicht erbringen. In derselben Werbung heißt es: »**Der maximale Gewinn entspricht der prozentualen Differenz zwischen dem Höchstbetrag und dem jeweiligen Verkaufskurs, der Risikopuffer ist die prozentuale Differenz zwischen dem Aktienkurs und dem jeweiligen Protect-Niveau.**« Alles klar? Sicher nicht einmal für Intelligenzbestien.

Dieses Beispiel belegt ein Mal mehr, wie gern Banken ihre Kunden verwirren, was unter anderem darauf hinausläuft, dass sie gern Risiken kaschieren. Seltsam nur, dass sie sich allzu oft trotzdem nicht scheuen, selbst Trends und damit die Zukunft vorherzusagen. Sei es, dass ihre Chefvolkswirte Konjunktur- und ihre Gurus Börsenprognosen abgeben, sei es, dass ihre Analysten Kursziele festlegen. Eine besondere Spezies bilden die etwas vorsichtigeren Weltmeister im Versprechen – womit sich der Kreis zu dem in der Überschrift zitierten BHF-Vorstand Robens schließt. Er verspricht im *Elite Report 2008*: »**Die Kunden der BHF-Bank können sicher sein, dass sie zuverlässig frühzeitig informiert werden, wenn sich an den weltweiten Finanzplätzen vielversprechende Investitionsmöglichkeiten abzeichnen oder ungünstige Risikokonstellationen ihre Schatten werfen.**« Alle Achtung, das rechtfertigt dann wohl auch die BHF-Behauptung in einer fein aufgemachten Broschüre, »keine Bank wie jede andere« zu sein, deren Berater »maßgeschneiderte Konzepte« entwickeln. »**Dabei sehen sie immer wieder Trends voraus.**« Donnerwetter.

Extrem vorsichtig, weil ihre Versprechen eher wie die Verspre- cher von Banklehrlingen beim Vortragen von Akquisitionsge- plapper wirken, nehmen sich dagegen die folgenden Aussagen in Geschäftsberichten und Aktionärsbriefen der Banken aus, die das Kommunikationsexperten-Duo Klaus Gourgé und Jörg Schmitz im *Bankmagazin* 3/06 aufbereitet und zerpflückt hat.

Hier einige Beispiele:
»**Maßgeschneiderte Finanzdienstleistungen stehen im Mittelpunkt unseres Handelns – als exklusive Lösungen für die individuellen Ansprüche unserer Kunden.**«

»**Unsere Wettbewerbsposition als attraktiver Lösungspartner bei unseren Kunden wollen wir weiter ausbauen.**«

»**Der Ausbau der Kundenbetreuung ist Teil der Vertriebsoffensive der Bank. Ziel ist es, die Vertriebsstrukturen zu optimieren, um das Vertriebspotenzial der Bank vollständig auszuschöpfen und zu steigern.**«

»**Damit unterstreicht die Bank ihre hohe Kundenorientierung und ihr Interesse an der optimalen Pflege ihrer Kundenbeziehungen.**«

»**Die Ausrichtung auf den Markt und die Umsetzung der strategischen Neuausrichtung werden wir konsequent fortsetzen.**«

Und so weiter. Diese Aneinanderreihung von Textbausteinen, die zwischen den Kunden und dem Bankvertrieb bedenklich hin und her wackeln, verrät besonders deutlich, wie viel Wortmüll der Öffentlichkeit zugemutet wird. Oder um die in die Bildersprache übertragene Kritik des Duos Gourgé/Schmitz zu verwenden: »Bankprodukte sind keine Schokoriegel.«

Was IOS-Chef Bernard Cornfeld und Schauspielerin Liz Taylor mit deutschen Geldhäusern verbindet

DSGV-Vorstand Netzel: »Sparkassen sind Beratungsweltmeister in allen Segmenten des Privat- und Geschäftskundenbereichs.«

Wer den Mund so voll nimmt wie der Mann vom Deutschen Sparkassen- und Giroverband (DSGV), der in der *Börsen-Zeitung* am 28. Dezember 2006 wie ein V-Mann zwischen Beratung und Vertrieb argumentierte, kann sicher sein, sich damit eine Blöße zu geben. Und was für eine. Denn: 1. Die Qualität der Beratung lässt sich weder in Toren messen wie bei der Fußballweltmeisterschaft noch in Minuten, Sekunden und Bruchteilen von Sekunden wie bei der Olympiade. 2. Weltmeister kann nicht stimmen, weil Sparkassen alles andere als weltweit vertreten sind. 3. Und in allen Segmenten schon gar nicht, weil das hieße: von Sparbüchern bis zu Hedgefonds, von Kleinkrediten bis zu Derivaten, von der Finanzierung des städtischen Schwimmbads bis zur Abwicklung des globalen Devisenhandels.

Nun gut, vielleicht war der Spruch nur sinnbildlich gemeint, so, als wenn jemand sagen würde, er habe gerade einen weltmeisterlichen Auftritt der Rolling Stones erlebt. Doch eine solche Interpretation lässt der Kontext nicht zu. Denn der V-Mann konnte sich vor dem Weltmeister-Satz nicht die folgende verräterische Bemerkung verkneifen: **»Wir müssen ganz simpel mehr verkaufen.«** Und danach: **»Zudem vertrauen uns die Kunden wie keiner anderen Institutsgruppe in Deutschland. Das muss sich stärker als bisher in Produktabschlüssen niederschlagen.«** Das ist starker Tobak, weil hier jemand

ganz klar sagt, die Sparkassen sollten das ihnen entgegenge-
brachte Vertrauen ausnutzen, um ihren Kunden und solchen,
die es werden sollen, etwas anzudrehen. So geht es munter weiter mit Sprüchen wie: »**Die Erwartungen an die Kundenbera-
ter lauten: mehr Gespräche und mehr Abschlüsse.**« Oder:
»**Sportlicher Ehrgeiz durch Vergleich von Vertriebsleistungen zwischen Instituten ist gut für den Kunden und gut für
die Sparkassen.**« Der letzte Satz kann nur so gemeint sein:
Sparkassen wetteifern um den höchstmöglichen Verkauf dessen, was sie anzubieten haben. Und nicht nur sie selbst, sondern
auch ihre Kunden finden das ganz prima. Bravo, Volltreffer.

Die Wirklichkeit sieht anders aus. Wie, beschrieb die *Wirtschaftswoche* am 4. Februar 2008 treffend so: »Der Kampf jeder
gegen jeden hat in vielen Filialen die Teamarbeit abgelöst. Individuelle Vertriebsziele haben sich auf breiter Basis in der Ban-
kenlandschaft durchgesetzt.« Dazu zitierte das Blatt stellvertre-
tend Uwe Foullong, im Bundesvorstand der Gewerkschaft
Ver.di zuständig für Finanzdienstleistungen: »In Sachen Ver-
triebsdruck sind die privaten Banken Trendsetter. Volksbanken
und Sparkassen folgen. Sie hinken nur etwas hinterher.« Das
Blatt weiter: »Ein Mitarbeiter einer großen Sparkasse berichtet,
dass er regelmäßig Darlehen zum Hausbau nur unter der Bedin-
gung gegeben hat, dass die künftigen Immobilienbesitzer auch
eine Gebäudeversicherung abschließen.«

Harmlos? Nicht, wenn eines zum anderen kommt wie die Gebäudeversicherung zum Baudarlehen, bei der Assekuranz die
oft überflüssige Lebensversicherung zur wichtigen Berufsunfä-
higkeitspolice oder, wie unter anderem von der Citibank und
vergleichbaren Instituten gern praktiziert, die bei der Berechnung des Effektivzinses außen vor bleibende Restschuldversicherung zum Ratenkredit. Da läppert sich eine Menge zusammen. Als die Citibank noch KKB hieß, was sinnigerweise die
Abkürzung für Kundenkreditbank war, rutschte ihrem damali-

gen Chef und späteren Vorstandssprecher der Postbank, Günter Schneider, der verräterische Satz heraus: »**Wir finden für jede Lösung ein Problem.**« Dieser Satz könnte inzwischen das Motto von großen Teilen der Finanzbranche sein.

Wobei die Probleme – egal, ob echt oder unecht – heute mehr und mehr vom Gesetzgeber vorgefertigt und der Branche dann als Verkaufshilfe zugeschoben werden. Dazu nur drei aktuelle Beispiele: du musst riestern, du musst dich vor der Abgeltungsteuer schützen, du musst was fürs Klima tun, so schlagen uns die Postulate entgegen, die auf dem Mist des ach so fürsorglichen Staats gewachsen sind und uns nun als Werbebotschaften von Banken, Sparkassen, Versicherern, Fondsgesellschaften und Finanzvertrieben erreichen. Müssen wir das alles wirklich? Ist ein subventionierter Riester-Sparplan mit ungewissem Ausgang, konzipiert für unmündige Bürger, wirklich besser als eine von mündigen Bürgern umsichtig zur richtigen Zeit entstandene Mischung aus Tagesgeldkonten, einer Immobilie mit etwas Land zur Selbstversorgung für den Fall des Falles, einem Aktiendepot und gängigen Goldmünzen? Der Beweis steht aus. Lässt sich mit einer solchen Mischung die Abgeltungsteuer nicht besser aushebeln als mit den zu diesem Zweck viel gepriesenen Fonds, die ebenso wie die Riester-Sparpläne eine Wette auf die Zukunft sind? Doch. Ganz zu schweigen von den Angeboten der Finanzbranche zum Klimaschutz: Da suchen Fondsmanager vergeblich nach genug Solar-, Windkraft- und Biospritaktien, die zwischenzeitlich astronomisch hoch bewertet wurden, und greifen dann aus lauter Verlegenheit zu den Papieren von »**Best-in-class**«-Dreckschleudern. Was so viel bedeutet wie: Die Kraftwerke von A verpesten zwar die Luft, aber weniger als die Kraftwerke von B, C, D und so weiter. Oder: Die Autos von X stinken weniger als die von Y und Z.

Die Branche, die mit Geld handelt und spekuliert, es verwaltet und kanalisiert – egal, um welchen Zweig es sich handelt –, sucht offenbar immer noch am liebsten nach künstlich erzeugten Problemen und freut sich riesig, wenn der Staat für sie mit Gesetzen die Vorarbeit leistet, statt Lösungen für ihre Kunden zu finden. Denn Letzteres hieße, Kunden in deren Sinn – und nicht im Interesse der Anbieter – zu beraten und sie für den guten Rat mittels Honorar zur Kasse zu bitten. Doch das ist bestenfalls bei steinreichen Kunden üblich, die von den Vorzügen des sogenannten Private Wealth Managements oder, noch höher gegriffen, eines Family Office profitieren. Dann muss indes mindestens ein hoher zweistelliger Millionenbetrag an Vermögen vorhanden sein. Dagegen werden die üblichen, zu Verkäufern umfunktionierten Anlageberater von ihren Arbeitgebern bezahlt. Und wenn das Salär mal höher als üblich ausfällt, dann nicht in erster Linie wegen besonders guter Beratung im Kundensinn, sondern wegen außergewöhnlich hoher Provisionen und sonstiger Einnahmen im Arbeitgebersinn.

Die Ursprünge dieses die Kundenbedürfnisse weitgehend verachtenden Systems gehen in Deutschland zurück auf die längst von der Bildfläche verschwundene, seinerzeit in Panama beheimatete Fondsgesellschaft Investors Overseas Services, kurz IOS. Ihr Absatzerfolg mit Fonds war in den 60er-Jahren gigantisch, das durch sie verwaltete Vermögen stieg von einer halben Million US-Dollar im Jahr 1960 auf über zwei Milliarden US-Dollar 1969. Ihr Chef, der ehemalige New Yorker Sozialarbeiter Bernard Cornfeld, gewann neben dem Bankier Victor Emanuel Preusker auch den FDP-Politiker Erich Mende als Deutschland-Statthalter. Zu den IOS-Kunden gehörten sogar viele Promis wie der frühere Bundestagspräsident Eugen Gerstenmaier, der Unterhalter Peter Frankenfeld sowie die Schauspieler Liz Taylor und Richard Burton.

Wie sehr neben der internationalen Finanzelite auch deutsche und Schweizer Banken einschließlich deren Ablegern mit der vorher von diversen Banken bekämpften IOS kungelten, geht aus der Aufstellung der Institute zur Emission von IOS Ltd.-Aktien im Herbst 1969 hervor. Zu ihnen gehörten beispielsweise (Namen so geschrieben, wie sie dort standen): das Bankhaus Hermann Lampe, Crédit Suisse (Bahamas), Joh. Berenberg, Gossler & Co., Julius Baer International, Merck, Finck & Co. und die August Thyssen-Bank. Schon 1970 ging die IOS pleite. Noch im selben Jahr widmeten ihr die Insider Manfred Birkholz und Wolf Saller einen langen Nachruf: als Buch mit dem Titel »IOS – Senkrechtstart und Absturz einer Erfolgsidee«.

In der Folge wurde es um das ganze Investmentwesen viel ruhiger. Die meisten Anleger hatten die Nase voll von Fonds, speziell von Aktienfonds. In den 70er-Jahren spekulierten sie lieber mit Immobilien, zumal der Staat sich hier in Form von Steuergeschenken als besonders großzügig erwies, darüber hinaus auch mit Edelmetallen. Und wer zusätzlich noch ein Steuergeschenk mitnehmen wollte, zahlte Geld regelmäßig in Kapitallebensversicherungen ein, deren zukünftige Erträge unter den üblichen Bedingungen noch bei Abschlüssen bis 2004 steuerfrei kassiert werden konnten und weiter kassiert werden können. Banken und Sparkassen verschliefen damals und noch viele Jahre danach einen Großteil des Geschäfts mit Geldanlagen. Sie schafften es nicht, nennenswert vom Boom der Lebensversicherungen zu profitieren. Derweil stürzten sich die ehemaligen IOS-Verkäufer mit ihren neuen Firmen geradezu auf diese provisionsträchtige Sparte. Mit dem Steuerargument, das in Deutschland immer zieht, und mit dem Hinweis auf die lieben Hinterbliebenen, die im Todesfall doch nicht darben sollten, schafften sie es wieder, der schläfrigen Konkurrenz in den Bank- und Sparkassenpalästen Marktanteile abzujagen.

Deren Vertriebsschlaf dauerte noch viele Jahre. Das lag auch daran, dass das Geschäft mit Fonds in den 90er-Jahren, unter anderem dank der steil steigenden Aktienkurse und speziell wegen der Euphorie am Neuen Markt, zum Selbstgänger zu werden

schien und aus Sicht der Branche keiner zusätzlichen Verkaufs-
impulse bedurfte. Ein Trugschluss, wie man inzwischen weiß.
Erst verschreckte der Einbruch an den Aktienmärkten auch die
letzten Getreuen der Aktienfonds, danach ging nur noch über
den Tresen, was Sicherheit versprach: Garantie-, Geldmarkt-,
und offene Immobilienfonds. Schließlich erlebte das Geschäft
mit Zertifikaten einen Aufschwung, den zu Beginn des Jahrtausends sogar die größten Optimisten nicht für möglich gehalten
hätten. Doch auch das hat seine besten Zeiten hinter sich. Kein
Wunder also, wenn jetzt allenthalben Anstrengungen unter-
nommen werden, um neue Geschäftsfelder zu erschließen. Und
wie das so ist, wenn niemand mehr richtig weiter weiß, wird jede Idee in die Waagschale geworfen und vor allem ganz viel
Geld in Studien investiert. Dieses Vorgehen bietet sich allein
schon deshalb an, weil die internationale Finanzkrise an die
Substanz gehende Löcher in die Bankbilanzen gerissen hat.

Die Ergebnisse der vielen Studien lassen sich, grob formuliert,
in einem einzigen Satz zusammenfassen: Der Vertrieb muss auf
Trab gebracht werden. So kam das Fraunhofer Institut in seiner
Studie »Bank & Zukunft 2007« zum Ergebnis, dass Banken und
Sparkassen die höchste Priorität der Vertriebsintensivierung
einräumen, speziell dem Cross- und Up-Selling, was in der Regel auf das folgende Geschäftsprinzip hinausläuft: Verkaufst du
meine Fonds, drehe ich meinen Kunden auch deine Versicherung an. Wobei die Sparkassen in diesem Punkt noch vor den
Genossenschaftsbanken liegen und sogar weit vor den Geschäftsbanken inklusive Spezialinstituten. Ähnliches ging aus
einer Studie von Steria Mummert Consulting hervor. Danach
stand 2007 unter den spontan genannten Maßnahmen zur Bekämpfung der Branchenprobleme die Vertriebsverbesserung
ganz obenan. Diese Aussage wurde bekräftigt durch die Angaben zu den von 2008 bis 2010 im Vergleich zu 2007 geplanten
Investitionen. Hier rangierte der Vertrieb vor der Optimierung
der Geschäftsprozesse und vor dem Kundenmanagement.

Das Wirtschaftsmagazin *Capital* zitierte in seiner Ausgabe 7/2008 den Filialleiter einer nicht namentlich genannten Privatbank zum selben Thema, aber mit viel groberen Worten: **»Um genügend zu verdienen, muss aus jedem Kunden mehr herausgepresst werden.«** Wie sehr sich doch Sparkassen und Privatbanken gleichen: Der eingangs zitierte DSGV-Vorstand Netzel hatte seine Institute schon Ende 2006 aufgefordert, mehr zu verkaufen und das Vertrauen der Sparkassenkunden zu nutzen, auf dass es sich »stärker als bisher in Produktabschlüssen« niederschlage. Zum Herauspressen ist es dann nicht mehr weit.

War es ein schlechtes Gewissen oder sogar Reue, die Netzel später bewegte, seine Aussage zu den Produktabschlüssen weich zu spülen? Wie auch immer, er ließ die Leser der *Zeitschrift für das gesamte Kreditwesen* im Mai 2007 wissen, Sparkassen stünden **»für den Dreiklang aus umfassender Betreuung, kompetenter und ganzheitlicher Beratung sowie dem gezielten und am Bedarf des Kunden ausgerichteten Verkauf«.** Schließlich, im Sommer 2008, trat der Weichspüler im *Bankmagazin* noch weicher in Aktion: **»Im Mittelpunkt unserer Strategie steht die Dialogfiliale. Dialogfiliale bedeutet: Wir möchten weiterhin intensiv mit unseren Kunden sprechen und orientieren uns daher strikt an deren Bedürfnissen und Wünschen.«** Da war die ganze Härte von »Wir müssen ganz simpel mehr verkaufen« auf einmal ganz simpel weggespült.

Wie schnell aus falsch verstandenem Spaß bitterer Ernst wird

Die WestLB trägt dick auf: »Neue, erstklassige
Finanzdienstleistungen sind unsere Antwort auf die
wachsenden Herausforderungen unserer Kunden.
Ganzheitliches Denken, nachhaltiges Handeln und
gesellschaftliche Verantwortung bestimmen unser Tun.«

Wer sich einen solchen Spruch wie den hier zitierten ausdenkt,
der noch 2008 auf der Website der Westdeutschen Landesbank
(WestLB) auftauchte, nachdem die internationale Finanzkrise
das Institut durch und durch erschüttert hatte, ist normalerweise schnell als Phrasendrescher identifiziert. Doch bei dieser Bank
fällt die Identifikation des Hauptverdächtigen schwer. Grund:
Sie hat gleich eine ganze Phrasendreschmaschine eingesetzt.
Wer das Wörter spuckende Sprachwunder einst erfand, ist heute nicht mehr genau zu belegen. Auf jeden Fall nutzte es einer
der vielen Bankchefs, dem eine besonders lange Amtszeit beschieden war, so intensiv wie kein anderer: der inzwischen verstorbene Friedel Neuber, auch der rote Pate genannt, weil er ein
Beziehungsnetz der Extraklasse geknüpft und zeitweise sogar die
Jahrzehnte lang von der SPD geführte Landesregierung Nordrhein-Westfalens im Griff hatte. Kostprobe gefällig? »Der öffentliche Auftrag muss immer wieder neu mit Leben gefüllt
werden, entsprechend den Aufgaben unserer öffentlichen
Eigentümer. Er ist nicht immer am Gewinn zu messen.«

Vor allem den letzten Satz dieses Zitats aus dem Jahr 1997 hat
der eine oder andere von Neubers Nachfolgern offenbar falsch
verstanden und auf seine Weise ausgelegt. Doch dazu später.
Spannend genug war jedenfalls schon, wie Neuber selbst den
von ihm recht individuell ausgelegten öffentlichen Auftrag er-

ledigte: Indem er die WestLB zum Beispiel Flüge von Heinz Schleußer bezahlen ließ, dem damaligen NRW-Finanzminister, oder von Johannes Rau, dem früheren NRW-Ministerpräsidenten und späteren Bundespräsidenten. Beide waren Neubers Duzfreunde und Skatbrüder. Indes, mit Rau-Nachfolger Wolfgang Clement und dessen Landesfinanzminister Peer Steinbrück, der später zum Bundesfinanzminister aufstieg, hatte Neuber es dann gar nicht dicke, was im Übrigen auf Gegenseitigkeit beruhte.

Die wichtigsten Eigentümer der WestLB sind heute – neben dem Bundesland und der NRW.Bank – der Westfälisch-Lippische und der Rheinische Sparkassen- und Giroverband zu je gut einem Viertel. Letzterem hatte Neuber als Präsident gedient, bevor er Chef der WestLB wurde. Über die Verbandsfunktion konnte er sich Einblick in das Innerste des Instituts verschaffen, was es ihm erleichterte, mithilfe des einen oder anderen Mediums am Stuhl seines dortigen Vorgängers Johannes Völling zu sägen. Außerdem verfügte er mit Paul Spiegel, dem späteren Präsidenten des Zentralrats der Juden in Deutschland, über einen profilierten Verbands-Pressesprecher.

Hatten Neubers Vorgänger noch eher zaghaft Industriepolitik betrieben, indem sie beispielsweise den Werkzeugmaschinenbauer Gildemeister durchpäppelten oder dem Möchtegern-Textiltycoon Hans Glöggler dessen Beteiligung am Baukonzern Philipp Holzmann finanzierten, ging der rote Pate in die Vollen: Er hatte wesentlichen Anteil an der Fusion der Stromversorger RWE und VEW, fädelte die Übernahme des Warenhauskonzerns Horten durch den Konkurrenten Metro mit ein und war Initiator der Umwandlung des Mischkonzerns Preussag in ein Touristikunternehmen, das heute TUI heißt. Eines misslang ihm jedoch gründlich: die Sanierung des Maschinen- und Anlagenbauers Babcock Borsig, der schließlich pleite ging. In Neubers Amtszeit entstand der Werbeslogan »**WestLB Bankpartner regional, national, international**«. Gewiss, angesichts der doppelten Fehlspekulation in den vergangenen Jahren – einerseits mit US-Hypotheken, andererseits mit VW-, BMW- und Metro-Aktien – mag man darüber einen Lachkrampf bekommen. Doch im Vergleich zu der klaren Aussage von früher ist die Werbebotschaft des Instituts seit 2005 nicht nur unklar, sondern auch ziemlich holprig: »**WestLB Bank der neuen Antworten**«. Gähn, gähn. Außerdem könnten Spötter den Spruch schon mal abwandeln in: »Die Bank, die auf jede Schieflage eine neue Antwort hat«.

Unter dem ehemaligen Deutschbanker Thomas Fischer als WestLB-Chef sollte im neuen Jahrtausend alles besser werden. Unvergesslich seine viel beachtete Aussage, die im Kern an den früheren Werbeslogan erinnert: »**Wenn die Sparkassen-Finanzgruppe ihren Prinzipien treu bleibt, kann sie durch Bündelung der Kräfte im Verbund durchaus die Rolle eines internationalen Champions übernehmen.**« Und Fischer wäre nicht Fischer, hätte er sich im Frühjahr 2007 nicht zusätzlich noch als Motivator betätigt: »**Die WestLB macht wieder Spaß.**« Was ja durchaus zweideutig aufzufassen gewesen sein könnte: 1. Dem Institut geht es wieder gut. 2. Man sollte seine Aussagen nicht so erst nehmen. Und siehe da, Nummer zwei gewann, denn kurz darauf flog die doppelte Fehlspekulation auf, und Ende Juli 2007 musste Fischer die WestLB verlassen.

Wie konnte es so plötzlich dazu kommen? Ein Lehrstück: Die WestLB hatte 1999 unter ihrem damaligen Chef Jürgen Sengera dem britischen Leasingunternehmen Box Clever einen hohen Kredit gewährt, der später zu wackeln begann. Warum hatte sich ausgerechnet eine deutsche Landesbank auf so etwas eingelassen? Die Antwort blieb jahrelang im Dunkeln. Auch der 2008 vor dem Düsseldorfer Landgericht mit einem Freispruch für Sengera abgeschlossene Prozess wegen schwerer Untreue brachte keine endgültige Klärung. Und Nordrhein-Westfalens ehemaliger Finanzminister Jochen Dieckmann, der als

Krisenmanager in den Aufsichtsrat gekommen war, beruhigte die Gemüter nach Sengeras Rücktritt im Jahr 2003 so: »**Die Bank ist dabei, in einer krisenhaften Erschütterung Fuß zu fassen. Sie vollzieht einen strategischen Kurswechsel.**« Dieckmann war nicht der einzige, dessen Beschwichtigungsversuche schließlich von Erfolg gekrönt waren. Damit hatte er den Boden für Fischer bereitet, der von 2004 an nach Gusto schalten und walten konnte.

Das traurige Ende: »Der Steuerzahler muss die Zeche bezahlen«, resümierte der FDP-Bundestagsabgeordnete Frank Schäffler Anfang 2008 – und verwies gleich noch auf einen weiteren Verantwortlichen: »Das aktuelle Geschäftsmodell der WestLB ist von Peer Steinbrück als damaligem Finanzminister und Ministerpräsidenten durchgesetzt worden. Wenn er heute der NRW-Landesregierung Versagen vorwirft, dann trifft dieser Vorwurf ihn direkt.« So erhielt der Begriff von der gesellschaftlichen Verantwortung in der Überschrift eine ganz besondere Note.

Schließlich schlug die WestLB versöhnliche Töne an, die es in sich hatten. So warb sie zum Beispiel in der *Financial Times Deutschland* am 25. April 2008 mit dem folgenden Spruch: »**Bei uns wird sich einiges ändern. Zum Nutzen unserer Kunden.**« Dazu markige Worte wie: »**Die kritische Berichterstattung über die WestLB nehmen wir ernst.**« Versöhnung durch Verhöhnung? Zu diesem Ergebnis kann man bei der Analyse des ersten Satzes inklusive angehängtem Satzfragment durchaus kommen: Wenn sich zum Nutzen der Kunden einiges ändern wird, ist die Frage berechtigt, wie es vorher um den Kundennutzen bestellt war. Zumal die Bank damals plante, »**bis zu 400 neue Stellen in der Kundenberatung einzurichten**«, und diesen Plan so begründete: »**Als Investition in unsere Kunden.**« Da müssen sich die Kunden, die schon vorher die Dienste der WestLB in Anspruch genommen hatten, ganz schön verhöhnt vorgekommen sein.

Das vorläufige Ende der von Skandalen begleiteten Fortsetzungsgeschichte: Rüge durch die EU-Kommission, verbunden mit der Aufforderung an die WestLB, für neue Eigentümerverhältnisse und ein tragfähiges Geschäftsmodell zu sorgen. Das heißt, wieder einmal müssen am Ende Steuerzahler die Suppe auslöffeln.

Vorher soll die WestLB, wenn es nach den Wünschen der EU-Wettbewerbskommissarin Neelie Kroes geht, der Suppe noch eine ganze Menge an Zutaten beigeben: »Die WestLB muss den Neuanfang wagen. Sie braucht bessere Leistungsanreize, ein besseres Controlling und eine andere Managementstruktur. Aber die Eigentümer denken leider immer noch, dass sie erneut nach Finanzhilfen rufen können, wenn es für die Bank nicht gut läuft.« Immerhin hatte diese Methode ja bis weit ins Jahr 2008 hinein den erhofften Erfolg. Und das, obwohl Kommissarin Kroes die Bank in einem Interview mit der *Wirtschaftswoche* hart kritisierte: »Die WestLB verbraucht jeden Tag öffentliches Geld.« Geld der Steuerzahler halt, nur merken die nicht, wer ihnen in die Suppe spuckt – kein Wunder, bei dem jahrelangen Kuddelmuddel zwischen Eigentümern und Managern der WestLB.

Von Werbeanzeigen, Spielschulden

und überforderten Richtern

Noch frecher geht es nicht: »**Unsere Vermögensverwaltung ist ausgezeichnet**«, behauptet die BayernLB.

Die freche Behauptung stammt unter anderem aus einer Werbeanzeige in der *Süddeutschen Zeitung* vom 29. November 2006. Die Landesbanker versuchten sie noch mit dem Zusatz zu untermauern: »**Im firstfive-Ranking auf den vordersten Plätzen.**« Firstfive war damals eine von mehreren Firmen, die sich mit den Dispositionen von Vermögensverwaltern herumplagten. Wer an ihrem Fazit interessiert war, konnte im Fernsehsender *Bloomberg* verfolgen, ob Vermögensverwalter X – ohne namentliche Nennung – die Aktie Y – mit namentlicher Nennung – ge- oder verkauft hatte. Ob dahinter ein Volumen von einer Million oder nur von zehn Aktien steckte, blieb im Verborgenen, das heißt, die Zuschauer waren danach genauso schlau wie zuvor. Oder aus Sicht der Vermögensverwalter: Hauptsache, man landete »auf den vordersten Plätzen« und konnte sich auf eine externe Quelle berufen, die den Eindruck der Neutralität vermittelte und sicher froh war, auch in der *SZ* erwähnt worden zu sein.

Was die hier analysierte Anzeige besonders interessant macht, ist die zusätzliche Ansammlung von Sprüchen, mit denen die BayernLB so dick auftrug, dass unbedarfte Leser sich ganz klein mit Hut vorkommen mussten: »**Mit Kompetenz, Gewissenhaftigkeit und großem Einsatz verwalten wir die Vermögen unserer Kunden. Wenn es Chancen gibt, erfahren wir sie.**« Aha, die Bajuwaren tragen nicht nur dick auf, sie haben es auch, so wird suggeriert, faustdick hinter den Ohren und diese offenbar immer am Puls der Zeit. Doch dann stellen sie sich gleich zwei Mal hintereinander ein Bein, indem sie behaupten:

»Und wenn es Risiken gibt, kennen wir sie und können sie am besten einschätzen. Das Ergebnis: eine überzeugende Performance unserer Depots. Und zufriedene Kunden.«

Irgendwie klingt das alles bekannt, da muss jemand wohl Textbausteine mal nach links, mal nach rechts gerückt haben. Sehen wir doch einfach im Archiv nach – und siehe da, schon anno 1990, als die BayernLB noch Bayerische Landesbank Girozentrale hieß, hatte sie Textbausteine hin und her gerückt: »**Dank unseres finanziellen Backgrounds und der Kompetenz unserer Experten-Teams genießen wir das volle Vertrauen unserer Kunden, mit denen wir gemeinsam Erfolg haben.**« Und was war mit den Risiken? Zu denen äußerte sich Chef-Bayernbanker Werner Schmidt 13 Jahre später so: »**Es gibt Richtlinien in diesem Hause, dass die Risiken bei verbrieften und bei Buchforderungen klar begrenzt werden nach Branchen, Regionen und Einzelkreditnehmern.**« Und weiter, treu der Heimat verbunden: »**Wir konzentrieren uns künftig auf den Kernmarkt Bayern.**« Nur künftig? War da was? Hatte die Bayernbank nicht noch im Jahr 2000 getönt: »**Global Network. Überall daheim. Mit unseren Stützpunkten rund um den Globus knüpfen wir für Sie Verbindungen in die ganze Welt.**« Da war wohl etwas faul im weiß-blauen Freistaat.

Inzwischen hat sich die Sache mit der Kenntnis der Risiken als glatte Lüge entpuppt. Das erfuhren *SZ*-Leser am 4. April 2008 gleich auf der Titelseite: »Nachdem die BayernLB bekanntgegeben hatte, dass ihre bisherigen Belastungen mit 4,3 Milliarden weit höher ausfielen als bisher bekannt, betonte Bayerns Finanzminister und CSU-Chef Erwin Huber, die Sparkassen und der Freistaat könnten Milliarden-Garantien für Zahlungsausfälle infolge der US-Immobilienkrise übernehmen.« Da hatte der langjährige BayernLB-Chef Schmidt »unter sanftem Druck des Verwaltungsrats« *(Börsen-Zeitung)* bereits seinem Nachfolger Michael Kemmer Platz gemacht. Nun könnte jemand noch behaupten, die Aussage zur Kenntnis und besten Einschätzung der Risiken durch die BayernLB habe sich nur auf die Risiken der Kundendepots, nicht dagegen auf die der Bank selbst bezogen. Doch wer so spitzfindig argumentiert, sollte erst einmal nachweisen, dass Banken mit dem Geld der Kunden sorgsamer umgehen als mit dem eigenen.

Hubers Aussage kontrastierte seltsam mit einer nur einen Tag später ebenfalls in der *SZ* veröffentlichten Behauptung von Siegfried Naser, Präsident des Sparkassenverbandes Bayern: **»Unsere Sparkassen sind von Subprime- und sonstigen ABS-Strukturen nicht oder kaum wahrnehmbar betroffen.«** Ja, sind denn die von Huber genannten Milliarden-Garantien »nicht« oder »kaum wahrnehmbar« auf teure Spielereien der BayernLB mit fragwürdigen US-Hypothekenkrediten zurückzuführen, die sich hinter Begriffen wie Subprime (schlechte Qualität) und ABS-Strukturen (Verbriefung von Risiken) verbergen? Fest steht jedenfalls, dass die Vorstände der bayerischen Sparkassen langfristig daran knabbern werden, die Spielschulden ihrer Landesbank zu begleichen, an der sie über den Sparkassenverband Bayern zur Hälfte beteiligt sind, während die andere Hälfte dem Freistaat gehört. Insofern erhält die folgende Aussage von Verbandsvize Rudolf Faltermeier zur Sparkassenbranche eine ganz neue Bedeutung: **»Sparkassen unterscheiden sich mit ihrer auf Langfristigkeit angelegten Geschäftsphilosophie von anderen Wettbewerbern.«**

Die BayernLB schießt mit ihrem werblichen Hinweis auf die eigene Kompetenz und auf die zufriedenen Kunden den Vogel ab. Wer kennt ihn nicht, den Fernsehspot mit dem Hubschrauber, der an den Frankfurter Bankpalästen vorbeifliegt und dabei eine wichtige Adresse des Sparkassenverbunds nach der anderen hinter sich lässt. Der Spot wird vom Spruch begleitet: **»Gut, wenn sich Kompetenzen ergänzen.«** Ein Spruch halt. Doch was ist bei der BayernLB daraus geworden, deren Kompetenz sich laut eigener Aussage bis zum Erfahren von Chancen und Risiken erstreckt, sodass es offensichtlich nur zufriedene Kunden gibt? Wer den Gegenbeweis haben will, braucht bloß den vom *Handelsblatt* betreuten *Elite Report 2008* zu lesen, betitelt *Die Elite der Vermögensverwalter im deutschsprachigen Raum*. Dort wird von einem Ehepaar berichtet, das sich mit einem Teil seines Vermögens der BayernLB anvertraut hatte. Die Anlagepolitik sollte »grundsätzlich konservativ« ausgerichtet sein. Anfangs war das auch so. Doch dann wurden Aktien mit phantasievollen Namen wie Getronics, HTP Hightech Plastics und Baltimore Technologies gekauft. Sie bescherten dem Ehepaar einen hohen Verlust und der BayernLB schließlich ein Urteil des Landgerichts München I, wonach sie zu Schadenersatz verurteilt wurde.

Vergleichbare Fälle gehen indes allzu oft zulasten der Kunden aus. Wie sollen denn Richter, die Jura studiert haben, mit den Gepflogenheiten an den Kapitalmärkten vertraut sein? Geschweige denn mit Aktien, deren Kursentwicklung niemand vorhersehen kann, auch nicht Banken und ihre Vermögensverwalter. Im Zweifel verzichten Richter doch lieber auf einen Schnellkurs in Kapitalanlage und fällen Urteile nur dann zugunsten der Kunden, wenn einer Bank oder Sparkasse ein gravierender Formfehler unterlaufen ist.

Was konservativ und was spekulativ ist, bleibt ohnehin unklar. So kann ein aus deutschen Standardwerten bestehendes Depot hochspekulativ sein, wenn man es auf dem Höhepunkt eines Zyklus aufbaut wie etwa im Jahr 2000. Und ein Depot mit lauter Aktien aus Emerging Markets (Schwellenländerbörsen) kann durchaus als konservativ gelten, wenn die Aktien im Kurstal gekauft werden, zum Beispiel im Jahr 2003. Insofern haben alle Fragebögen, die vor dem ersten Wertpapierkauf zwecks Einstufung in eine bestimmte Risikoklasse auszufüllen sind, für Kunden einen fragwürdigen Nutzen. Sie dienen primär der Absicherung von Banken und Sparkassen. Diese werden weiter mit Sprüchen werben, ohne ihre darin gegebenen Versprechen einlösen zu müssen. Und dabei werden sie sich zunehmend auf Firmen wie Firstfive berufen, um Qualität und Neutralität vorzuspiegeln.

Der neue BayernLB-Chef Kemmer tat das, was alle neuen Chefs tun: Er legte die Karten auf den Tisch und versuchte Vertrauen zu versprühen. Was den zweiten Punkt betrifft, war er erfolgreich, doch beim ersten konnte er nicht verheimlichen, dass die Bank an die 24 Milliarden Euro in Papiere investiert hatte, die von Abwertungen bedroht waren. In welchem Umfang sie schließlich abgewertet werden müssen, stand am 10. Mai 2008 in den Sternen, an jenem Tag, als der Vorstand der BayernLB unter Kemmers Führung zunächst reumütig versicherte, die Bank habe aus ihren Fehlern gelernt – um anschließend die folgende dreiste Aussage zu unterschreiben: »**Unser operatives Kundengeschäft des Jahres 2007 kann sich sehen lassen.**« Und diese: »**So bleibt die BayernLB eine starke Bank mit einem überzeugenden Geschäftsmodell.**«

Nummer eins lässt sich wohl so interpretieren, dass die Abwertungen aus den 24 Milliarden Euro an Fehlinvestitionen schon irgendwie wegoperiert werden, sodass operativ noch etwas übrig bleibt. Nummer zwei bezieht sich auf die Operation selbst, das heißt die Zusammenarbeit »mit unseren Anteilseignern« zwecks »**Abschirmung unseres ABS-Portfolios. Mit diesem wichtigen Schritt schonen wir unser Eigenkapital, reduzieren Bewertungsschwankungen und stabilisieren unsere guten Ratings.**« Da kann man nur hoffen, dass die Narkose noch jahrelang wirken möge. Und was das Geschäftsmodell betrifft, kann es dann wohl doch nicht so überzeugend gewesen sein. Denn bereits im Juni 2008 kündigte die BayernLB an, sie werde 300 bis 350 Arbeitsplätze streichen. Zwei Monate später meldete Kemmer dann einen seltsamen Vollzug: »**Die akute Krise der BayernLB ist überwunden.**« Wie bitte? Na ja, nicht ganz, das Milliarden schwere ABS-Risiko musste halt noch irgendwie verbucht werden.

Männer, Macht, Monopoly

Das seltsame Ende der Deutschland AG

Es war einmal eine AG. Keine Aktiengesellschaft im üblichen Sinn, sondern ein Herrenclub namens Deutschland AG, so genannt, weil er de facto Deutschland beherrschte oder wenigstens zu beherrschen versuchte, miteinander verbandelt über Vorstandsposten und Aufsichtsratsmandate, mächtig, ohne die Macht zur Schau zu stellen – jedenfalls meistens. Dreh- und Angelpunkt: die Deutsche Bank. Alfred Herrhausen, ihr 1989 ermordeter Chef, brach ein Jahr zuvor geradezu ein Tabu, als er vor Unternehmern offen aussprach: »Natürlich haben wir Macht.« So etwas mochten die anderen Banker gar nicht hören. Doch das tat der Wahrheit, die dieser Satz enthielt, keinen Abbruch. Damals wog die Beteiligung der Deutschbanker an Daimler-Benz mehr als alle Industriebeteiligungen von Dresdner und Commerzbank zusammen. Und ihre Aufsichtsratsmandate waren immer schon üppig. Die Herrhausen-Vorgänger hatten es bis auf über 30 gebracht (Hermann Josef Abs) oder immerhin auf 23 (Karl Klasen, der spätere Bundesbank-Präsident). Erst die gesetzliche Begrenzung auf zehn Mandate durch die sogenannte Lex Abs schränkte die Mächtigen danach ein wenig ein.

Die Machtausübung wurde den Herrschern der Herrenclub-AG auf Bankenseite durch den Umstand erleichtert, dass sie viele Beteiligungen an richtigen Aktiengesellschaften besaßen, deren Aktien als Buchungen in den Kundendepots der Banken und Sparkassen schlummerten. Die Kunden erhielten dann die Aufforderung, ihre Stimme zur nächsten Hautversammlung abzugeben, es sei denn, sie hatten das entsprechende Formular schon vorher unterschrieben. Sie konnten unter fünf Möglichkeiten wählen: 1. Im Sinn der Verwaltung (Vorstand und Aufsichtsrat, also Herrenclub) abstimmen lassen, 2. das

Vollmachtstimmrecht (auch Depotstimmrecht genannt) der eigenen Bank oder Sparkasse übertragen, 3. seine Ausübung jemand anderem (beispielsweise einer Aktionärsvereinigung) überlassen, 4. selbst die Hauptversammlung besuchen und dort Würstchen mit Kartoffelsalat oder sonstige unkulinarische Speisen zu sich nehmen oder tüchtig Remmidemmi machen oder beides zusammen, 5. das Vollmachtsformular wegwerfen. Die Alternativen 1 und 2 waren so gut wie identisch, Nummer 3 machte Umstände, Nummer 4 noch mehr, also blieb Nummer 5. Das heißt: Da in Hauptversammlungen nur die vertretenen Stimmen zählten, die überwiegend der Deutschland AG entstammten, fiel es dieser leicht, Abstimmungsergebnisse zu erzielen, die der Volkskammerwahl in der früheren DDR zur Ehre gereicht hätten.

Das System funktionierte so gut, weil es von langer Hand vorbereitet war. Aber auch, weil die mit ihm verbundene Heuchelei offenbar immer wieder Erfolg hatte. Wie die folgende: »**Wir fragen uns, warum soll eigentlich nicht jeder Aktionär das Recht haben, sich in den komplizierten Fragen der Vermögensverwaltung an eine sachverständige Bank zu wenden, die sein Vertrauen genießt, und sie mit der Vertretung seiner Stimme zu beauftragen. Niemand würde doch auf den Gedanken kommen, einem Rechtsuchenden zu verbieten, einen Anwalt mit seiner Vertretung zu beauftragen, oder einem Kranken zu untersagen, sich von einem Arzt beraten zu lassen.**« Also Interessenvertretung pur, garniert mit fadenscheinigen Argumenten. Dem Verursacher sei verziehen; es handelte sich um Hugo Frohne, seinerzeit Vorstand der Vereinsbank in Hamburg, und das war in deren Hauptversammlung 1962. Das Beispiel zeugt indes von der Gesinnung der ganzen in der Wirtschaftswunderzeit nach oben gekommenen Bankergeneration.

Diese Gesinnung schlug tiefe Wurzeln. Zum Beispiel, als F. Wilhelm Christians, einer der Vorstandssprecher der Deutschen

Bank, der sich zu Beginn der 80er-Jahre für die Aktienförderung einzusetzen versuchte, so argumentierte: »**Wir kleben nicht am Vollmachtstimmrecht.**« Ein Widerspruch zwischen ihm und Frohne, zumal seit 1962 zwei Jahrzehnte vergangen waren? Eher das Gegenteil, eine Bestätigung. Denn wer erlebte, wie Christians damals das Vollmachtstimmrecht verteidigte, wusste Bescheid: Das Nichtklebenbleiben war bestenfalls Koketterie.

Das sah weitere zwei Jahrzehnte später anders aus. Ausgerechnet die rot-grüne Bundesregierung hatte es fertiggebracht, die Präventivsteuer auf Gewinne aus Beteiligungsverkäufen abzuschaffen. Zwar sah es um solche Gewinne 2002/03, als die Aktienkurse immer mehr einbrachen, zunächst recht mau aus, aber der damals scheidende Deutsche Bank-Chef Rolf-E. Breuer wusste seine Aktionäre zu trösten: »Wo immer wir die Überzeugung gewinnen, dass unsere Aktie auf dem jeweiligen Kursniveau das bessere Investment ist, werden wir den Tausch gegenüber unseren Industriebeteiligungen in die Tat umsetzen.« Breuers Nachfolger Josef Ackermann schritt denn auch zur Tat, und wie: So gut wie alle Beteiligungen kamen auf den Prüfstand. Er ließ wie kein anderer deutscher Bankchef die einst riesige Deutschland AG, sinnbildlich formuliert, zu einem Familienunternehmen schrumpfen. Zumindest, was die Beteiligungen betraf. Indes, die persönlichen Beziehungen blieben, die meisten Aufsichtsratsmandate ebenfalls.

Breuer hatte hin und wieder einen flotten Spruch auf den Lippen. Das ließ ihn für die einen menschlich erscheinen, für die anderen zum Feind werden, und er machte sich ein ums andere Mal angreifbar. Zur Kategorie menschlich, wenn auch mit Schwächen, kann man sein Bekenntnis aus dem Jahr 2002 zählen, als er zum »Mr. Finanzplatz« gekürt wurde und bei dieser Gelegenheit beichtete: »**Ich habe als Kind keine Taler gesammelt und als Jugendlicher bei Monopoly meine Geschwister**

nicht stärker betrogen als üblich, nichts also, was mich zum Banker bestimmt.« Manchmal übertrieb Breuer es mit dem Menschlichen, als er beispielsweise zu seinem Abschied als Vorstandschef in der Hauptversammlung der Deutschen Bank 2002 zugab: »**Mit einer Kostenquote von 90 Prozent schämt man sich ein wenig.**« Was Hilmar Kopper, den damaligen Aufsichtsratsvorsitzenden des Instituts, allerdings nicht hinderte, ein dazu weniger passendes Lob auszusprechen: »**Herr Breuer, Sie haben sich um die Deutsche Bank verdient gemacht.**«

Zur Kategorie Feind gehört ohne Zweifel in erster Linie eine Indiskretion zum Medienmogul Leo Kirch, die dieser zum Anlass nahm, Breuer mit allen Mitteln der juristischen Kunst belangen zu lassen. Die Kategorie angreifbar geht noch etwas weiter. 2004, als Breuer Präsident des Bundesverbandes deutscher Banken war, deckte die Deutsche Bundesbank gnadenlos die Schwachstellen der Branche auf. Heraus kam: 2003 hatten alle Institute in der Summe zum ersten Mal einen Fehlbetrag (nette Bezeichnung für Verlust) zu verantworten, der in erster Linie auf das Konto von Groß- und Landesbanken ging. Und was sagte Breuer im Sommer 2004 dem *Spiegel*: »**Wir haben im Bankgewerbe alle unsere Hausaufgaben erledigt.**« Eine, gelinde gesagt, seltsame Interpretation, eben O-Ton Breuer, in diesem Fall nicht mehr allzu menschlich, sondern stark angreifbar.

Reinhard Selten, der 1994 als bis dahin einziger Deutscher den Nobelpreis für Wirtschaft erhalten hatte, brachte das Dilemma der deutschen Großbanken Anfang 2007 mit Blick auf die Zeit zu Beginn der 90er-Jahre in einem Interview mit dem *Süddeutsche Zeitung Magazin* so auf den Punkt: »Die waren auch im internationalen Vergleich groß. Heute sind sie eher klein und potenzielles Ziel einer Übernahme. Damals war der Wert der Aktien im Depot der Deutschen Bank größer als der Wert der

Deutschen Bank auf dem Aktienmarkt selbst. Die Deutsche Bank erhielt mehr Dividende aus diesen Aktien, als sie selbst ausschüttete. Das war in gewisser Hinsicht grotesk, denn die Eigentümer bekamen offensichtlich nur einen kleinen Teil des Gewinns ab, der dort anfiel.« Selten schloss seinen Gedankengang mit dem Fazit ab: »Heute ist das anders.«

Spannende Frage: wie anders? Die Reserven vieler Institute sind aufgebraucht, die Beteiligungen größtenteils abgebaut. Alle sprechen von Konsolidierung, einem Begriff, der das Zeug hat, mehrfach zum Unwort des Jahres erklärt zu werden. Man sagt Konsolidierung (laut *Duden* sinngemäß: Bestandssicherung), meint aber: Quadratur des Kreises. Das heißt: Fortbestehen des mächtigen Herrenclubs, auch wenn noch so viele Auslandsbanken auf den deutschen Markt drängen – Fusionen unter Beibehaltung der Selbstständigkeit – Beharren auf dem Universalbankprinzip und trotzdem Spezialisierung – Kündigung von Mitarbeitern und Aufgabe von Filialen, aber auch Einigung mit der Gewerkschaft Ver.di. Mit einem Satz: Das Ende der Deutschland AG ist der Anfang eines langen Weges, auf dem jede Bank auf eigene Weise konsolidieren wird und ihre Angestellten, vor allem aber auch alle Kunden, aufpassen müssen, dass sie nicht am Wegesrand liegen bleiben.

Dies umso mehr, als die schwierige Geburt der unter Beteiligung der Allianz als Einheit mit der Dresdner Bank geplanten neuen Commerzbank Monate dauerte und deren Aktienkurs am Tag der Verkündung um mehr als 10 Prozent einbrechen ließ. Ein schlechtes Omen aus Sicht der beteiligten Manager. Und aus Kundensicht? Martin Blessing, Frontmann der neuen Einheitsfront, ließ keinen Zweifel aufkommen, was diesbezüglich seine Prioritäten betrifft: Der Vertrieb soll gestärkt werden. Welchen Stellenwert da noch die Beratung hat, bleibt einstweilen offen.

Warum die Deutsche Bank
sich selbst widerspricht

Die Geldelite sagt einfach: »**Vertrauen ist der Anfang von allem.**« Das nutzt erst der Hochstapler Jürgen Schneider aus, dann redet sich der Deutsche Bank-Chef um Kopper und Kragen.

Was, zum Teufel, brachte die Deutsche Bank ausgerechnet Mitte der 90er-Jahre dazu, derart arrogant und vom eigenen elitären Status überzeugt mit dem Vertrauensbegriff für sich zu werben? Die Botschaft sollte »in ihrer Direktheit als Grundlage für eine erfolgreiche Politik von morgen dienen«, resümierte ein Jahrzehnt später Inga Wermuth, Chefin der Werbeagentur Satelliten Media Design. Da war die Deutsche Bank über weniger einprägsame werbliche Zwischenstationen wie »**Die Zukunft kann kommen**« oder »**Leistung. Vertrauen. Erfolg.**«, bereits bei der »**Leistung aus Leidenschaft**« angelangt. Nicht zu vergessen »**Mehr Bank braucht kein Mensch**«, eine Botschaft ihrer Billigtochter Bank24, für weniger vermögende Kunden konzipiert, letztlich aber doch wieder integriert. Also mal hü, mal hott. Warum soll ausgerechnet bei solch einem Durcheinander Vertrauen aufkommen?

Diese Frage stellt sich umso mehr, je tiefer man dem »Anfang von allem« auf den Grund geht. Denn wenn Vertrauen diesen Anfang bilden soll, etwa so wie das Vertrauen eines Kindes zu seiner Mutter, muss es unerschütterlich sein, darf es nicht von irgendwelchen Bedingungen abhängen. Doch warum soll es solche Merkmale gerade in der Beziehung zu einer Bank aufweisen, nicht zur Deutschen Bank allein, sondern überhaupt zu irgendeiner Bank? Kein einziger Banker wird diese Frage je schlüssig beantworten können, allein schon deshalb, weil alle Banken vor jeder Geschäftsanbahnung Bedingungen stellen, was sich ja in den umfangreichen Allgemeinen Geschäftsbedingungen manifestiert, die sie – zwingend vorgeschrieben – ihren Kunden vor der Aufnahme von Geschäftsbeziehungen jeder Art bekannt geben müssen, und handle es sich dabei nur um eine einfache Kontoeröffnung. So gesehen, ist der Werbeslogan der Deutschen Bank ein Widerspruch in sich.

Normalerweise könnte man jetzt sagen: Schwamm drüber, im neuen Jahrtausend gilt für das größte Geldhaus der Republik die »Leistung aus Leidenschaft«, danach womöglich »Erfolg aus Leistung« oder »Leidenschaft ist der Anfang von allem« – was Werbetexter sich halt so einfallen lassen. Doch es ist interessant, noch etwas im Vorfeld der Vertrauen heischenden Werbung herumzustöbern. Denn derart elitäre Sprüche kommen nicht von heute auf morgen zustande, sondern haben oft eine lange Vorgeschichte. Diese begann bereits mit dem extrem selbstbewussten Hermann Josef Abs, dem nachgesagt wird, seinen Namen so buchstabiert zu haben: »A wie Abs, B wie Abs, S wie Abs«. Und von dem, wie der Chronist Hans Otto Eglau in seinem Buch *Wie Gott in Frankfurt* festgehalten hat, die folgenden Aussagen stammen: »Ich behalte mir aus einer gewissen Eitelkeit den Namen Bankier, weil ich es nun wirklich war, das heißt persönlich haftender Gesellschafter einer privaten Bank, die ein hohes Ansehen hatte. Die Vorstandsmitglieder sind im strengen Sinne keine Bankiers.«

Für einen weiteren elitären Höhepunkt sorgte der 1989 ermordete Alfred Herrhausen, als er ein Jahr zuvor bei einem Informationsforum für Unternehmer knallhart formulierte: »Wir haben Macht, weil wir sie haben müssen.« Herrhausens Nachfolger Hilmar Kopper sorgte dann unfreiwillig für ein Kontrastprogramm. Er wollte in der Pressekonferenz am 25. April 1994 aus Anlass des Zusammenbruchs der Firmen des Baulöwen Jürgen Schneider, der bei allen möglichen Banken inklusive der Deutschen hoch verschuldet war, eigentlich etwas Positives verkünden: dass die Deutsche Bank zur Begleichung von Handwerkerrechnungen bereit war. Doch dummerweise fiel ihm dafür zur Unzeit das Wort »**Peanuts**« ein, frei übersetzt: Kleinkram. Es verfolgte ihn und sein Institut noch jahrelang. Dabei hatte er damals auch andere Metaphern auf Lager, die mindestens ebenso zitierfähig waren. Wie diese: »**Der Eindruck, man brauche nur selbstsicher bei der Deutschen Bank aufzukreuzen, um einen großen Kreditbetrag zu ergaunern, ist lächerlich. Das ist Stoff für Kintopp und hat mit der Realität nichts zu tun. Schneider ist kein Hauptmann von Köpenick.**« Oder: »**Der Fall Schneider macht klar, welches Ausmaß die negative Haltung gegenüber Banken insgesamt in Deutschland erreicht hat.**« Und auch wie diese, die schnurstracks auf den in der Überschrift zitierten Spruch zuläuft: »**Für eine Vertrauenskrise besteht kein Grund.**« Aber eben auch nicht für Vertrauen, schon gar nicht, wenn es der Anfang von allem sein soll und damit – siehe oben – ein Widerspruch in sich ist.

Kopper wurde zum Medienopfer, und er fügte sich in diese Rolle. Unvergessen sein Zitat aus einem *Spiegel*-Interview vom 2. Mai 1994: »**Das persönliche Gefühl für Geld ist mir abhanden gekommen.**« Fast die ganze deutsche Medienwelt hackte auf ihn und die Deutsche Bank ein, obwohl der eigentliche Schuldige ein damals flüchtiger Hochstapler war, jener Jürgen Schneider. Der hatte nicht nur die Deutsche Bank reingelegt, sondern auch deren später in der Eurohypo aufgegangene Tochter Centralbodenkredit, die Dresdner Bank, die Ende der 90er-Jahre in die HypoVereinsbank integrierte Hypo-Bank und neben vielen weiteren Kreditgebern sogar die von Schneiders engerem Wirkungskreis in und um Frankfurt weit entfernte Bayerische Landesbank Girozentrale, die sich später in BayernLB umtaufte. Eine Bank nach der anderen musste zugeben, auf Schneiders »**kriminelle Energie**« (seinerzeit eines der Hauptargumente von Bankern zum Nachweis ihrer vermeintlichen eigenen Unschuld) hereingefallen zu sein. Die damals peu à peu bekannt gewordenen Schieflagen einschließlich der Eingeständnisse von Bankern nahmen sich aus wie eine Regieanweisung: für die Argumente ihrer Nachfolger, die diese aus Anlass der seit 2007 ebenfalls peu à peu herauskommenden Verstrickungen in die internationale Finanzkrise von sich gaben.

Einer der ganz simplen Tricks des Hochstaplers Schneider bestand im Hochschreiben von Quadratmetern und damit von Beleihungswerten. Wie dreist er dabei vorging und wie naiv die Gutachter der Banken gewesen sein müssen, ergab sich vor allem aus der Bewertung der im Frankfurter Zentrum gelegenen Zeil-Galerie, nur wenige hundert Meter vom Bankenzentrum entfernt, von wo aus jeder Banker mit einem Zollstock hätte nachmessen können, dass da etwas nicht stimmte. Der recht schmal geratenen Galerie wurde in einer Liste, deren Angaben offenbar als unanfechtbar galten, ein Bruttowert von 983 Millionen Mark zugebilligt. Dieser galt als entscheidende Beleihungsgrundlage. Der Journalist Gerhard Czerwensky, seit den 70er-Jahren ein sehr guter Banken- und Frankfurt-Kenner, rechnete vor, dass das ebenfalls zentral gelegene BfG-Hochhaus damals zu 648 Millionen Mark den Eigentümer gewechselt hatte. Der große Unterschied: Es war – und ist immer noch – zigmal so groß wie die Zeil-Galerie. Heute beherbergt es die Mitarbeiter der Europäischen Zentralbank. Von denen würden bestenfalls die Pförtner und Putzfrauen in der Zeil-Galerie Platz haben.

Nachdem Kopper die Pressekonferenz vor allem mit dem entscheidenden Wort »Peanuts« verpatzt hatte, wollte er in der Hauptversammlung der Deutschen Bank am 19. Mai 1994 in Düsseldorf mit einer geschliffenen Rede alles besser machen. Das war aber gar nicht so einfach: Wäre er über den Fall Schneider schweigend hinweggegangen, hätten die Aktionäre womöglich den Verdacht geschöpft, Kopper wollte etwas verbergen. Wäre er dagegen wortreich darauf eingegangen, hätte das die schweigende Mehrheit der Aktionäre an der Qualität der Kreditabteilung ihrer Bank zweifeln lassen und die lautstarke Minderheit zu endlosen Fragen angeregt. Kopper entschied sich weder für das eine noch für das andere, sondern zunächst für eine Mischung aus Schmusekurs (»**Mit vielen Kollegen denke ich gern an die Düsseldorfer Jahre zurück**«) und Muskelspiel (»**Das Ergebnis ... ist das beste, das die Deutsche Bank je erzielt hat**«). Dann, nachdem er Zahlen über Zahlen präsentiert hatte, erwähnte er en passant Schneider – aber nicht, um dessen Hochstapelei zu kommentieren, sondern um durch eine Mischung aus Analyse und Satire allen Kritikern ins Stammbuch zu schreiben, womit sie es bei den Banken, speziell der Deutschen, in Wahrheit zu tun haben: mit einem »anerkannt großen Schatz an Erfahrung und Know-how im Kreditgeschäft«. Da capo, nun schon ganz satirisch: »**Auf der einen Seite sind die Banken zu clever, zu ausgekocht, zu raffgierig, und überhaupt: Gebührenschneider. Auf der anderen Seite stellen sie sich dumm an und naiv, wenn Blender, Betrüger und Nieten am Werke sind und sofort enttarnt werden müssten.**«

Satire, schreibt der *Duden* in seiner 24. Auflage, ist die »ironisch-witzige literarische od. künstlerische Darstellung u. Kritik menschlicher Schwächen u. Laster«. Dass einer wie Kopper sich als Satiriker versuchte, war so etwas wie eine Premiere. Doch um erst gar keinen falschen Eindruck entstehen zu lassen, schob er gleich den Satz nach: »**Die Professionalität, nach der wir streben, schließt beides aus, die Ausgekochtheit wie die Naivität.**« Und aus war's mit der Satire – oder doch nicht? Er versuchte es mal so, mal anders: »**Wer wagt noch was in Deutschland? Banken jedenfalls täglich neu.**« Oder so: »**Tatsachen sind nicht nur die Bilanzzahlen, sondern auch Image und Meinungen.**« Dann besann er sich des »kleinen Kunden«, dem er attestierte: »**Im Ernst, ohne ihn ist alles andere nichts.**«

Einen Tag später ließ Dresdner Bank-Chef Jürgen Sarrazin in der Hauptversammlung seines Instituts einige Sätze folgen, die zwar an Koppers satirischen Wutausbruch erinnerten, aber dessen Würze vermissen ließen: **»Auf der einen Seite sind wir angeblich risikoscheue Bremser, die den Wirtschaftsaufschwung, vor allem in den neuen Bundesländern, nicht genügend unterstützen. Sobald allerdings, auf der anderen Seite, ein Unternehmen in Schwierigkeiten gerät und wir gar Geld verlieren, wirft man uns leichtsinnige Kreditvergabe vor.«** Hätte Sarrazin es dabei bewenden lassen, könnte man sagen: Auch in Sachen Bankenprosa gelang es der damaligen Nummer zwei im deutschen Geldgewerbe bei Weitem nicht, der Nummer eins das Satirewasser zu reichen. Doch er hängte gleich noch zwei mitleiderregende Sätze an: **»Ähnlich gelten die Banken in manchen Kreisen als zu mächtig. Wenn allerdings ein Unternehmen in eine Schieflage gerät, wirft man den Bankenvertretern in den Aufsichtsräten vor, nicht genügend Einfluss ausgeübt zu haben.«** Dumm nur, dass eine breit angelegte Untersuchung der Universitäten Mannheim und Rotterdam, die das Verhalten der Aufseher von 1994 bis 2005 analysiert hatte, unter anderem Folgendes zutage förderte: Banker in Aufsichtsräten richten in börsennotierten deutschen Aktiengesellschaften außerhalb des Bankensektors Schaden an. Denn sie sind vor allem daran interessiert, dort ihre Dienste zum Investment Banking und als Kreditgeber zu vermarkten.

Das Streben nach Professionalität im Sinn von Kopper ist ehrenwert. Aber wie steht es um die tatsächliche Professionalität der Banker im wahren Leben? Nicht so toll, fasste der frühere Bundesbank-Präsident Karl Otto Pöhl im Jahr 10 nach dem Schneider-Skandal seine Meinung mit Blick auf die 90er-Jahre zusammen: »Bei vielen Bankvorständen war in dieser Zeit die Habgier offenbar größer als die Vernunft.«

Blau-grünes Tandem mit roten Zahlen

»Wir sind aber kein Fußballverein, sondern eine Bank, und eine sehr erfolgreiche.« Wusste Dresdner Bank-Chef Fahrholz wirklich, was er da sagte?

Zunächst war es einfach nur die Reaktion auf die Anmerkung der Redakteure des *Manager Magazins*, Josef Ackermann von der Deutschen Bank hätte die Dresdner mit dem SC Freiburg verglichen, dem in der fraglichen Zeit mit Ach und Krach gerade noch der Klassenerhalt in der 1. Fußballbundesliga geglückt war. Fahrholz durfte sich seit dem 1. Mai 2000 Vorstandssprecher der Dresdner nennen, zeitlich eingerahmt von zwei Walters: Bernhard Walter, der kurz zuvor das Handtuch geworfen hatte, weil ihm offenbar die Bedingungen der geplanten Fusion mit der Deutschen Bank nicht geheuer waren. Und Herbert Walter, der Fahrholz folgte und dessen Vokabular um weitere optimistische Nuancen verfeinerte. **»Wir sind weiter auf einem guten Weg. – Die Dresdner Bank hat sich immer intensiv um die Privatkunden bemüht. – Selbstverständlich ist das Bankgeschäft für den Allianz-Konzern wichtig.«** Und so weiter. Das ließ er die Leser der *Süddeutschen Zeitung* am 16. Februar 2007 wissen.

Ein Jahr später erschien die *Wirtschaftswoche* mit der bereits erwähnten brisanten Titelgeschichte über Banken und Sparkassen, wobei auch die Dresdner ihr Fett abbekam. **»Wenn es darauf ankommt, verkaufen wir einem Eskimo einen Kühlschrank«**, zitierte das Blatt eine langjährige Dresdner-Mitarbeiterin. Die Bank wollte zunächst keinen Kommentar dazu abgeben. Warum auch? Wenn der Eskimo den Kühlschrank tatsächlich kauft, ist das doch die beste Bestätigung dafür, dass das von Walter propagierte intensive Bemühen von Erfolg gekrönt wird. Schließlich hatte der Dresdner-Chef das Bemühen im *SZ-*

Interview noch mit dem Satz unterstrichen: »**Das ist als Beraterbank schließlich eine unserer großen Stärken.**« Vier Monate nach dem Kühlschrank-Artikel gab Walter persönlich in
der *Wirtschaftswoche* seine Interpretation vom Verhältnis Bera-
ter/Kunde zum Besten: »**Das Wichtigste ist doch, dass der Berater die Situation des Kunden kennt und ihm individuelle und faire Lösungen bietet. Natürlich muss er auch mit
Widersprüchen zurechtkommen. Er ist Kundenanwalt und
muss als guter Kaufmann auch darauf achten, dass sich sein
Angebot rechnet.**«

Die Beraterbank, was haben ihre Mitarbeiter und Kunden nicht
schon alles mit ihr erlebt: Einst hinter der Deutschen Bank die
Nummer zwei im heimischen Bankgewerbe, unternahm die
Dresdner alle möglichen Versuche, zur Nummer eins aufzu-
schließen. Nach der Ermordung ihres Chefs Jürgen Ponto war
das jedoch schwer. Statt sich auf lukrative Sparten des Bankgeschäfts zu konzentrieren, machte sie erst einmal den ehemaligen Bundeswirtschaftsminister Hans Friderichs zu ihrem Vorstandssprecher. Später durfte der schon immer vor Ehrgeiz bren-
nende, unter anderem für das Börsengeschäft zuständige langjährige Vorstand Wolfgang Röller den Chefposten übernehmen. Eine Marke für sich war dann Jürgen Sarrazin, ebenso wie
Röller aus dem eigenen Vorstand kommend, im Gegensatz zu
diesem aber alles andere als eloquent. Das heißt, der in Sachen
Kommunikation wenig Versierte ließ sich, klagten sogar Führungskräfte, am liebsten erst gar nicht blicken. Sein Nachfolger
Bernhard Walter sorgte dann eine Zeit lang immerhin dafür,
dass Führungskräfte und Mitarbeiter aufatmeten, weil er so
sehr das Gegenteil von Sarrazin verkörperte. Seine Qualitäten
als Führungskraft fasste das *Manager Magazin* in einer nicht gerade schmeichelhaften Überschrift zusammen: »Mein Gott
Walter«. Da er nach dem Debakel der geplatzten Fusion mit der
Deutschen Bank im Jahr 2000 den Chefposten abgab, kam der
anfangs zitierte Bernd Fahrholz an die Reihe.

Der häufige Wechsel in der Topetage hatte mittlerweile zu solchen Irritationen unter Mitarbeitern und Kunden geführt, dass der neue Chef sicher gut daran tat, motivierende Parolen auszugeben. Wie diese: »**Jetzt arbeiten wir mit Hochdruck daran, unsere Bank nach vorn zu bringen.**« Doch er neigte auch zu maßlosen Übertreibungen, etwa wenn er, abgesehen vom Hinweis auf seine »sehr erfolgreiche« Bank, verkündete: »**Unser Modell ist die europäische Beraterbank.**« Wie maßlos, stellte sich bald heraus. Denn 2001 griff der Allianz-Konzern nach der Dresdner für sage und schreibe geschätzte 23 Milliarden Euro, viel zu viel, wie die Oberen des Versicherungskonzerns nachher merkten – zu spät. Die Vision von der Allfinanz sollte endlich Wirklichkeit werden, eine Vision, die Röller als einer der Fahrholz-Vorgänger aus Anlass der Stabübergabe an Sarrazin im Mai 1993 mit einem Satz formuliert hatte, der sich auch heute noch wie in Stein gemeißelt ausnimmt: »**Allfinanz ist die Fortsetzung der Universalbank-Idee mit verteilten Rollen.**« Was hatte der Steinmetz sich dabei nur gedacht?

Nach Röller, Sarrazin und Walter sollte die grüne Mannschaft (Dresdner) unter Fahrholz mit der blauen Mannschaft (Allianz) einträchtig zusammenarbeiten. Der damalige Allianz-Chef Henning Schulte-Noelle wollte »etwas völlig Neues« aufbauen, nachdem er sich noch Anfang 1998 so über die Allfinanz geäußert hatte: »**Ein Allfinanzkonzept gibt es nicht.**« Um Eintracht zu symbolisieren, schwang er sich zusammen mit Fahrholz auf ein blau-grünes Tandem, er mit blau gestreiftem Schlips, sein Beifahrer mit grün-gestreiftem. Doch das Tandem fing bald an zu klappern: Bereits 2002 war die Dresdner ein Sanierungsfall. Im ersten Halbjahr schrieb sie mit einem Verlust von 1,3 Milliarden Euro tiefrote Zahlen.

Danach ging alles Schlag auf Schlag: Erst nahm Schulte-Noelle die Verantwortung für den Flop auf sich, dann seinen Hut. Begründung: »private Lebensplanung«. Ihn beerbte der jetzige

Allianz-Chef Michael Diekmann. Mit Schulte-Noelle nahm auch Fahrholz seinen Hut und überließ die Dresdner-Führung dem ehemaligen Deutschbanker Herbert Walter. Bleibt noch nachzutragen, was die Autoren Christine Demmer und Christof Schössler in ihrem später erschienenen Buch mit einem »satirischen Rundumschlag« zu Schulte-Noelles privater Lebensplanung zu sagen hatten: »Der angeblich gefühlsselige Drang zur rosenzüchtenden Frühpension passt zum stets kühl kalkulierenden ›Scheitel-Koffer-Bügelfalten‹-Menschen Schulte-Noelle ungefähr ebenso gut wie die Rolle des Karnevalsprinzen beim rheinischen Rosenmontag zu Wolfgang Thierse.«

Jäger des verborgenen Schwarzgelds

»Das Bankgeheimnis müsste eigentlich Kundengeheimnis
heißen, denn die Banken schützen die Privatsphäre
ihrer Kunden. Nicht nur gegenüber wissbegierigen
Nachbarn, sondern natürlich auch gegenüber
neugierigen Behörden.« Made in Switzerland? Nein. Grüße
aus Liechtenstein? Erst recht nicht. Sondern: Werbung
des Bundesverbandes deutscher Banken anno 1995

Welcher Teufel hatte die Verbandsoberen geritten, die sich einen solchen Spruch einfallen ließen? Und das sogar im doppelten Unsinn: weil die Behauptung einfach nicht stimmte und
weil sie jeden Finanzbeamten bis zur Weißglut reizen musste.
Um den Beweis für den nicht stimmigen Inhalt anzutreten, bedarf es nur des einen oder anderen Beispiels aus der fraglichen
Zeit. So hatte damals, im Sommer 1995, als der Bankenverband
das angeblich so gut gehütete Geheimnis vor Nachbarn und
Behörden abzuschirmen versprach, ein Übergriff von Steuer-
fahndern auf die Dresdner Bank schon eineinhalb Jahre zu-
rückgelegen. Das war nicht der einzige spektakuläre Fall. Denn
auch der Firma H.C.M., die zu der später in der HypoVereinsbank aufgegangenen Hypo-Bank gehörte, hatten Steuerfahn-
der einen unangemeldeten Besuch abgestattet – und, wie nicht
erst seit der Liechtenstein-Affäre vom Februar 2008 üblich,
gleich Journalisten und Kameraleute im Tross.

Wer erinnert sich nicht an die in der ersten Hälfte der 90er-Jah-
re dick aufgetragene Werbung deutscher Banken für Luxemburger Konten und Depots? Mit Sprüchen wie »**Ein Konto in
Luxemburg liegt näher, als Sie vielleicht annehmen**« (Berliner Bank), »**Es gibt Grenzen, die sind ein Vermögen wert**«
(Hypo-Bank) oder »**Luxemburg, 7–9 Boulevard Royal – Der
Zweitwohnsitz für Ihr Geld**« (Bayerische Landesbank) luden

die Institute den Fiskus geradezu ein, nach Schwarzgeld zu fahnden.

Die beiden folgenden Geschichten, die erste aus der *Abendzeitung* vom 3. November 1995, die zweite aus der *Frankfurter Allgemeinen* vom 17. Januar 1996, belegen, dass das vermeintliche deutsche Bankgeheimnis in den 90er-Jahren auch diesseits von Luxemburg (wo man vor lauter Freude über das viele Geld vom großen Nachbarn lachte) durchaus zum Schieflachen sein konnte:

»Auf der Jagd nach einer Katze sprang Bingo am Mittwochabend in einen Baucontainer vor der Hypo-Filiale an der Münchner Straße. Dabei platzte einer von mehreren blauen Müllsäcken. Heraus purzelten hundertfach Kundenkarten mit brisantem Inhalt. Betroffen sind Hunderte Unterhachinger Bürger, Firmen, Vereine sowie namhafte Manager aus der Münchner Wirtschaft.«

»Dokumente der Commerzbank sind abermals im Müll der Filiale Mannheim gefunden worden. Das ist nicht der erste Fund von Kundeninformationen der Commerzbank in der Stadt Mannheim. Anfang Januar 1996 hatte die Staatsanwaltschaft Mannheim vertrauliche Akten der Commerzbank beschlagnahmt. Dieses Material wurde in einer Mülltonne gefunden und der Bank gegen Entgelt angeboten.«

Allein aus dem Jahr 1995 sind nicht weniger als 43 Durchsuchungen deutscher Bankfilialen und -zweigstellen durch die Steuerfahndung bekannt. Nach einem 1994 ergangenen Urteil des Bundesfinanzhofs waren bereits damals Denunzianten vom sogenannten Steuergeheimnis geschützt. Das heißt, auch die in der Verbandswerbung erwähnten Nachbarn durften – und dürfen bis heute – Leute von nebenan, die sie nicht leiden können, beim Finanzamt anschwärzen, ohne dass ihre Opfer die Quelle der Denunziation erfahren.

Nachdem das auf Steuerflüchtlinge zielende deutsche Strafbefreiungsgesetz aus dem Jahr 2003 mit einer Übergangsregelung bis März 2005 nicht die erhoffte Wirkung erzielt hatte, brüteten die europäischen Länder eine Zinssteuer aus, die vom 1. Juli 2005 an gelten und alle relevanten Länder erfassen sollte. Doch die Kontrollmöglichkeiten waren von vornherein eingeschränkt, weil zum Beispiel die EU-Länder Österreich, Belgien und Luxemburg die Weitergabe der Namen von möglichen Steuersündern, etwa an deutsche Finanzämter, verweigerten und die Schweiz ebenso wie Liechtenstein und die zahlreichen kleinen Steueroasen es damit ebenso hielten. Zwischenzeitlich, am 1. April 2005, war das sogenannte Gesetz zur Förderung der Steuerehrlichkeit bereits in Kraft getreten. Daraufhin begann eine heiße Diskussion über Kontenabfragen und Schnüffelstaat, die in ein Verfahren vor dem Bundesverfassungsgericht mündete, für das sich vor allem einer besonders stark machte: Hermann Burbaum, Vorstandssprecher der Volksbank Raesfeld. Doch der tapfere Kämpfer hatte keinen Erfolg, der letzte kleine Rest des vermeintlichen deutschen Bankgeheimnisses löste sich in nichts auf.

Und der Bankenverband? Er vermeldete im April 2008 kleinlaut über sein Zentralorgan *Die Bank*: »**Auch 2007 ist die Zahl staatlicher Kontenabrufe nach Angaben der BaFin und des Bundesfinanzministeriums weiter gestiegen. Hoheitliche Überprüfungen privater Konten erfolgten 93 560-mal gemäß § 24c Kreditwesengesetz (+ 15 Prozent) und 27 749-mal entsprechend § 93 Abgabenordnung (+ 8,5 Prozent).**« Die zitierten Paragrafen regeln zum einen die Datenspeicherung durch Banken und Sparkassen, zum anderen deren Pflicht zur Weitergabe von Informationen an die Finanzämter. *Die Bank* begleitete die Zahlen zu den Kontenabrufen mit einem lauwarmen Kommentar: »**Der Bankenverband sieht die Steigerung auf bereits hohem Niveau unverändert kritisch und hält an seiner Forderung nach einer Entschädigungsregelung für** das Verfahren fest, da es ganz überwiegend der Erfüllung öffentlicher Interessen dient.« Die vielen Kunden, die seiner viel zu dick aufgetragenen Werbung aus den 90er-Jahren und den Sprücheklopfern seiner Luxemburg-Fraktion vertraut hatten, stehen derweil total im Regen.

Noch bevor in Deutschland die Debatte über die Steuergerechtigkeit und den Schnüffelstaat richtig ausbrach, hatten die Konkurrenten deutscher Banken aus den etwas südlich gelegenen Gefilden eindeutige Einladungen an die hiesigen Steuerflüchtlinge ausgesprochen: die Österreicher mit klaren Worten, die an Deutlichkeit nicht zu übertreffen waren, die Schweizer eher subtil, die Liechtensteiner mal so, mal so. Besonders die österreichische Exklave Jungholz erwies sich als wahre Brutstätte für kapitale Kuckuckseier, die deutsche Kunden bis heute ausbrüten müssen. Zum Beispiel warb die dortige Raiffeisenbank unter Hinweis auf das Österreichische Bankwesengesetz: **»Das darin verankerte strenge Bankgeheimnis bietet unseren Kunden äußerste Diskretion.«** Die Konkurrenz gab sich da schon aggressiver: **»Durch die Kontoführung über das Bankhaus Jungholz entfallen Kontrollmitteilungen an ausländische Finanzbehörden.«** Und die Sparkasse Jungholz schoss mit der keinen Zweifel offenlassenden Behauptung den Vogel ab: **»Das diskrete Nummernkonto garantiert Ihnen ein Höchstmaß an persönlichem Schutz.«**

Andreas Insam, Vorstandssprecher der Hypo Investment Bank in Vaduz, ließ sich sinnigerweise in der deutschen Zeitschrift *Handwerk Magazin* vom Januar 2003 wie folgt zitieren: **»Bei uns in Liechtenstein stellen Steuerdelikte eines EU-Ansässigen keinen Anlass dar, unser Bankgeheimnis zu lüften.«** Muss das sein, geht es – entsprechend dem Metier – nicht wenigstens ein bisschen diskreter? Ein krasses Gegenbeispiel lieferte Pius Schlachter, Mitglied der Generaldirektion der LGT Bank in Liechtenstein, mit Sätzen wie dem folgenden, zitiert nach dem

Elite Report 2004, damals noch unter der Schirmherrschaft der Zeitungen *Die Welt* und *Welt am Sonntag*: »Die Ausarbeitung von maßgeschneiderten Lösungen verlangt neben dem aktiven Zuhören des Beraters das Zusammenspiel von Fachleuten, und zwar je nach Dienstleistungs-Modell von unterschiedlichen Fachabteilungen des Anbieters einerseits und weiteren Beratern wie Steuer- und Rechtsberater, Versicherungen, Immobilienverwalter andererseits.«

Mit der darauf basierenden Strategie hatte die LGT jahrelang einen Riesenerfolg, heimste sie Auszeichnungen am laufenden Band ein. Darunter allerdings auch solche, deren Kommentierung einen gewissen Kontrast zu Schlachters subtilem Satz bildeten. Wie in *Top of the Tops* der *Fuchsbriefe* vom November 2002: »In der Praxis bietet der kleine Nachbar Liechtenstein noch ein besseres Bankgeheimnis als die Schweiz. Die Regelungen des Fürstentums ähneln zwar den schweizerischen, sie schützen allerdings nicht nur bei Steuerhinterziehung, sondern auch bei Steuerbetrug.« Oder im bereits erwähnten *Elite Report 2004*: »In der Praxis bietet das Fürstentum ein besseres Bankgeheimnis als die Schweiz. Gegenüber dem Wissensdurst ausländischer Behörden sind Anleger bestens geschützt.« Der *Elite Report 2008* des *Handelsblatts* beschränkte sich dann weitgehend auf Aussagen wie: »Internationales Steuer- und Rechtswesen wird ebenso beherrscht wie das Stiftungsthema und das Gesellschaftsrecht.« Oder: »Dominant und prägend jedoch ist die Vermögensverwaltungskultur.«

Indes, am 14. Februar 2008 – also am Valentinstag, wenn man sich üblicherweise etwas Nettes schenkt – wartete die Staatsanwaltschaft Bochum mit einem Geschenk auf, das zunächst vor allem die Medien dankbar annahmen: Sie führte Klaus Zumwinkel, den damaligen Chef der Deutschen Post, geradezu vor, indem sie ihn in Begleitung einschlägiger Medien aus seinem Haus in Köln abführen ließ. »Wegen des Verdachts der Steuerhinterziehung im Zusammenhang mit Geldanlagen in Liechtenstein«, begründete die Staatsanwaltschaft ihr medienwirksames Ermittlungsverfahren und führte weiter aus: »Im Zuge dieses Verfahrens wurden heute mehrere Objekte durchsucht, und zwar unter anderem auch die Privatwohnung des Beschuldigten Dr. Klaus Zumwinkel.« Der war ja nicht irgendwer, sondern hatte neben seiner Funktion als Post-Chef auch noch gewichtige Aufsichtsratsmandate inne, unter anderem bei Lufthansa und Arcandor sowie als Aufsichtsratsvorsitzender bei der Deutschen Postbank und der Deutschen Telekom.

Der Coup der Staatsanwälte hinterließ, abgesehen davon, dass auffallend viele Medienleute beim Kölner Zumwinkel-Showdown anwesend waren, auch anderweitig einen bitteren Nachgeschmack: In erster Linie bei Steuersündern, deren Namen in einer Datei erfasst waren, die sich der – ansonsten von Bundestagsabgeordneten viel zu lasch kontrollierte – Bundesnachrichtendienst gegen Geld besorgt hatte. Darüber hinaus bei allen rechtschaffenen Deutschen, die nichts mit der Steuerhinterziehung am Hut hatten und sich im Zuge der Affäre noch mehr als über den Post-Chef darüber ärgerten, dass ihre Politiker gleich reihenweise Moralin versprühten. Und natürlich bei den Banken in Liechtenstein, von denen die LGT das meiste Geld verwaltete, vor der Liechtensteinischen Landesbank und vor der Verwaltungs- und Privatbank.

Auch den Schweizer Banken konnte die von Heuchelei und Hehlerei begleitete deutsche Inszenierung nicht recht sein. Warum, deutete der quirlige Bankier Konrad Hummler, Chef der Privatbank Wegelin & Co. mit Hauptsitz in St. Gallen, einmal so an: weil von dem zwischen Rhein und Rhône angelegten Privatvermögen in Höhe von etwa drei Billionen Schweizer Franken die Hälfte »besonderen Diskretionsbedarf« habe. Pierre Mirabaud, Seniorpartner der Privatbank Mirabaud & Cie in Genf und Präsident der Schweizerischen Bankiervereinigung, ließ denn auch Ende April 2008 die Leser der *Handelszeitung* wissen: »Das Bankkundengeheimnis ist tief in der Schweiz verwurzelt.« Wie zum Trotz stieß er im Vorfeld des Besuchs von Angela Merkel an den großen Nachbarn die Warnung aus: »Wir sind nach den USA der zweitgrößte Kunde von Deutschland.« Und um gleich das Verhältnis zum kleinen Nachbarn klarzustellen: **»Über die Liechtensteiner Affäre gibt es für uns Schweizer überhaupt nichts zu diskutieren, da wir davon nicht direkt betroffen sind.«**

Die Schweiz hat ebenso wie Liechtenstein über den Status des sogenannten qualifizierten Intermediärs Abkommen mit den USA getroffen, die im Spezialfall den Informationsaustausch in Bezug auf amerikanische Kunden ermöglichen, ohne das jeweilige Bankgeheimnis als solches zu gefährden. Zwar sind die Schweiz und Liechtenstein, obwohl sie nicht zur EU gehören, in die europäische Regelung zur Zinssteuer einbezogen, aber diese bescherte dem deutschen Fiskus im Jahr 2007 gerade mal rund 80 Millionen Euro. Also für Deutschland wie auch für die meisten anderen EU-Staaten (Ausnahmen: Österreich, Belgien und Luxemburg) Grund genug, weiter Druck auszuüben. Doch auch dem setzt Mirabaud trotzig entgegen: **»Unter Druck hat die Schweiz noch nie nachgegeben.«** Hat sie doch, dazu später mehr.

Wie immer in Zeiten, wenn die Leute ansonsten nichts zu lachen haben, entstanden 2008 in Deutschland viele aus der aktuellen Situation heraus geborene Witze. Sie wurden noch übertroffen von einer im Internet verbreiteten, an die Formulare der Finanzämter angepassten »Steuerhinterziehungserklärung«, die es in sich hatte. Darin wurde nach dem Vor- und Decknamen gefragt. Beim steuerlichen Wohnsitz bestand die Wahl zwischen Kreuzen in den Rubriken »Liechtenstein«, »Punica-Oase« und – neben weiteren Schlupflöchern – »zurzeit flüchtig im Raum«. Für die Rubrik zur Pendlerpauschale war unter anderem die Strecke Davos – St. Moritz vorgegeben, und noch vor der Unterschrift konnte man durch Eintragung in die nachstehende Rubrik einen ganz besonderen Wunsch äußern: »Bei meiner Verhaftung sollten folgende Medien anwesend sein.« Purer Sarkasmus? Nicht nur, denn in Deutschland sind inzwischen weit verbreitet: Kontenabfragen, Denunziation, Anschwärzen von Nachbarn mittels Internet, zunehmende Kontrollen durch den Zoll und allgemeine Überwachung mit dem Argument der drohenden Terrorgefahr. Bankgeheimnis, das war einmal – wenn überhaupt.

Markige Worte, merkwürdige Taten

HypoVereinsbank und Hypo Real Estate
drehen einen Gruselfilm.

Im April 2008 konnte man es endlich auch aus deutschen Medien erfahren: Die US-Investorengruppe JC Flowers, damals bereits an der HSH Nordbank beteiligt, sei auch an Hypo Real Estate (HRE) interessiert, hieß es. Später bestätigte sich die Meldung, die Flowers-Leute beteiligten sich zu knapp einem Viertel an HRE. Eine Meldung mit langer Vorgeschichte, in deren Verlauf Milliarden Euro verloren gegangen waren, eitle Männer mal die Fassung, mal ihren Job, mal beides verloren hatten und Tausende von Hauskäufern auf Schrottimmobilien sitzen geblieben waren. Die Aktien des deutschen Immobilienfinanzierers HRE hatten auf wundersame Weise im Oktober 2003 den Einzug in die Deutsche Börse und gut zwei Jahre später sogar in den Deutschen Aktienindex Dax geschafft. Als jedoch alles nach Ende gut, alles gut aussah, fiel der HRE-Aktienkurs im Januar 2008 wie ein Stein: bis zu 35 Prozent an nur einem Tag.

Grund genug, die Geschichte vor diesen Ereignissen kurz Revue passieren zu lassen. 1989 ließ Eberhard Martini, damals unbestrittener Herrscher über die Hypo-Bank, die beiden folgenden Sätze los: »**Ich behaupte, der Kunde entscheidet letztlich rein emotional, weil ihm in Finanzfragen in der Regel das notwendige Fachwissen fehlt. Ein Mensch, der keine Fachkenntnisse hat, muss Vertrauen an die Stelle von Wissen setzen.**« Eine Kausalität, die zwar nicht recht einleuchten will und bestenfalls als bauernschlau interpretiert werden kann – schließlich galt die Hypo-Bank in ihrer bayerischen Heimat früher als Bauernbank. Aber ein paar Jahre später baute Martini felsenfest auf seine Sätze, als es galt, das Vertrauen breiter Schichten von Anlegern für waghalsige Immobilieninvestitionen in den neuen Bundesländern auszunutzen mittels Finanzierung von Eigentumswohnungen und ganzen Häuserblöcken oder über den Verkauf raffiniert verpackter geschlossener Fonds, ausgeführt von flotten Verkäufern der Hypo-Tochter H.C.M. Die Verkäufer wussten die damalige Steuerspargier vieler Bundesbürger für sich zu nutzen, indem sie hohe Provisionen kassierten.

Dumm nur, dass das notwendige Fachwissen nicht nur den Anlegern fehlte, sondern auch den Bankern. Die Folge: Schieflagen auf beiden Seiten, kreative Buchhaltung, schließlich 1998 Zusammenschluss mit der Bayerischen Vereinsbank zur Hypo-Vereinsbank (HVB) – und dann der große Knall: Albrecht Schmidt, Chef der neu entstandenen Gemeinschafts-Großbank, entdeckte mithilfe von Gutachtern – zu spät – Altlasten der alten Hypo-Bank in Höhe von zunächst 3,5 Milliarden Mark, aus denen im Lauf der Zeit sogar über 3,6 Milliarden wurden. Schmidt und Martini beschimpften sich daraufhin öffentlich, der eine in der ihm eigenen Art, der andere grob. Schmidt: »**Ich habe eine bittere Enttäuschung erlitten und eine gehörige Wut im Bauch.**« Martini: »**Schmidts Charakter ist von Eitelkeit zerfressen, so ein Mann kann keine Bank führen.**«

Die anschließenden Reparaturarbeiten brachten nicht mehr viel, obwohl Schmidt sich gern mit markigen Worten an die Öffentlichkeit wandte. Wie am 14. Oktober 2002 im *Handelsblatt*: »**Wir machen das Schiff nicht nur wetterfest, sondern arbeiten auch hart an der Produktivität in den Geschäftsfeldern und am Geschäftsfeldportfolio, damit wir am Ende eine von zwei großen Banken in Deutschland sein werden.**« Nur zehn Tage später wollten die *Handelsblatt*-Leser ihren Augen nicht trauen, als sie lesen mussten, dass die HVB im dritten Quartal einen hohen Verlust erlitten hatte und ihr Aktienkurs aufgrund dessen um mehr als zwölf Prozent eingebrochen war. Dieter Rampl, dem Nachfolger von Schmidt, war es dann vorbehalten, den hauseigenen Immobilienfinanzierer HVB Real Estate mit anderen Hypothekenbanken zu verkuppeln und später als HRE an die Börse zu bringen.

Die HVB verzettelte sich derweil in Österreich, wo sie die Großbank BA-CA unter ihre Fittiche genommen und dann wieder an die Börse gebracht hatte. Aus der Direkt Anlage Bank, einer früheren Gründung der Hypo-Bank, wurde später die DAB Bank, wohingegen die Advance Bank, eine Gründung der Vereinsbank, erst bei der Dresdner Bank unterkam und später ganz von der Bildfläche verschwand. Man stelle sich nur vor, was wohl die Kunden bei dem ganzen Durcheinander dachten. Jedenfalls reagierten sie auf ihre Weise durch Abstimmung mit den Füßen, sodass die HVB in einem Vergleich des Privatkundengeschäfts führender Banken 2004 grottenschlecht abschnitt: Ihr Verlust je Kunden betrug 24,75 Euro, während zum Beispiel die Postbank in dieser Sparte 34,40 Euro Gewinn je Kunden erwirtschaftete, die Deutsche Bank 55,60 Euro und die Citibank sogar 190 Euro. Ob das besonders erfolgreiche Abschneiden der Citibank oder das markante Auftreten ihrer hübschen ehemaligen Chefin Christine Licci (später Novakovic) oder beides den Ausschlag dafür gab, dass sie danach für kurze Zeit zur HVB wechselte, ließ deren Männerriege nie durchblicken.

Rampl verstand es, die Öffentlichkeit mit Sprüchen ebenso einzulullen wie vor ihm Schmidt. Nur zwei Beispiele: **»Die HVB Group«** – man beachte den englischen Touch – **»ist die mit Abstand europäischste deutsche Bank.«** Und aus Anlass der damals bitter nötigen Kapitalerhöhung im Frühjahr 2004: **»HVB Group startet durch.«** Die *Frankfurter Allgemeine* traf den Nagel auf den Kopf, als sie kommentierte: »Mit dem Kapitalzufluss füllt Rampl die Riesenlöcher, die er ein Jahr lang kleingeredet hat.« Wie nötig das Löcherfüllen war, offenbarte bereits das Ergebnis des ersten Quartals 2004. Es enttäuschte die Anleger so sehr, dass sie ihre Aktien geradezu auf den Markt warfen und deren Kurs dadurch in die Tiefe rissen. Die *Börsen-Zeitung* beschrieb das Ganze am 3. Juni süffisant-suggestiv so: »Warum im Kino für Gruselfilme zahlen, lautet ein Spruch abgebrühter Kapitalmarktbeobachter, wenn man den täglichen Blick auf den Aktienchart der HVB kostenlos haben kann?«

Und die Kunden? Viele von ihnen kamen nicht mehr aus dem Staunen heraus. In den 90er-Jahren hatte ihnen die Hypo-Bank jede Menge an günstigen Baukrediten zur Finanzierung von Immobilien in den neuen Bundesländern gewährt. Als viele Jahre später die Zinsbindung auslief und die Kreditverlängerung anstand, sollten sie höhere Zinsen zahlen als bei so manchem konkurrierenden Institut. Die Beleihungswerte waren ja kräftig gesunken, und Altkunden sind erfahrungsgemäß zu bequem, um die Bank zu wechseln, da bittet man sie halt etwas mehr zur Kasse. Schließlich konnten sie froh sein, wenn ihre Kredite nicht schon an eine Heuschrecke verkauft worden waren. Nachdem später Italiens Großbank UniCredit die HVB übernommen hatte, wurden unliebsame Kunden aber doch noch mit abschreckenden Konditionen wegkomplimentiert.

Derweil lief es bei der Schwester HRE gar nicht mehr gut. Denn der zu Beginn des Kapitels erwähnte Kurssturz von 35 Prozent an nur einem Tag hatte neben der HVB-Vorgeschichte auch noch eine eigene der HRE, die – nach dem Ritterschlag durch die Aufnahme in den Dax – von allzu selbstbewussten Kommentaren des HRE-Chefs Georg Funke geprägt war. So verkündete er im Januar 2007: »**Für die Hypo Real Estate beginnt jetzt eine neue Wachstumsphase.**« Das wird wohl auch so gemeint gewesen sein, fragt sich nur, was da heranzuwachsen begann. Denn ausgerechnet die Verbriefung von Krediten sollte zum großen Wachstumstreiber werden, also eine Geschäftssparte, die zu den Auslösern der internationalen Finanzkrise gehörte. Funke unterstrich seine Wachstumsphantasie zusätzlich mit Sprüchen wie »**Ich war mir immer bewusst, welches Po-**

tenzial in unserem Unternehmen steckt, sonst hätte ich nicht die Leitung der Bank übernommen«.

Der Hammer war indes seine wagemutige Behauptung vom November 2007, mit der er jeglichen Realitätssinn vermissen ließ: **»Hypo Real Estate geht aus der jüngsten Marktkrise gestärkt hervor.«** Damals war die Krise weltweit derart virulent, dass von der Stärkung einzelner Banken längst nicht mehr die Rede sein konnte. Was Funke aber nicht davon abhielt, nach dem Kurssturz der HRE-Aktie frech zu behaupten: **»Es ist schlicht irrational, was hier an der Börse geschieht.«** Irrational? Dann hätte der Aktienkurs den Verlust ja schnell wieder wettmachen können. Tat er aber nicht, im Gegenteil, Anfang Juli 2008 begann er erneut nach unten zu sacken. Später, zu der Vorlage der ganz miesen Halbjahreszahlen im August 2008, wurde Funke bei seiner Wortwahl endlich etwas vorsichtiger, indem er umständlich zu Protokoll gab: **»Die kommenden Monate bleiben für den gesamten Finanzsektor herausfordernd.«**

Die Geschichte von HVB und HRE aus den vergangenen Jahren wäre ohne die Erwähnung von zwei Ereignissen nicht vollständig erzählt: Kreditverkauf und Ausgliederung von sogenannten Problemkunden. Das erste Ereignis betrifft die Übertragung von HVB-Krediten auf HRE, ihre Weiterleitung zur Private-Equity-Firma (im Volksmund: Heuschrecke) Lone Star und schließlich die Bearbeitung der Kreditkunden durch deren Tochter Hudson Advisers, die sich intensiv der Kreditabwicklung widmete. Das zweite Ereignis entspricht eher einer hausinternen Abwicklung: Kreditkunden, die als problematisch gelten, weil sie beispielsweise ein unregelmäßiges Einkommen haben oder der Bank sonstwie nicht in den Kram passen, finden sich im »Special Credit Portfolio« wieder.

Die Frage, warum sie Kredite ohne Zustimmung der Betroffenen verkauft hatte, beantwortete HRE fast staatsmännisch so:

»Die gesetzliche Konzeption der Ausgliederung nach dem Umwandlungsgesetz sieht gerade den Verzicht auf die Zustimmung des einzelnen Kunden vor, um die volkswirtschaftlich gewollte Umstrukturierung erst zu ermöglichen.« Das war, nachdem HRE-Chef Funke Jahre zuvor verkündet hatte: »Mit dem für die Branche wegweisenden Verkauf des 3,6 Milliarden Euro schweren Immobilienfinanzierungsportfolios und dem Start des Neugeschäfts in Deutschland beginnt für unseren Konzern eine neue Zeitrechnung.« Die fällt nun ganz anders aus, als erhofft.

Die Ausgliederung von Problemkunden durch die HVB hat in der Öffentlichkeit noch nicht so hohe Wellen geschlagen wie der Kreditverkauf durch HRE. Wohl aber intern und im Verhältnis zu den Kunden, die sich verärgert fragen, warum sie der Bank nicht mehr genehm sein sollen, obwohl die Neugewinnung von Kunden sehr viel Geld kostet. Der Vorgang erinnert an die einstige Aufspaltung in Private-Banking- und Bank 24-Kunden durch die Deutsche Bank. Die nahm sie dann aber schnell wieder zurück. Der oberste Herrscher über die HVB, UniCredit-Chef Alessandro Profumo, kündigte nach dem für die HVB enttäuschenden ersten Quartal 2008 kein Rückzugsgefecht an, sondern: »Um unser Gewinnziel zu erreichen, streben wir 2008 zusätzliche Kosteneinsparungen in Höhe von 700 Millionen Euro an.« Er setzte also weiter auf weniger Kosten – und offenbar auch auf weniger nicht genehme Kunden. Mal sehen, wann dieses originelle Geschäftsmodell Erfolg bringt.

Die HRE-Aktionäre hatten inzwischen von ihrem Engagement am Immobilienfinanzierer die Nase voll. Sie wollten einfach nicht mehr weiter die Rolle von Komparsen in einem Gruselfilm spielen. Der Großteil von ihnen nahm deshalb das Angebot der Investorengruppe JC Flowers zur Andienung von Aktien an. Ein noch deutlicheres Misstrauensvotum gegen das HRE-Management war kaum vorstellbar.

Aktionäre ohne Lobby

Viele Hochkaräter, wenig Kultur und das T-Shirt von Madonna

Zu Beginn der 50er-Jahre hatten einige alte Herren eine tolle Idee: Sie wollten Aktien fördern. Folglich gründeten sie 1953 den Arbeitskreis zur Förderung der Aktie. Der größte Umschlagplatz für Aktien befand sich damals – man mag es heute kaum glauben – in Düsseldorf. Das kam allerdings erst viele Jahre später heraus. Jedenfalls wurde die Metropole am Rhein erster Sitz des Förderkreises, der sich später nur noch Arbeitskreis Aktie nannte und heute, mittlerweile längst in Frankfurt am Main gelandet, Deutsches Aktieninstitut (DAI) heißt. Dessen Vorstand besteht laut Jahresbericht 2007 aus sage und schreibe 49 hochkarätigen Mitgliedern, sein wissenschaftlicher Beirat bringt es immerhin auf zwölf Professoren, sein Beirat für ökonomische Bildung schließlich hat sechs Mitglieder. Alles in allem also 67 Hochkaräter (darunter allerdings nur eine Frau).

Bei so viel geballtem Know-how, sollte man meinen, müsste rein statistisch jeder Deutsche, Babys und Greise inbegriffen, längst mehrfacher Aktionär sein. Fehlanzeige. Aus einer Meinungsumfrage des Mannheimer Instituts für praxisorientierte Sozialforschung im Auftrag des Bundesverbandes deutscher Banken unter Bezug auf die Jahre 1996 bis 2000 geht hervor, dass der Anteil der Deutschen mit Aktienbesitz in dieser Zeit zwar von 13 auf 22 Prozent stieg, der Fondsbesitz aber von 9 auf 28 Prozent deutlich nach oben an ihm vorbeizog. Das lief bei näherer Betrachtung unter dem Strich darauf hinaus, dass der reine Aktienbesitz von 9 auf 6 Prozent zurückgegangen war. Der Aussage, bei Aktien wisse man nie, ob Gewinne oder Verluste herauskämen, stimmte laut Umfrage im Jahr 2000 eine klare Mehrheit von 83 Prozent der Testpersonen zu, 1996 waren es erst 73 Prozent. Und die Aussage »Bei Aktien kenne ich mich nicht aus« fanden im Jahr 2000 immer noch 58 Prozent treffend, 1996 waren es 67 Prozent.

Der Bankenverband kam aufgrund der ermittelten Zahlen zu, gelinde gesagt, seltsamen Schlussfolgerungen wie: **»Die Deutschen sind kein Volk der Aktionäre, aber auf dem besten Weg dorthin. Aktuelle Ergebnisse der Demoskopie signalisieren, dass die Aktie als Kapitalanlage immer stärker gefragt ist.**« Und weil im Jahr 2000 nur noch 25 Prozent der Testpersonen (nach 53 Prozent 1996) die Frage bejahten, ob sie den Aktienkauf ausschließen würden, zogen die Verbandsleute daraus gleich den Schluss, die Bereitschaft zum Aktienkauf sei **»deutlich gewachsen«.** Und das auch noch mit der Einschränkung **»Wenn Sie einen größeren Betrag anlegen könnten«.**

Der erwähnte DAI-Jahresbericht spricht eine andere Sprache. Nachdem die später trotz Kursfrust ihren Papieren treu gebliebenen Aktionäre das Kurstal des Jahres 2003 durchschritten haben, sind sie offenbar gar nicht mehr scharf auf Aktien. »Die Anzahl der Anleger, die direkt in Aktien investierten, verringerte sich gegenüber dem Vorjahr um 185 000«, bedauert das DAI. »Im unterjährigen Vergleich wurden im zweiten Halbjahr 2007 sogar 571 000 Direktaktionäre weniger gezählt. Seit dem Jahr 2000 haben damit 2,5 Millionen Aktionäre der Börse den Rücken gekehrt.« Im ersten Halbjahr 2008 setzte sich der Abwärtstrend fort, die Zahl der Direktaktionäre nahm weiter um 528 000 oder 13,1 Prozent auf nur noch 3,52 Millionen ab und erreichte so das Niveau des Jahres 1992.

Damit genug der Statistik, ein Tiefschlag für die Hochkaräter. Und das fünfeinhalb Jahrzehnte nach Gründung der Aktionärslobby, wie kann das sein? Dahinter steckt, formulieren wir es freundlich, ein großes Missverständnis: Die alten Herren von früher hatten primär im Sinn, die Aktie als Finanzierungsinstrument zu fördern. Und heute? Der 49köpfige DAI-Vorstand kann wohl kaum etwas anderes im Sinn haben, sieht man sich seine Zusammensetzung an: so gut wie ausschließlich Vertreter aus Industrie und Finanzen, kein Privataktionär, keine Aktionärsvereinigung, kein unabhängiger Vermögensverwalter. Was sollte der auch dort wollen, etwa gegen ein Interessenkartell opponieren? Die Aktie als Anlageinstrument hat, um es weniger freundlich auf den Punkt zu bringen, keine effektive Lobby, die Aktionäre haben auch keine.

Typisches Beispiel: das Gerangel um die Abgeltungsteuer. Der Fondsverband BVI, der unter anderem die Aktienfonds vertritt, hat für diese wenigstens um eine möglichst günstige Startposition gekämpft. Und das DAI? Gewiss, es hat eine gut gemeinte Schrift zu diesem Thema veröffentlicht und darin sogar Aktienfonds einbezogen. Aber sonst? Bestenfalls Sätze wie die beiden folgenden: **»Zusammen mit der Reduzierung der Sparerfreibeträge beeinträchtigt die Abgeltungsteuer die Attraktivität der Aktienanlage als Instrument der privaten Altersvorsorge. Das Deutsche Aktieninstitut hat diese Problematik im Berichtsjahr in Stellungnahmen, Veröffentlichungen sowie Veranstaltungen gegenüber den politischen Entscheidungsträgern thematisiert.«**

Und was ist dabei herausgekommen? Für private Aktionäre nichts von Bedeutung. Ihre Bestrafung durch die neue Steuer entspricht einer Teilenteignung. Denn sie sollen Gewinne aus bereits versteuertem Geld, das sie von 2009 an in Aktien anlegen, nochmals versteuern, wenn sie die Gewinne mitnehmen. Das ist von der Steuersystematik her, falls man diesen Begriff überhaupt noch im Ernst benutzen kann, etwas Neues, denn damit schwindet die traditionelle Steuerfreiheit nach einem Jahr (ganz früher sogar nach einem halben Jahr) Haltedauer dahin. Typische Daueraktionäre haben also die Wahl zwischen fünf Möglichkeiten: 1. Sie kaufen treu und brav auch von 2009 an weiter Aktien und lassen sich später teilenteignen.

2. Sie kaufen dann andere Wertpapiere, die weniger schwanken als Aktien (Anleihen, Bundesschatzbriefe, Rentenfonds) und können so zumindest besser schlafen, obwohl es auch für sie kein Entrinnen vor der Abgeltungsteuer gibt und die Teilenteignung in diesem Fall sukzessive statt einmalig stattfindet. 3. Sie wechseln ins Lager der kurzfristig orientierten Börsenspieler, denn die werden steuerlich den Daueraktionären gleichgestellt. Das freut Banken und Sparkassen, weil Provisionen dann häufiger als bisher fließen. 4. Sie lösen ihr Aktiendepot auf und kaufen stattdessen Immobilien oder Gold. 5. Sie werden Steuerausländer und treffen jenseits der deutschen Grenze auf Gleichgesinnte wie den Haribo-Chef, Schumi oder Kaiser Franz.

Wo bleibt da die deutsche Aktienkultur? Gab es sie überhaupt schon mal? Beschworen wurde sie jedenfalls oft, wenn auch jeweils im eigenen Interesse. Wie vom Förderkreis des Bundesverbandes der Börsenvereine an deutschen Hochschulen. Dieser gibt die Zeitschrift *Aktienkultur* heraus. Dem Förderkreis gehören beispielsweise Banken an wie Deutsche, Dresdner, DZ und WestLB. Beschwörungen kamen auch von Rainer Riess, Chef der Frankfurter Börse, im März 2007 bei einem Interview mit der *Süddeutschen Zeitung* zum Fehlschlagen des Neuen Marktes in den Jahren zuvor: »**Wir haben damals wie die meisten Beteiligten schlicht den Stand unserer Aktienkultur unterschätzt. Die Anleger waren weniger reif als in anderen Ländern.**« Oder zuletzt von Siemens-Chef Peter Löscher, der im Juni 2008 ankündigte: »Zur Förderung der Aktienkultur entwickeln wir derzeit ein entsprechendes Programm, das wir uns auch einiges kosten lassen werden und das weltweit Wirkung zeigen soll.«

Der zweite Satz von Riess enthält ein Wort, das sich ganze Generationen von Bankern, speziell Sparkassendirektoren, hinter die Ohren schreiben sollten: reif. Früher empfahlen die Herren des Geldes ihren Kunden nämlich immer wieder: Fangt mit dem Sparbuch an, danach könnt ihr auch Sparbriefe und festverzinsliche Anleihen kaufen. Und bevor ihr reif für Aktien seid, solltet ihr euer Geld in Fonds stecken. Helmut Geiger, der ehemalige Präsident des Deutschen Sparkassen- und Giroverbandes, äußerte sich – ausgerechnet aus Anlass des 40-jährigen Arbeitskreis-DAI-Geburtstags – noch im Jahr 1993 wie folgt: **»Als Basis der Vermögensbildung sind das klassische Sparbuch, darauf aufbauende Sondersparformen und Sparbriefe nach wie vor unverzichtbar.«** Und das ausgerechnet in dem Jubiläumsband *Die deutsche Aktie*. Einfach unglaublich. Geiger erwähnte auch noch kurz Fonds und Aktien, um dann die These zu vertreten: **»Durch die Vermögensverwaltung entfällt zwar das gewisse Prickeln, das manche Direktanleger beim Kauf von Aktien empfinden mögen, andererseits sorgt die stetige Betreuung der Depots durch Anlagespezialisten im mehrjährigen Durchschnitt auch für bessere Ergebnisse.«** Wo bleibt der Beweis? Fehlanzeige.

Wer Geigers Vermögensbildungs-Aufruf gefolgt wäre, würde die erforderliche Aktienreife, wenn überhaupt, erst im hohen Alter erlangen. Denn Sparbücher und -briefe können keine Basis der Vermögensbildung sein, sondern diese bestenfalls als eiserne Reserve absichern. An sich könnte man hier auf jede weitere Kritik verzichten, gäbe es da nicht noch etwas ganz Wichtiges zu klären: Warum, wann und wie soll wer welche Aktien kaufen und wieder verkaufen? Oder um ergänzend den längst verstorbenen Schweizer Börsenstrategen Rudolph J. Kaderli zu zitieren: »Ein Investor hat den höchsten Grad der Börsenweisheit erreicht, wenn er es versteht, einen Buchgewinn in einen Geldgewinn zu verwandeln.« Um eine solche Weisheit zu erreichen, muss der Investor vorher jede Menge an Erfahrungen gesammelt haben, sonst erreicht er sein Ziel nie. Erfahrungen nicht mit Sparbüchern, auch nicht mit Fonds oder anderen fremdbestimmten Wertpapieren, sondern zum Beispiel mit Aktien.

Die Frage nach dem Warum lässt sich scheinbar einfach beantworten: weil Aktien auf Dauer den höchsten Gewinn abwerfen. Das ist zwar im Prinzip richtig, setzt aber, sagen wir, eine Art Daueranlage voraus. Und nun kommt der Fiskus und nimmt mehr als ein Viertel des Gewinns von ab 2009 gekauften Aktien und anderen Wertpapieren einfach mittels Abgeltungssteuer wieder weg. Das Argument, Aktien seien langfristig besser als andere Anlagen, haben sich im Übrigen längst die Leute von den Aktienfonds zu eigen gemacht. Das ist ganz schön tricky, denn es setzt voraus, dass Aktienfonds sich auf lange Sicht ähnlich entwickeln wie ein Aktiendurchschnitt oder -index. Tun sie aber nicht.

Nun zur Frage nach dem Wann, also Timing. Darüber wurden schon viele Bücher geschrieben und mehr oder weniger heiße Tipps gegeben, doch im Prinzip sind Anleger diesbezüglich am Ende immer auf sich selbst angewiesen. Denn das Timing hängt ab von ihrem Alter, den eigenen Börsenerfahrungen, dem finanziellen Status, den persönlichen Zielen und weiteren individuellen Kriterien. Am besten, sie informieren sich so umfangreich wie möglich aus zuverlässigen, möglichst originären Quellen und verbitten sich jede Einmischung von außen.

Wie wer welche Aktien kaufen und wieder verkaufen soll, lässt sich summarisch so beantworten: Am besten nach reiflicher Überlegung und Abwägung mit kühlem Kopf, ohne allzu große Börsenerfahrung zunächst mit kleinem Einsatz. Wer? Im Prinzip alle, die Geld zur Verfügung haben, das sie für einige Jahre nicht anderswo einsetzen müssen. Und welche Aktien? Theoretisch auch alle, aber praktisch nur solche, zu denen man genug qualifizierte Informationen einholen und die man ständig verfolgen kann, ohne sich zu verzetteln. Weitere Einschränkungen ergeben sich daraus, dass es opportun erscheint, Favoriten solcher Sparten zu wählen, auf die sich in absehbarer Zeit andere Anleger stürzen dürften. Und daraus, dass ethische

Überlegungen bestimme Aktiengruppen ausschießen können (wegen Kinderarbeit, Umweltverschmutzung und anderer nicht tolerierbarer Aktivitäten).

Zu guter Letzt: In der Börsenlandschaft tauchen immer wieder Menschen auf, die uns einreden wollen, dass sie den Stein der Weisen gefunden haben. Dazu gehören neben kommenden und wieder gehenden Gurus, neben fanatischen Charttechnikern und Wellenreitern auch Börsianer, die eine unhaltbare Behauptung aufstellen. Dazu nur zwei Beispiele. Thorsten Michalik, Deutsche Bank x-trackers, ließ sich von *Börse Online* in der Ausgabe 16/08 mit dem folgenden Satz zitieren: »**Emerging Markets sind ein Megatrend und gehören in jedes Depot.**« Fast zur selben Zeit erschien in *€uro spezial* ein Interview mit Superfund-Gründer Christian Baha. Überschrift: »**Trendfolger gehören in jedes Depot**«. Würde man solche Sprüche wirklich ernst nehmen, müssten alle über ein Depot verfügenden Omas und Opas, Witwen und Waisen zum Beispiel irgendwelche Papiere aus Asien, Afrika oder Südamerika besitzen. Und obendrein auch noch Trendfolger, die Baha so erklärt: »**Trendfolge basiert im Grunde auf dem Herdentrieb des Menschen. Trägt Madonna bei weltweit ausgestrahlten Konzerten ein bestimmtes T-Shirt, rennt am nächsten Tag jeder los und kauft es. Auch im Stadion kann man dieses Phänomen beobachten. Machen ein paar Fans die Welle, macht das ganze Stadion mit.**« Und so weiter, Reklame für eine Anlage, die – ebenso wie Emerging Markets – gerade nicht in jedes Depot gehört. Was Bahas Superfund indes kaum davon abhalten konnte, im August 2008 Anleger auf ein Zertifikat scharf zu machen, für das er in der Werbung den Fußball-Oldie Udo Lattek mit Fans die Welle machen ließ.

Von Treibern, Getriebenen und Blindgängern

Warum Analysten »Kaufen« sagen, wenn sie »Verkaufen« meinen

Die Banker und die Börse, ein Kapitel für sich. Eigentlich einfach, dann aber doch wieder total kompliziert: Die Börse ist ein elektronischer Markt für alles, was von Banken und ihrem erweiterten Umfeld gehandelt werden kann, also Aktien, Anleihen, Fonds, Zertifikate, Optionsscheine, Währungen, Rohstoffe und so weiter. Für den Handel kassieren Banken, Sparkassen und Börsen geringe Spannen, wenn sie als Vermittler auftreten, und hohe Gewinne, wenn sie im Eigenhandel erfolgreich sind. Zu ihren Kunden gehören private Anleger und Institutionen wie andere Banken und Versicherer, Fonds und Pensionskassen. So weit, so klar. Doch genaugenommen gehört zur Börse noch viel mehr: Analysen, Prognosen, Aufseher, Regularien, Ratschläge, Tipps, Gerüchte, Gier, Angst, Euphorie, Panik und sogar Betrug. Private Anleger scheinen da schnell überfordert zu sein, doch in Wahrheit geht es den institutionellen nicht besser, oft sogar schlechter.

Wo die Kurse bzw. Preise in einem Monat oder Jahr, in fünf oder zehn Jahren stehen werden, weiß kein Mensch. Warum dann das alles? Besonders die beiden folgenden Antworten drängen sich auf: 1. Weil sonst die Preisfindung noch schwieriger wäre als ohnehin schon, was sich ja vor allem an den nicht börsengehandelten Immobilien zeigt. 2. Weil jeder noch so unvollkommene Markt besser funktioniert als ein von oben verordnetes Preisdiktat, was totalitäre Staaten immer wieder durch Misswirtschaft, Hyperinflation und Korruption nachgewiesen haben.

Zur Preisfindung sind Anhaltspunkte erforderlich. Also beschäftigen die Geldhäuser zum Beispiel Heerscharen von Analysten, die täglich nichts anderes tun, als Bilanzen zu lesen, mit Managern zu reden, Studien zu schreiben, Kurse zu verfolgen, volkswirtschaftliche Daten zu sammeln und auf der Basis von all dem Prognosen zu erstellen. Ein wichtiger Unterschied: Analysten, deren Studien nur intern, also allein von den Geldhäusern verwendet werden, haben das Attribut Buy Side, ihre Antipoden mit den nach außen posaunten Studien das Attribut Sell Side. Beide handeln im Interesse ihrer Brötchengeber, aber mit dem großen Unterschied, dass die einen ihren Vermögensverwaltungs-, Fonds- und sonstigen Kollegen in der Regel Kauf- und Verkaufsempfehlungen geben oder sie hin und wieder auch vor Käufen warnen, wohingegen die anderen die Funktion haben, vorwiegend überbewertete, bei ihren Kollegen auf der Verkaufsliste stehende oder zu Phantasiekursen an die Börse kommende Aktien und andere Wertpapiere breiten Anlegerschichten schmackhaft zu machen.

Nehmen wir die Aktie der Deutschen Telekom, denn an ihr wird dieser Zusammenhang besonders deutlich. Sie erreichte im März 2000 den Kursgipfel, zu einer Zeit, als die Investmentbank CSFB die Parole ausgab: »**Kaufen.**« Kurz darauf empfahl auch die Deutsche Bank: »**Kaufen.**« Dann brach die Schweigeperiode an. So nennt man den Zeitabschnitt um das Datum einer Aktienemission herum, währenddessen sich die Emissionsbanken mit der Veröffentlichung von Empfehlungen zurückhalten müssen. In diesem Fall ging es um die dritte Tranche der T-Aktie. Nach der Schweigeperiode empfahlen – in dieser Reihenfolge – Merrill Lynch, CSFB, ABN Amro und Deutsche Bank nacheinander: »**Kaufen.**« Ein Schelm, wer dabei Schlechtes denkt. Auf jeden Fall waren die Kaufempfehlungen für Anleger, die ihnen folgten, so schlecht, dass sie ihre Einstandskurse nicht mehr wiedersahen.

Wenn es doch nur bei so eindeutigen Kaufempfehlungen bleiben würde, dann wüsste man wenigstens, dass es sich um verkappte Verkaufsempfehlungen handelt. Doch leider besteht die verquaste Analystensprache auch aus »Akkumulieren, Übergewichten, Halten, Untergewichten, Reduzieren«, aus ihren englischsprachigen Synonymen und ganz selten auch aus »Verkaufen« – was dann aber nicht bedeuten soll, dass es sich dabei in Analogie zu »Kaufen«, was eigentlich »Verkaufen« heißen müsste, um eine verkappte Kaufempfehlung handelt. **»Analysten sind Teil des Marktes und nicht nur Treiber, sondern auch Getriebene«**, umschrieb Commerzbanker Fritz Rau, der fast immer mit betont ernstem Gesicht argumentierende Vorstandsvorsitzende der Deutschen Vereinigung für Finanzanalyse und Asset Management (DVFA), die Mitglieder seiner Zunft im März 2002, als die Aktienkurse schon einen großen Teil ihrer Abwärtsbewegung hinter sich hatten. Und er fügte hinzu: **»Das Handwerkszeug von Analysten ist inzwischen auch in Deutschland hochklassig.«** Seltsam, nur vier Monate später veröffentlichte das *Manager Magazin* die Ergebnisse einer Untersuchung des Teams von Reinhart Schmidt, Professor für Finanzwirtschaft an der Uni Halle-Wittenberg, mit dem folgenden Fazit: »Analysten sind die Diener so vieler Herren, dass die Interessen der Privatanleger fast zwangsläufig zu kurz kommen.« Die Überschrift zum betreffenden Artikel fiel denn auch, entsprechend den Ergebnissen der Untersuchung, bitterböse aus: »Die Zunft der Blindgänger«.

Wie passen hochklassiges Handwerkszeug und Diener vieler Herren zusammen? Im günstigsten Fall sind auch die Analysten hochklassig und servieren ihren für die Kapitalanlage zuständigen Kollegen hochklassige Analysen. Diese bleiben dann der Öffentlichkeit verborgen, Diener und Herren bilden eine Einheit, die Kapitalanlagekunden freuen sich. Doch leider ist dieses Diener-Herren-Verhältnis längst dem Jahrmarkt der Eitelkeiten gewichen. Hier kommen dann auch und oft sogar in erster Linie die

Sell-Side-Analysten zum Zug, solche, die ihre Analysen und vor allem sich selbst besonders gut vermarkten können. Auf dem Jahrmarkt räumen sie Awards (Preise) ab. Sie lassen sich von den Medien tüchtig feiern, ähnlich wie die Stars unter den Fondsmanagern, und ihre Banken machen das alles nur allzu gern mit.

Dazu einige markante Beispiele in chronologischer Reihenfolge: Nach der Auswertung der Firma Starmine aus dem Jahr 2003 waren die BW-Bank (später in die LBBW integriert), die HypoVereinsbank und Julius Bär die drei besten Analysehäuser, während die drei besten Gewinnschätzungen von Dresdner Kleinwort Wasserstein, wiederum BW-Bank und Vontobel stammten. 2004 veröffentlichte die *Börsen-Zeitung* die Ergebnisse einer Studie in Kooperation mit dem Schweizer Analystenverband. Danach lagen bei den Analysehäusern LBBW, DZ Bank und WestLB vorn, bei den besten Gewinnschätzungen LBBW, Bayerische Landesbank und BW-Bank. Nun könnte man meinen, das sei es gewesen, das Duo BW-Bank/LBBW liege eindeutig vorn. Doch die Preise für die besten Analysten und Analysen wurden breit gefächert vergeben, sodass sich zum Beispiel bei den besten Dax-Empfehlungen die DZ Bank hinter der LBBW an die zweite Stelle schob und bei den besten Small/Midcap-Aktien sogar an die erste. War sie also vielleicht besser als BW-Bank und LBBW? Gab womöglich das Jahr 2005 Aufschluss? Um es kurz zu machen: eher nicht. Nehmen wir nur die drei besten Gewinnschätzungen: Hier lagen 2005 HypoVereinsbank, Bayerische Landesbank und Equinet vorn. Überspringen wir die beiden Jahre danach und kommen wir gleich zu den Siegern der Kategorie Gewinnschätzungen aus der Starmine-Untersuchung von 2008: WestLB, DZ Bank und NordLB.

Erkenntnis unter dem Strich? Keine. Denn auch wenn sich die eine oder andere Bank für zwei, drei Jahre oben hält, ist nicht gesagt, dass die guten Analysten ihr treu geblieben sind. Die Stars unter ihnen nehmen längst nicht mehr damit vorlieb, dass ihr Chef für sie den Lorbeer einheimst und sie im stillen Kämmerlein oder in der großen weiten Welt die intellektuelle Arbeit verrichten. Also werden sie entweder befördert und überlassen ihren nicht ganz so klugen Mitarbeitern das Analysieren. Oder sie werden von einer konkurrierenden Bank abgeworben. Oder sie machen sich, der ständigen Abstimmungen und Konferenzen überdrüssig, gleich selbstständig.

Was sollen nun Anleger vom Jahrmarkt der Eitelkeiten halten? Die niederschmetternde Antwort ergibt sich aus der einen oder anderen Episode in den USA, dem Land der unbegrenzten Möglichkeiten und Unmöglichkeiten. Dort hatten in der wilden Börsenzeit um die Jahrtausendwende, als Telefonaktien zu den Favoriten gehörten, Analysten wie Henry Blodget von Merrill Lynch und Jack Grubman von Salomon Smith Barney geradezu Kultstatus. Den nutzten beide auf penetrante Weise aus: der eine, indem er zum Beispiel offiziell Kaufempfehlungen für Aktien aussprach, die er intern als »faul« oder »Pulverfass« bezeichnete, und öffentlich herumblödelte: »**In dieser Branche entschädigt ein Siegtreffer für alle im Spiel bereits gefallenen Eigentore.**« Der andere, Grubman, indem er über die von ihm analysierte Telekombranche arrogant verlauten ließ: »**Ich forme diese Industrie.**« Seine Eigentore waren legendär, etwa mit der Aktie von Worldcom, einem im Zuge von Bilanzmanipulationen später pleite gegangenen großen Telefonkonzern. Und nachdem die Kurse seiner Lieblingsaktien schon kräftig nach unten gerauscht waren, schrieb er in einer Analyse vom März 2001: »**In zwölf bis 18 Monaten wird man auf die jetzigen Kurse der Telekomtitel blicken und sich wünschen, man hätte diese Aktien seinerzeit gekauft.**« Doch nach jenem März begannen die Kurse erst recht nach unten zu rauschen, zwei weitere Jahre lang.

Um die ganze Sache europäisch abzurunden: Im Juni 2008 gewann die Schweizer Großbank UBS den Preis für das beste europäische Aktienresearch. Wie nahe doch Erfolg und Misserfolg beieinander liegen können: Zu diesem Zeitpunkt hatte die UBS-Aktie fast zwei Drittel an Wert innerhalb nur eines Jahres verloren. Einer der Hauptverantwortlichen für die Misere, der ehemalige UBS-Chef Peter Wuffli, war da schon weg vom Fenster. Was hatte er zuvor noch getönt, etwa 2003: »**Unsere konsistente Strategie ist der Schlüssel zum Erfolg.**« Und 2004: »**Unsere Strategie verleiht uns Stabilität und Berechenbarkeit.**« Wie Leute, die früher mal in Diensten der Unternehmensberatung McKinsey standen, eben tönen. Das fanden Analysten offenbar so hinreißend, dass sie ihrerseits einen Preis verliehen: an Wuffli, für seine Verdienste als »**Banker des Jahres**«. Merke: »Kaufen« kann in Wahrheit »Verkaufen« bedeuten. Und »Banker des Jahres«? Wie wäre es damit? »Im nächsten Jahr weg«.

Börsenprognosen gehören
in den Papierkorb

Das Orakel von Delphi, Röller, Breuer, Kostolany und das Showgeschäft des Geldgewerbes

Börsenprognosen gibt es in allen möglichen Variationen: in Bezug auf Aktien und ihre Indizes, auf Zinsen und Währungen, Rohstoffe und Edelmetalle, als kurz-, mittel- oder langfristige Vorausschau, fundamental oder kurstechnisch begründet, wissenschaftlich untermauert, astrologisch abgeleitet und manchmal sogar aus Jux und Tollerei. Der Bedarf an Prognosen ist seit Jahrtausenden riesengroß. Das liegt zum einen an der den meisten Menschen eigenen Neugier, zum anderen an der vielen von ihnen leider ebenso eigenen Denkfaulheit: Was man von anderen vorgesetzt und mehr oder weniger begründet bekommt, dafür braucht man nicht die eigenen grauen Zellen zu strapazieren – und das, obwohl gerade eine solche Übung fast immer zu besseren Ergebnissen führt als die blinde Übernahme von Prognosen fremder Menschen. Das Orakel von Delphi, Nostradamus, aber auch Visionäre wie Leonardo da Vinci oder Jules Verne wären nie und nimmer so berühmt geworden, hätten sie die Menschen nicht auch den ersehnten Blick in die Zukunft werfen lassen. Wahrscheinlich waren sie nebenbei auch hervorragende Psychologen.

Die Prognosen aus der jüngeren Börsengeschichte waren zwar weniger spektakulär, aber die Psychologie spielte bei ihnen eine nicht minder große Rolle. Man denke nur an den amerikanischen Börsenuntergangspropheten Joe Granville, der vor seinen Vorträgen einem Sarg entstieg. Oder an die im Lauf der Jahre immer größer gewordene Schar der Gurus, die den Crash an den Weltbörsen vom Oktober 1987 vorhergesagt haben wollen. Alles Quatsch. Granville hatte sich spätestens 1982 entzaubert, als die Aktienkurse entgegen seiner Vorhersage nicht zusammenbrachen, sondern zu einer der größten Aufwärtsbewegungen der Börsengeschichte starteten. Und die angeblichen Crash-Gurus entzauberten sich der Reihe nach selbst, indem sie nach 1987 nur noch Variationen früherer Andeutungen (mehr war es ja nicht) vor ihren immer noch gläubigen Jüngern abspulten.

Moderne Börsenprognosen sind breiter gefächert, von simplen Vorhersagen bis zu den Ergebnissen von Umfragen bei Gott und der Welt, von fundamental oder charttechnisch begründeten Kursbandbreiten bis zu Kurszielen auf Basis der Verhaltenspsychologie, von einfachen quantitativen Modellen bis zu mathematisch ins allerletzte Detail ausgefeilten Prognoseformeln. Beschäftigen wir uns hier mit einigen Extremen:

»Ich halte den deutschen Aktienmarkt für den interessantesten, den es auf der Welt gibt.« Das war die Meinung von Wolfgang Röller, damals Chef der Dresdner Bank und Präsident des Bankenverbandes, Anfang 1990. Sicher begünstigt durch die Massenpsychologie, die seinerzeit stark von der Wendeeuphorie beeinflusst war. Röller behielt nur etwa ein halbes Jahr recht, dann brachen die deutschen Aktienkurse ein. Fast elf Jahre nach Röllers optimistischer Einschätzung beruhigte Rolf-E. Breuer, der damalige Vorstandssprecher der Deutschen Bank, die aktienmüde gewordenen Anleger mit der folgenden Aussage: **»Die Lage ist insgesamt sehr robust.«** Auch danach brachen die Aktienkurse ein. Röller und Breuer lagen also daneben. Aber das war schnell vergessen. Warum, liegt auf der Hand: Dem einen, dessen Herz schon immer auch für die neuen Bundesländer geschlagen hatte, konnte man die Euphorie einfach nicht für übel nehmen. Und der andere musste in der fraglichen Zeit, als die Aktienkurse bereits purzelten, bei seiner Position die Gemüter der Börsianer beruhigen. Aber wie auch immer, gesagt war gesagt.

Da hatten es die Banken einfacher, die das *Handelsblatt* Ende 2007 um eine Prognose bat: zum Deutschen Aktienindex Dax, zur Rendite zehnjähriger Bundesanleihen, zum Dollar und Yen im Jahr 2008. Denn sie brauchten nur Prognosen zu erstellen, die aus der Sicht von Ende 2007 plausibel erschienen, nicht zu sehr aus dem Rahmen fielen und hier oder da von etwas Optimismus zeugten. Die Prognosen sahen denn auch entsprechend aus. Nehmen wir nur die Erwartungen zum Stand des Dax Ende 2008: Sie erstreckten sich von pessimistischen 7700 Punkten (BNP Paribas, Morgan Stanley) bis zu optimistischen 9250 (Syz & Co). Wer dazwischen lag, hatte schon gewonnen: durch unauffälliges Mitschwimmen im Strom, neudeutsch Mainstream. Schließlich ging es ja nur darum, sich nicht zu blamieren. Prognosen dieser Art sind nicht auf die sprichwörtliche Goldwaage zu legen, sie gehören heute zum Showgeschäft des Geldgewerbes – was sie wertlos macht.

Ein ergänzendes, zum Teil konträres Argument zu dieser Sicht der Dinge äußerte Joachim Goldberg, Chef der Frankfurter Firma Cognitrend, in einem Interview mit der Zeitschrift *Die Telebörse* Ende 2001, als es mit den Aktienkursen stark bergab ging: »Auch die Ökonomen unterliegen einem gewissen Gruppenzwang. Und sie müssen sich darstellen. Wer auffallen möchte, kann das mit geringerem Risiko, wenn er einen neuen Extremwert im aktuellen Trend prognostiziert. Wenn er sich irrt, haben sich alle geirrt, die dem Trend gefolgt sind. Wer eine Trendumkehr voraussagt und daneben liegt, der hat ein größeres Problem.«

Teil des Showgeschäfts, das lässt sich durchaus auch von den meisten Veröffentlichungen behaupten, die mit allerlei seltsamen Prämissen, unverständlichen Anglizismen und mathematischen Formeln gefüllt sind. Zu ihrem Zielpublikum gehören offenbar Anleger, die sich die Mühe machen sollen, die in Bankfilialen ausgelegten Hefte nicht nur mitzunehmen, son-

dern auch gründlich zu lesen. Dazu eine repräsentative Kostprobe von Allianz Global Investors, *Update III/07*, Seite 17: »**Mittels statistischer Methoden lassen sich optimale Einstiegsund Ausstiegszeitpunkte ermitteln. Ein Computerprogramm kann kontinuierlich alle Aktien weltweit gleichzeitig beobachten und den Portfoliomanager unverzüglich bei entsprechenden Tradingmöglichkeiten benachrichtigen.**«
Wird auf Wunsch vielleicht auch noch gehext? Gehen wir den Dingen mal auf den Grund.

Allianz Global Investors, kurz AGI, ist die Fondsgesellschaft des Allianz-Konzerns, der zu den führenden Vermögensverwaltern der Welt gehört. Also könnte man geneigt sein, solche Ausführungen für bare Münze zu nehmen. Aber warum eigentlich? Garantieren statistische Methoden wirklich die Ermittlung des optimalen Zeitpunkts für den Ein- und Ausstieg? Statistik bedeutet Vergangenheit, vom Tag null bis zur Gegenwart, Ende. Optimal kann hier doch nur bedeuten, dass der jeweilige Zeitpunkt der bestmögliche im Hinblick auf die Zukunft ist, nicht auf die Vergangenheit. Die Zukunft lässt sich jedoch nicht vorhersagen, von niemandem, auch nicht mithilfe eines Computerprogramms.

Das kann sicher viel leisten, wahrscheinlich sogar alle – zumindest alle wichtigen – Aktien weltweit gleichzeitig beobachten und den Portfoliomanager unverzüglich benachrichtigen. Schön und gut, nur gibt es dann schon den nächsten Knackpunkt: Den Börsenhandel, das Trading, kann entweder der Computer selbst erledigen oder der Portfoliomanager. Im ersten Fall kommt es eher über kurz als über lang dazu, dass alle Computer der Welt, die mit Aktiendaten gefüttert wurden, sich gegenseitig egalisieren, die Erzielung einer Extrarendite also nicht mehr möglich ist. Im zweiten Fall kommt ein Mensch mit all seinen Stärken, aber auch Schwächen ins Spiel. Die von ihm erzielbare Extrarendite hängt dann nicht allein vom Computerprogramm ab, sondern ganz wesentlich auch von der Erfahrung dieses Menschen und von seinem Gespür für die Börse. Die Extrarendite kann mal zustande kommen, mal nicht, mal höher und mal niedriger sein, je nachdem, wie erfolgreich der Portfoliomanager Geld anlegt.

Mit Extrarendite ist hier Alpha gemeint, ein etwas hochgestochener Begriff für das, was über einer sogenannten Benchmark (Richtgröße) liegt. Zu ihrer Berechnung gibt es die eine oder andere Formel, in die allerdings nicht nur Fakten, sondern auch Prämissen eingehen, Annahmen etwa der Art, nach welchen Kriterien bestimmte Aktien über- oder unterbewertet sind. Dazu der O-Ton AGI: »**Ein Portfoliomanager kann nun Alpha generieren, indem er die relativ teure Aktie verkauft und die relativ günstige Aktie kauft. In einer solchen Konstruktion ist das Marktrisiko weitgehend abgesichert.**« Was eine teure und was eine günstige Aktie ist, darüber haben sich schon Tausende von Portfoliomanagern und Analysten den Kopf zerbrochen. Solange es Börsen gibt, werden sie sich nie einigen können. Denn spätestens an der Börse prallen ihre Meinungen aufeinander: Die einen halten VW-Aktien für überbewertet und verkaufen sie, weil die Verbraucher wegen der hohen Spritpreise weniger Autos kaufen, die anderen halten VW-Aktien für unterbewertet und kaufen sie, weil spritsparende neue Modelle Erfolg versprechen.

Wer so argumentiert wie AGI, dreht sich gedanklich im Kreis, nur dass der Kreis zwischendurch eine Quadratur erfährt. Die besteht im vorliegenden Fall aus dem Einsatz von mit Anglizismen gespickten Begriffen und Anlagevarianten, wie Pairs Trading und Alpha Porting bei Aktien, Bullet/Barbell und Duration bei Anleihen oder Call Overwriting und Relative Volatility Selection bei Optionsscheinen. Schon diese kleine Aufzählung vermittelt einen Eindruck von dem, womit sich die vermeintlichen Profis Tag für Tag herumschlagen müssen – ohne allzu

oft mehr zu erwirtschaften als die Rendite von Bundesschatz-
briefen. Der 1999 verstorbene, unter vielen deutschen Anlegern populär gewesene Spekulant und Buchautor André Kosto-
lany fasste das alles immer gern in einem Satz zusammen:
»Entweder gibt es mehr Aktien als Dumme oder mehr Dumme
als Aktien.«

Menschen möchten gern erfahren, was sie in Zukunft erwartet.
Insofern ist das Argumentieren mit Computerprogrammen
und Alpha nur eine in Formeln verwandelte Befriedigung dieses allzu menschlichen Bedürfnisses. AGI hat das erkannt und
dementsprechend die beiden zitierten Sätze formuliert. Das
schindet obendrein auch noch Eindruck. Wo bleibt der Nutz-
wert für Anleger? Er ist während der Lektüre von *Update III/07*
schlicht und einfach abhanden gekommen.

Bären im Trendkanal Richtung Süden

Verhohnepiepelung mit Charts

Die Vergangenheit lässt sich in Schrift und Zahl, Bild und Film, als einfache und komplizierte Grafik darstellen. Letztere bilden das Betätigungsfeld vieler Börsianer, für die es verschiedene Bezeichnungen gibt wie Chartisten, Chart-, Kurs- oder Markttechniker, technische Analysten oder – leicht despektierlich – Kurvendeuter und Wellenreiter. Die interpretierten Grafiken heißen im Sprachgebrauch dieser Börsianer Charts. Schon etwas verwirrender: Dabei geht es um Linien-, Balken-, Candlestick- (Kerzen-) oder Point & Figure-Charts (Kombination von X für Aufwärts- und O für Abwärtsbewegung), um nur die gängigsten zu nennen. Noch verwirrender: Es gibt Charts für so gut wie alles, was an Börsen gehandelt wird und womit das Börsengeschehen abgebildet werden kann, von einzelnen Aktien bis zu ganzen Aktienindizes, von Renditen für zwei- oder zehnjährige Bundesanleihen bis zu komplexen Zinsstrukturen, von Börsenumsätzen bis zu gleitenden Kursdurchschnitten, einzeln oder kombiniert. Und total verwirrend: Chartisten begnügen sich in der Regel nicht mit der Analyse der Vergangenheit, sondern versuchen aus dem Verhalten der Anleger in der Vergangenheit auch die zukünftige Kursentwicklung herauszulesen.

Das ist – bei allen Bedenken gegen ein solches Vorgehen – sicher eine anspruchsvolle Aufgabe. So anspruchsvoll, dass die meisten Börsenlaien ihr Vorhaben, Charts zu interpretieren, schnell wieder aufgeben und sich stattdessen lieber von anderen belehren lassen, die es in dieser Kunst vermeintlich schon weitergebracht haben. Haben sie das wirklich? Die beiden folgenden Beispiele lassen daran zweifeln:

»Für die Definition der potenziellen Wendepunkte und Begrenzungen der erwarteten Konsolidierungszone ist es sinnvoll, sich am aktuellen Bewegungstief bei 2188 und dem jüngsten Reaktionshoch bei 2482 Indexpunkten zu orientieren. Kommt es mittelfristig zu einer Erholung, orientieren wir uns zur Kurszielbestimmung an errechneten Reaktionspotenzialen bezogen auf den derzeit laufenden, abwärts ausgerichteten Sekundärtrend. Diese lauten: 2616 bis 2680 (Minimumkorrektur), 2832 (Normalkorrektur), 2983 bis 3045 (Maximumkorrektur).« (Uwe Wagner, technischer Analyst der Deutschen Bank, in *DMEuro*, April 2003, zur Entwicklung des Deutschen Aktienindex Dax)

»Behält die Angebotsseite die Oberhand, dürfte es in tiefere Kursregionen gehen. Reiseziel der Bären ist in diesem Fall die untere Trendkanallinie bei aktuell 11 480 Zählern. Für dieses Szenario spricht auch die 200-Tage-Durchschnittslinie, die seit Mitte Januar gen Süden zeigt. Eine fallende Glättungslinie wird als mittelfristiges Baisse-Signal interpretiert. Sollte es jedoch zu einer Gegenbewegung kommen, was eine erfolgreiche Verteidigung der Schiebezone bei 12 090/12 216 Zählern voraussetzt, könnte die unterschrittene Haltelinie bei 12 550/12 589 Punkten angesteuert werden.« (Christian Henke, technischer Analyst der WestLB, im *Handelsblatt*, 16. Juni 2008, zur Entwicklung des US-Aktiendurchschnitts Dow Jones)

Das alles verschlägt einem erst einmal die Sprache. Es handelt sich ja nicht um Zitate von irgendwelchen überkandidelten Börsenspielern oder von Kurvendeutern, die im stillen Kämmerlein auf solche Gedanken kommen. Warum beschränken sich diese technischen Analysten nicht auf hauseigene Veröffentlichungen, sondern malträtieren mit ihren absurden Formulierungen auch noch die Öffentlichkeit? Ihre Argumente lassen sich jedenfalls leicht auseinandernehmen.

Erster Kritikpunkt: die Sprache. Als wenn Bewegungstief und Reaktionshoch in der Interpretation durch den Deutschbanker nicht genug wären, lässt er auch noch Reaktionspotenziale und einen Sekundärtrend folgen. Der Chartist der WestLB ist bei der Wortwahl sogar völlig von der Rolle. Seine Bildersprache liest sich so, als verschwänden Bären in einem Trendkanal, der sie ab in den Süden bringt, bevor sie an einer möglichen Schiebezone nach oben abprallen könnten.

Zweiter Kritikpunkt: das Hintertürchen. Es zeigt sich an bestimmten, bei Kurvendeutern immer wieder feststellbaren Einschränkungen. Im ersten Fall: »Kommt es mittelfristig ...«. Und im zweiten Fall: »Sollte es jedoch ...«.

Dritter und entscheidender Kritikpunkt: Dax und Dow Jones setzen sich aus jeweils 30 Aktien zusammen, deren Kurse in den Dax gewichtet, in den Dow Jones ungewichtet eingehen. Damit nicht genug, ab und zu fliegen Aktien aus ihnen heraus, und andere kommen hinein. Das heißt, die aktuelle Indexzusammensetzung ist mit der von anno Tobak überhaupt nicht mehr vergleichbar. Trotzdem ergehen sich Chartisten weltweit in der Interpretation von Indizes, wohl wissend, dass die Kurse von einigen der darin enthaltenen Aktien gerade steigen, andere fallen und noch andere sich nicht von der Stelle rühren. So gesehen, vermitteln Aktienindizes ein täglich verändertes Stimmungsbild für 30 Aktien, darüber hinaus wahrscheinlich auch für die betreffenden Unternehmen und bestenfalls sogar für die Wirtschaft. Daraus aber scheingenaue Indexstände abzuleiten, wie etwa 2616 bis 2680 für den Dax oder 12 550/12 589 für den Dow Jones, ist aufgrund der hier angestellten Überlegungen eine irreführende, überflüssige Spielerei und Verhohnepiepelung der Leser.

Wie konnte es überhaupt so weit kommen? Eine interessante Frage. Die Antwort ist noch interessanter. In Deutschland begann die Kurvendeuterei während der 60er-Jahre mit den Hoppenstedt-Charts. Damals hatte sich in den USA schon eine ganze Generation von Börsianern mit der kurstechnischen Interpretation beschäftigt, der Tänzer Nicolas Darvas mithilfe von Charts in den 50er-Jahren viel Geld verdient und darüber ein Buch geschrieben, das auch auf Deutsch erschien. Titel: *Wie ich 2 Millionen Dollar an der Börse gewann*. Wenn schon der tanzende Neumillionär durch Charts reich geworden war, sagten sich wohl Hans-Dieter Schulz und Udo Hielscher aus Darmstadt, dann können wir das auch, und begannen eine langjährige Kooperation mit dem Hoppenstedt-Verlag.

Schulz blieb dem Metier treu, Hielscher wurde Professor. Bald schossen in Deutschland wie zuvor schon in Amerika die Chartdienste aus dem Boden. Weil deutsche Banken und Sparkassen es auf einmal für nötig hielten, mindestens einen technischen Analysten zum Vorzeigen zu beschäftigen, stieg ihr Bedarf an denen rapide und kamen in der Folge auch allerhand Scharlatane zum Zuge. Fortan durfte sich so mancher Spinner technischer Analyst nennen. In Amerika und anderswo war es noch schlimmer. Chartformationen wie Trendkanäle und Untertassen, Widerstandslinien und Kopf-Schulter-Bewegungen, wurden oft vorzeitig dazu erklärt, obwohl die Kursentwicklung noch gar nicht so weit war – der Beginn einer Phase, in der auf einmal Heerscharen von vermeintlichen Profis und vielen Laien Charts nicht mehr allein als Spiegelbild der Vergangenheit betrachteten, sondern sie auch recht wahllos für Prognosen einsetzten. Entsprechend mies waren ihre Trefferquoten.

Unabhängig von dieser Fehlentwicklung wagten sich auch Chartisten mit mehr Treffern an die Öffentlichkeit. Nicht immer gaben dafür Charts den Ausschlag, sondern der gesunde Menschenverstand. Etwa beim Luxemburger Adriaan Schrikker, der in den 80er-Jahren als »Chart-Papst« galt, wie die amerikanische Anlegerzeitung *Barron's* formulierte, und diese Bezeich-

nung auch genoss. Oder Robert Prechter, der sogenannte El-
liott-Wellen interpretierte, eine bestimmte Abfolge von Kursbewegungen. Zu einem regelrechten Geschäft für die Banken,
in erster Linie US-Investmentbanken, wurde die technische
Analyse allerdings erst mit dem Aufkommen von Stars, die
phantastische Kursziele für Aktien prognostizierten und dadurch ihren Häusern viele neue Kunden und hohe Gewinne
einbrachten, solange die Prognosen aufgingen. Diese Phase
dauerte zumindest bis zum Jahr 2000.

Einer der herausragenden Vertreter unter den Stars war Ralph
Acampora, der dem Wertpapierhaus Prudential zu so manchem lukrativen Deal verhalf. Auch er bevorzugte – bei aller
Show, die er den Medien schuldig war – den gesunden Menschenverstand anstelle von wilden Chartinterpretationen, wie
der folgende Auszug aus einem Interview im Jahr 2000 belegt:
»Technische Analysten sind im Grunde Historiker. Ich nutze
vor allem die historischen Daten des Dow Jones und vergleiche sie mit der heutigen Börsenphase. In der Geschichte hat es
immer wieder mal langfristige Haussemärkte gegeben, sogenannte Megamärkte. Sie alle haben zehn bis 17 Jahre gedauert.« Acamporas Interpretationskünste konnten nicht verhin-
dern, dass seine Wege und die von Auftraggeber Prudential sich
2005 trennten. Gut ein halbes Jahr vorher hatte die Citigroup
ihre Abteilung für technische Analyse sogar ganz aufgelöst.

Auch in Deutschland ist es um so manchen ehemaligen Star ruhiger geworden. Im Analystenverband DVFA läuft die technische Analyse nur nebenbei mit. Die Chartisten haben sich in
einem eigenen Verband zusammengeschlossen, dem VTAD.
Dessen Vorstandsvorsitzender Gregor Bauer wusste seine Erkenntnisse zur technischen Analyse in einem Interview mit der
Zeitschrift *Geld & Brief* aus dem Jahr 2007 so zusammenzufas-
sen: »**Es gibt im Wesentlichen zwei Ansätze. Den trendfol-
genden Ansatz und den Contrarian-Ansatz. Ersterer beruht**

darauf, dass Anleger so lange warten, bis ein Wertpapier einen Trend ausgebildet hat, um in diesen Trend einzusteigen. Der Contrarian-Ansatz ermittelt Umkehrpunkte einer Kursbewegung.« Wann, bitteschön, ist ein Trend ausgebildet, wann ein Umkehrpunkt erreicht? Hier offenbart sich ein Mal mehr das Dilemma der Kurvendeuter: Wie alle Sterblichen, so können auch sie sich nur von der Vergangenheit und Gegenwart ein Bild machen, dagegen bleibt ihnen die Zukunft verborgen.

Auf welche Weise die vielleicht doch noch sichtbar werden könnte, recherchierte die *Süddeutsche Zeitung* für einen Juxbeitrag am 29. Mai 2008 mithilfe von Bergsilhouetten. Klar war zu erkennen, dass der Kursverlauf der T-Aktie den Konturen des Matterhorns folgte. Weitere verblüffende Erkenntnisse: Mit Daimler ging es den Wendelstein abwärts, mit Allianz den Watzmann, mit Lufthansa den Machu Picchu, und Hypo Real Estate hatte trotz langer Abwärtsbewegung von der Zugspitze das Kurstal immer noch nicht erreicht. Allein Rohöl der Sorte Light Sweet Crude befand sich noch vor dem Gipfel, dem von El Capitan.

Das große Börsenspiel am Neuen Markt

ComRoad, EM.TV & Co. und die gar nicht feinen Banken

Schwarzbuch Börse, so heißt eine jährliche Publikation der während des Sommers 2008 in eine öffentliche Schlammschlacht verwickelten Schutzgemeinschaft der Kapitalanleger (SdK). Jahrgang 2007 enthielt einen Satz, den viele Leser ignoriert haben dürften, der aber einen Namen enthielt, auf dessen Spuren zu wandeln sich lohnte: »Konsortialführer Concord Effekten beendete das Jahr 2005 bei fünf Mandanten und durchschnittlich 15 Prozent Minus noch recht passabel auf einem beachtlich guten Mittelfeldplatz.« Warum die Zwischenüberschrift zum betreffenden Passus »Debakel bei Concord, aber auch der WestLB« lautete, obwohl die WestLB mit »ca. 40 Prozent« viel schlechter abgeschnitten hatte, blieb zwar im Verborgenen, aber darauf kam es offenbar nicht an, Miese blieben Miese. In diesem Fall handelte es sich um solche aus Aktienemissionen von Unternehmen, die Konsortialführer wie Concord Effekten und WestLB an die Börse gebracht und damit Anlegern im Durchschnitt die genannten Kursverluste beschert hatten.

Die 2008 stark angeschlagene Spezialbank Concord Effekten hatte sich 1999 an der Firma ComRoad beteiligt und deren Aktien zusammen mit Hauck & Aufhäuser am Neuen Markt platziert. An sich nichts Außergewöhnliches, wenn, ja wenn ComRoad später nicht wegen Luftbuchungen aufgeflogen wäre. Renate Daum, Journalistin bei *Börse Online*, deckte den Skandal auf und schilderte die unglaublichen Zustände in ihrem Buch *Außer Kontrolle*. Ein Beispiel aus dem Jahr 2000: »Die Investmentbankingsparte der Dresdner Bank veröffentlichte im Sommer in der Tat ihre erste Beurteilung zu ComRoad. Sie fiel positiv aus. Die Aktie wurde sogar in ihr ›**German Top 10**‹-Portfolio aufgenommen. ›**ComRoad ist einer der aufregendsten**

Spieler im relativ neuen Bereich Telematik‹, fand die niederländische Bank ABN Amro in ihrer ersten Einschätzung vom November 2000 und gab dem Unternehmen Gelegenheit, sich auf einer Investorenkonferenz in London zu präsentieren. ›ComRoad hat das Potenzial, einer der leuchtendsten Sterne in der sich schnell entwickelnden Telematikwelt zu sein‹, schrieben die Analysten.«

Der Stern verglühte, bevor er leuchten konnte. Nachdem ComRoad die Anleger im zweiten Halbjahr 2000 mit phantasievollen Ad hoc-Mitteilungen überschüttet hatte und die deutsche Wertpapieraufsicht darüber wohl eingeschlafen sein muss, erhärtete sich der Verdacht, dass die Umsatzzahlen des Unternehmens manipuliert waren. Concord eierte seltsam herum. Mal hieß es im November 2001, ComRoad arbeite »handwerklich sauber«, mal wiegelte ein Concord-Analyst sogar nach der Niederlegung des Mandats durch die Wirtschaftsprüfer ab: »Die Vorwürfe, die ich in der Vergangenheit gehört habe, waren nicht vollständig fundiert.« Und sein Chef Dirk Schaper verabschiedete sich verbal durch die Hintertür, als er behauptete: »Wir sind Opfer wie alle anderen.«

Ein Einzelfall? Nur, was den enormen Unterschied zwischen Dichtung und Wahrheit betraf, nicht aber, was die Pleiten und Fast-Pleiten von Unternehmen als solche anging, die ihre Aktien am Neuen Markt platzieren ließen, von Banken und Sparkassen, die jede noch so kleine Klitsche ohne Skrupel börsenreif schrieben und bei geldgierigen Anlegern unterbrachten, die den Hals nicht voll kriegen konnten.

Der Neue Markt war erst am 10. März 1997 gestartet und musste doch schon am 5. Juni 2003 zumachen. In den gut sechs Jahren dazwischen spielte sich so viel für Börsen und Börsianer Typisches, für die Geldhäuser samt ihren Analysten und Beratern Entlarvendes ab, dass dieser Zeitabschnitt auch für alle Anleger lehrreich ist, die in Zukunft mit extremen Entwicklungen zu tun haben werden. Und die werden kommen, wenngleich zuerst nicht unbedingt wieder an einer Spielerbörse wie dem Neuen Markt, sondern anderswo, dort, wo sich erst wenig tut, dann immer mehr Anleger mitmachen und schließlich eine Spekulationsblase entsteht, die am Ende platzt.

Der Neue Markt, der ein Teil der Deutschen Börse war, startete zunächst harmlos mit den Aktien von Mobilcom und Bertrandt. Aus Mobilcom wurde aber dank kräftiger Unterstützung durch die Medien schon bald eine Kursrakete. Da ließen es sich die Brüder Thomas und Florian Haffa – der eine als oberster Chef, der andere als Finanzchef der Medienfirma EM.TV – nicht nehmen, deren Aktien an den Neuen Markt bringen zu lassen. Die wurden zu noch viel größeren Kursraketen. Denn abgesehen von ihrer Muppet Show, von Abstechern in die Welt der Formel 1, des Jetset, der Reichen und Schönen, die eigene Yacht inbegriffen, gingen die Haffas auch auf Promis zu, mit denen sie ihren Aufsichtsrat schmücken wollten. Und auf Fondsmanager, die viel Geld anzulegen hatten. Als einer der herausragenden Vertreter dieser Spezies galt damals Kurt Ochner, Manager bei der deutschen Fondsgesellschaft der Schweizer Bank Julius Bär. Er war bei einigen Journalisten so beliebt, dass sie ihm an den Lippen hingen, und verstand es immer wieder, den Namen EM.TV ins Spiel zu bringen. Unglaublich, aber wahr: Zeitweise waren EM.TV-Aktien an der Börse insgesamt 14 Milliarden Euro wert, mehr als damals die Aktien des Chemiekonzerns Henkel oder der Lufthansa. Die hohe Börsenbewertung hielt zwar längst nicht mehr den üblichen Kriterien der Analysten stand, aber die hatten damit offenbar kein Problem und rechtfertigten ihre Kaufempfehlungen, indem sie eine absurde Kennzahl erfanden, das Kurs-Umsatz-Verhältnis.

EM.TV präsentierte im Jahr 2000 zusammen mit einer anderen Firma vom Neuen Markt, CE Consumer Electronic, eine virtuelle Lizenzbörse. Das weckte die Phantasie der Anleger noch mehr, zumal die CE-Aktie – wenigstens vorübergehend – ebenfalls zu den Kursraketen gehörte. CE-Chef Erich J. Lejeune, nebenbei Autor von Büchern wie *Du schaffst, was du willst* oder *Lebe ehrlich – werde reich*, erwies sich als großzügiger Sponsor der damals in der 1. Fußballbundesliga kickenden Spielvereinigung Unterhaching. Das brachte zusätzliche Sympathiepunkte. Zu den Favoriten von Fondsmanager Ochner gehörten – zumindest zeitweise – selbstredend auch CE-Aktien.

Wäre es doch nur bei solchen Eskapaden geblieben. Doch davon konnte überhaupt keine Rede sein, im Gegenteil: Nach und nach flog eine Medien-, Biotechnologie-, Software- oder Internetbude nach der anderen auf, logen die Firmenchefs und häuften sich die Skandale. Die Banken focht das alles nicht an, schließlich hatten sie ja Emissionsprospekte abgenickt, die im Lauf der Zeit alle erdenklichen Warnungen enthielten. Und mit Aktien zu handeln, die auf solcherlei Weise gekennzeichnet waren, konnte ihnen niemand verbieten. So kam es denn, wie es kommen musste, das Börsenspiel mit Namen Neuer Markt ging erst einmal munter weiter. Und die Banken waren sich nicht zu schade, es in allen erdenklichen Varianten im eigenen Interesse zu nutzen. Wie UBS Warburg, wo man zusammen mit dem Infodienst *Wallstreet Online* das Zertifikat »**Nemax Finest Select**« erfand, das in einem sogenannten Basket (Korb) 15 Aktien repräsentierte. Fein waren da sicher nur die Gebühren, die sich die Bank erhoffte. Denn unter den 15 Aktien befanden sich – außer den offenbar unvermeidlichen EM.TV und CE – weitere viel zu hoch bewertete potenzielle Rohrkrepierer wie Brokat und Intershop. Die beiden Letzteren bildeten neben sonstigen Aktien auch ein Korbzertifikat der BHF-Bank, die es zusammen mit zwei anderen ähnlich geflochtenen Zertifikaten nach dem Motto »**Drei starke Gewinnchancen**« auf Anleger losließ.

Welcher Teufel hatte vor allem die mit ihrem Zertifikat erst etwa ein halbes Jahr nach UBS Warburg auf den Markt gekommenen BHF-Banker damals, im Februar 2001, nur geritten, ausgerechnet auch Brokat in den Korb zu packen? Eine Softwareaktie, die eine Firma mit höchst fragwürdigem Zahlenwerk repräsentierte. Zum Beispiel war deren Nettoverlust, was die Banker längst hätten wissen müssen, im Quartal von Juli bis September 2000 entgegen früheren Ankündigungen drastisch auf 28,8 Millionen Euro gestiegen – bei einem mit 29,1 Millionen Euro nur geringfügig höheren Quartalsumsatz. Das Ende von Brokat kündigte sich bereits vier Monate nach der BHF-Aktion an: Das Bankhaus Metzler setzte das Kursziel für die Aktien der Softwarebude auf null.

Der Fall war irgendwie typisch für viele Aktien des Neuen Marktes, hinter denen wahre Horrorgeschichten für Aktionäre steckten. Hier seien nur noch einige Kursflops wenigstens summarisch in alphabetischer Reihenfolge aufgeführt: Bintec, Biodata, Caatoosee, Gigabell (erste Insolvenz am Neuen Markt), Infomatec, Kabel New Media, Letsbuyit (mit Hacker Kim Schmitz als Kimble), Lion Bioscience, Lobster, Metabox (von der Bank Merck Finck noch im Sommer 2000 von »**Outperformer**« auf »**Buy**« hochgestuft), Phenomedia (die mit dem Moorhühner-Schießen), Pixelnet (Beigabe: Photo Porst), Pixelpark, Teldafax (Astrologe als Vorstandschef).

Die Liste ließe sich stark erweitern, aber sie dürfte dann kaum noch jemanden interessieren. Die einen nicht, weil sie am Neuen Markt viel Geld verloren haben und nicht mehr daran erinnert werden möchten. Die anderen nicht, weil sie entweder nur wenig oder gar nichts dort verloren, vielleicht sogar mit viel Glück einiges gewonnen haben. Auch wenn der Neue Markt zu existieren aufgehört hat, am Verhalten der Börsenspieler wird sich beim nächsten Hype nichts ändern, welche Anlagen auch immer dann begünstigt sein mögen. Am Verhalten der Banker erst recht nicht.

Goldene Zeiten, blecherne Worte

Warum Banker Gold nicht mögen,
aber trotzdem viel Geld mit ihm verdienen

Am 17. Juni 2008 war es wieder einmal so weit: »IWF will Teil seiner Goldvorräte verkaufen«, meldete das *Schweizmagazin*. IWF, der Internationale Währungsfonds, verkündet diese Absicht gebetsmühlenartig schon seit Jahrzehnten, und die Medien machen mit, indem sie die Absichtserklärungen meistens veröffentlichen. So wie *Spiegel Online* gut zwei Monate zuvor, am 7. April 2008, mit der Überschrift »IWF will 400 Tonnen Gold verkaufen« und der allzu dick aufgetragenen Unterzeile »Der IWF plant einen gigantischen Gold-Coup«. Gigantisch waren bestenfalls die von den Medien wiedergegebenen Phrasen der Ankündigungs-Weltmeister, denen sich tags darauf auch die *Deutsche Welle* und das *Handelsblatt* anschlossen, Letzteres in *Spiegel Online*-Manier: »IWF will über 400 Tonnen Gold verkaufen«. Und die Händler von Investmentbanken, die den Agenturen mehr oder weniger vorgefertigte Texte lieferten, sobald der IWF ihnen den nötigen Stoff dazu geliefert hatte, machten bei jeder sich bietenden Gelegenheit mit.

Wer den Goldmarkt und die ihn begleitenden Kommentare laufend verfolgt, kann darüber nur noch schmunzeln. Wie hatte doch das *Handelsblatt* bereits am 14. Juni 1999 verkündet: »Die Bundesregierung ist nach den Worten von Kanzler Gerhard Schröder (SPD) bereit, das geplante G-7-Programm zur Entschuldung der ärmsten Entwicklungsländer auch über den Verkauf von Goldreserven des Internationalen Währungsfonds (IWF) zu finanzieren.« Überflüssig zu erwähnen, dass als Reaktion auf weitere Stellungnahmen dieser Art die ganz großen Goldverkäufe durch den IWF ausgeblieben sind. Die hatten, so lange ist es her, vor drei Jahrzehnten stattgefunden.

Gehen wir nicht ganz so weit zurück, sondern bis zum Jahr 1992, um zu ergründen, was Dichtung und was Wahrheit war. Damals ließ sich die Schweiz überreden, dem IWF beizutreten – ein folgenschwerer Fehler, denn die Regierung in Bern musste dem IWF damit versprechen, die Koppelung des Schweizer Franken an das Gold aufzugeben. 1996 verkündete dann Peter Klauser, Leiter einer speziell dazu eingerichteten Arbeitsgruppe der Schweizerischen Nationalbank (SNB): **»Heutzutage beruht Geld ausschließlich auf dem Vertrauen in die amtlichen Stellen, die es herausgeben. Gold ist zu einer Ware geworden.«** So einen Schmarren muss man sich erst einmal auf der Zunge zergehen lassen, um den ganzen faden Beigeschmack herauszukosten. Und Hans Meyer, der damalige SNB-Präsident, äußerte sich auch zum Thema Gold, indem er einfach feststellte: **»Die Schweiz besitzt weit mehr Reserven, als wir nötig haben.«** Wie er darauf kam, wird wohl für immer sein Geheimnis bleiben. Jedenfalls spaltete die Diskussion darüber, was mit dem Schweizer Goldschatz zu geschehen habe, anschließend jahrelang das ganze Land.

Währenddessen fiel der Goldpreis, weil einige Zentralbanken nicht nur Gold verkauften, sondern es auch für Minizinsen an Geschäftsbanken verliehen. Die hatten dann nichts Besseres zu tun, als es an Minenkonzerne zu verkaufen und den Erlös gegen Maxizinsen in Staatsanleihen anzulegen – für sie ein sicheres Geschäft, wodurch der Goldpreis allerdings weiter unter Druck geriet, weil die Verkäufe ihn nach unten trieben. Das machte wiederum die Zentralbanken ärmer, die Gold besaßen. In dieser Atmosphäre half die US-Notenbank Fed noch etwas nach, als sie 1997 einen Bericht veröffentlichte, dessen Fazit lautete: **»Der Besitz von Gold trägt nicht direkt zum Wohl eines Landes bei.«** Derweil fiel der Goldpreis immer weiter. Das schien dieses Fazit zu bestätigen.

Doch damit war spätestens 2001 Schluss. Ein Preissprung Ende September 1999 hatte den Goldleihern und -verleihern klar

gemacht, dass sie an die Grenzen ihres komplexen Koppelge-
schäfts gestoßen waren. Das heißt, ihr Geschäftsmodell drohte
zu scheitern, falls der Goldpreis stieg und so für sie die Gefahr
bestand, dass irgendwer das verliehene Gold wieder von irgend-
woher zurückholen musste. Dadurch wurde das Edelmetall als
Basis für sichere Gewinne aus der Spekulation auf fallende Preise für die Geschäftsbanken allmählich uninteressant. Es folgte
eine Phase der Besinnung, während der Gold von Bankern zwar
überwiegend schlechtgeredet wurde, aber unter Anlegern peu à
peu Freunde gewann. Als es später den einen oder anderen
Preissprung machte, schwenkten dieselben Banker um. Doch sie
ließen sich erst gar nicht groß auf den Handel mit Barren und
Münzen ein, der ihnen nur niedrige Gewinne ermöglicht hätte, sondern verlegten sich auf Goldfonds und vor allem auf
Goldzertifikate, die ihnen viel höhere Gewinne bescherten. Der
allgemeine Rohstoffboom tat ein Übriges, um das Geschäft mit
Zertifikaten auf alles, was aus der Erde zu holen war, kräftig zu
beleben. Gold in Form von Barren und Münzen blieb den meisten Bankern aus besagtem Grund zwar bis zur Gegenwart weiter suspekt, aber ihre Fonds, Zertifikate und sonstigen Derivate
liebten sie wie einst das Geschäft mit der Goldleihe.

Das alles hat eine lange Vorgeschichte. Sie begann 1944, als die
Amerikaner, die schon damals wie eine Siegermacht auftraten,
mithilfe der Briten den IWF und die Weltbank zu etablieren begannen und das Verhältnis des Goldes zum US-Dollar festzurr-
ten. 1945/46 gingen beide Institutionen in der US-Hauptstadt
Washington an den Start. Danach herrschte beim Verhältnis des
Goldes zum Dollar eineinhalb Jahrzehnte lang weitgehend Ru-
he. Erst zu Beginn der 60er-Jahre, als das Verhältnis sich immer
mehr als unrealistisch erwies, kam es – auch unter Beteiligung
der Bundesrepublik Deutschland – zur Gründung des Londoner
Goldpools, einem Zusammenschluss von acht Zentralbanken,
die es sich zur Aufgabe machten, den früher festgelegten star-
ren Goldpreis nicht nachhaltig über 35 Dollar steigen zu lassen.

Von 1968 an gelang das immer weniger. Deshalb stoppte am 15. August 1971, einem für die Währungsgeschichte historischen Tag, US-Präsident Richard Nixon den Tausch von Dollarbeständen anderer Länder in amerikanisches Gold zu dessen offiziellem Preis. Bis dahin war der Goldpreis im freien Handel schon kräftig über 35 Dollar gestiegen. Danach explodierte er geradezu bis Anfang 1980, dann pendelte er bis zum Herbst 1999 abwärts, erholte sich kurzfristig und fiel nochmals bis zum Frühjahr 2001. Seitdem befindet er sich im Aufwärtstrend.

Warum soll also jemand – sei es der IWF, seien es die Zentralbanken, die über einen Großteil des bisher geförderten Goldes verfügen – überhaupt Gold verkaufen? Diese Suggestivfrage stellen sich wohl alle Goldbesitzer und halten erst einmal weitgehend an ihren Beständen fest. Einige Zentralbanken, etwa die europäischen aufgrund von zwei Abkommen aus den Jahren 1999 und 2004, verkaufen zwar immer wieder in begrenztem Umfang Gold, aber diese Mengen landen dann ganz schnell bei asiatischen Zentralbanken und bei reichen Privatanlegern, vor allem in Indien. Dagegen behalten die Amerikaner ihren ganzen Bestand. Für sie erfüllt Gold dieselbe Funktion wie für alle Zentralbanken und auch für die vielen Horter weltweit: Es ist ein klassisches, im Gegensatz zu jeder Art von Papiergeld international anerkanntes Reservemedium und Sicherheitspolster, auch und gerade in unsicheren Zeiten. Für Privatanleger ist es zudem ein Inflationsschutz. Während Papiergeld, wie sich seit Juni 2008 zunehmend auch in Deutschland zeigt, an Kaufkraft verliert, behält Gold sie. Im Übrigen gilt diese Gesetzmäßigkeit schon seit Jahrhunderten.

Die Kehrseite der Medaille: Je höher der Goldpreis im Vergleich zu Papierwährungen steigt, je mehr also deren Kaufkraft nachlässt, desto stärker wird den Menschen bewusst, dass sie mit ihrem Papiergeld immer weniger anfangen können. So entstehen Inflationserwartungen, und genau die spiegeln sich zunehmend im seit 2001 steigenden Goldpreis wider, erst gemessen an den weicheren Währungen, zu denen der US-Dollar inzwischen gehört, dann auch im Verhältnis zu den härteren wie Euro, Schweizer Franken und Yen. Die Aufgabe der Zentralbanken besteht vor allem darin, die Inflation und damit auch die Inflationserwartungen zu bekämpfen. Das tun sie, indem sie die Leitzinsen erhöhen und die Geldmengen steuern. Doch wenn, wie seit 2007 im Zuge der internationalen Finanzkrise zur Rettung vor einem weltweiten Kollaps nicht anders möglich, Geld sich in bis dahin unvorstellbarem Ausmaß über die Märkte ergießt, ist der Kampf gegen die Inflation erst einmal verloren. In einer solchen Situation werden hohe Leitzinsen, die schärfste Waffe, zunehmend von scharfen, aber auch von blechernen Tönen aus Bankerkreisen abgelöst, die dasselbe bewirken sollen, in Wahrheit aber nicht können: dass die Menschen ihre Inflationserwartungen zurückschrauben mögen. Dabei werden die Banker nach allen Regeln der Überredungskunst von politischen und anderen entsprechend instruierten oder interessierten Kreisen unterstützt. Zu ihnen gehört natürlich auch der IWF, in dem die USA als weitaus größtes Mitglied über eine Sperrminorität der Stimmen verfügen, sodass dort ohne sie nichts geht.

Hier zunächst drei Beispiele aus den 70er-Jahren, als der Goldpreis fast ein ganzes Jahrzehnt lang, unterbrochen nur 1975/76, in die Höhe schoss: »**Mittelfristig scheint mir die Situation des Goldpreises ganz einfach zu labil und für Anleger zu riskant**«, sagte im März 1973 Ernst Bigler, damals Direktor der Schweizerischen Kreditanstalt. »**Die Notenbanken sind Gefangene ihrer eigenen Goldbestände**«, verkündeten die Konkurrenten von der Schweizerischen Bankgesellschaft im Juni 1974. Das war, nachdem Arthur Burns, in den 70er-Jahren vielfach bewunderter Fed-Chef, einige Monate zuvor aus unerfindlichen Gründen festgestellt hatte: »**Das Gold ist demonetisiert.**« Es war seinerzeit alles andere als das.

Springen wir gleich in die 90er-Jahre. Im November 1997, als es um das Edelmetall aus den erwähnten Gründen gar nicht gut bestellt war, versuchte die Deutsche Bank nachzuhelfen: »**Der Sicherheitsaspekt von Gold hat an Bedeutung verloren.**« Die Medien machten später mit, von nüchternen Feststellungen wie »Matter Glanz« (*Manager Magazin*) bis zu Schlagzeilen von regelrechten Goldverächtern wie »Keine Erholung des Goldpreises in Sicht« (*Die Welt*). Das setzte sich bis weit ins neue Jahrtausend fort, wobei 2002 sogar das offizielle Anleger- und Verbraucherschutzblatt *Finanztest* sich des Themas annahm und eine Überschrift erfand, die so spannend war wie der sprichwörtliche Schluck Wasser in der Kurve: »Ohne Glanz«. Da wollte – man schrieb inzwischen schon das Jahr 2004 – auch der Regierungsberater Bert Rürup, »der Mann auf allen Kanälen« (*Frankfurter Allgemeine Sonntagszeitung*), nicht mehr mit seiner Forderung hintanstehen: »Gold bringt keine Zinsen. Die Bundesbank sollte die Reserven auflösen.« Tat sie aber nicht.

Auch hier gab es wieder eine Vorgeschichte, eine zwar nicht so lange wie die des IWF nach dem 2. Weltkrieg, aber eigentlich noch viel spannender. Am 19. Februar 2002 äußerte sich Bundesbank-Präsident Ernst Welteke im Fernsehsender *Bloomberg* wie folgt: »**Ich könnte mir auch vorstellen, dass wir langsam einiges von dem Gold verkaufen und die Erträge in Zins bringenden Assets anlegen.**« Das Zitat schlug ein wie eine Bombe, international, zunächst auch mit negativen Folgen für den Goldpreis. Gut einen Monat später schwebte Welteke gemäß *Frankfurter Allgemeine* vom 25. März 2002 in Sachen Assets vor: »Er denkt dabei nicht nur an Anleihen, sondern auch an ein›**Aktiendepot mit einer guten Mischung aus Euro-Stoxx-50-Werten und anderen Standardaktien**‹«. Schließlich, am 9. Juli desselben Jahres, beendete er die Diskussion vor dem Internationalen Club der Frankfurter Wirtschaftsjournalisten in der Manier des damaligen Basta-Kanzlers und Parteifreundes Gerhard Schröder: »**Es macht keinen Sinn, über Aktienanlagen jetzt weiter zu diskutieren.**«

Das besorgten andere. Wie Manfred Weber in seiner Funktion als Vorstandsmitglied des Bundesverbandes deutscher Banken in der *Börsen-Zeitung* vom 3. April 2002: »**Gold spielt währungspolitisch längst keine Rolle mehr.**« Nanu, auf einmal? Oder wie Martin Hüfner, damals Chefvolkswirt der HypoVereinsbank, in der *Süddeutschen Zeitung* vom 27. Mai 2002: »**Wir können es uns nicht leisten, diese Reserven so herumliegen zu lassen.**« Nanunanu, wusste er etwa nicht, dass der Großteil der deutschen Goldreserven, falls überhaupt verfügbar, laut offiziellen Aussagen in den USA lagerte? Zumindest Weber konnte sich später in gewisser Hinsicht auf den Bundesbank-Monatsbericht vom Januar 2003 berufen, wo geschrieben stand: »**Gold spielt innerhalb der Währungsreserven zwar immer noch eine wichtige Rolle als nichtstaatliches und vergleichsweise krisenfestes Aktivum. Eine zentrale Funktion im internationalen Währungssystem kommt ihm aber spätestens seit der zweiten Änderung des IWF-Abkommens nicht mehr zu.**« Indes, dieses Abkommen war eine Farce. Mit ihm wurde unter anderem »**die Funktion des Goldes als Bezugsgröße für Währungsparitäten und als Recheneinheit im IWF abgeschafft**«, stellte die Bundesbank in einer Fußnote fest. »**Ferner gibt es seither keine Goldzahlungen zwischen dem IWF und seinen Mitgliedern mehr.**« Na und? Ganz gemein ließe sich dazu sagen: Das ist so, als fiele in China ein Sack Reis um.

Aber da gab es ja noch die IWF-Schwester, die Weltbank. Eine ihrer Hauptaufgaben bestand in der Finanzierung von Projekten zur Entwicklungshilfe. Dabei hatte sie sich, ähnlich wie der IWF zuletzt bei der Nichtbewältigung der Argentinien-Krise zu Beginn des neuen Jahrtausends, bis dahin nicht gerade mit Ruhm bekleckert. Ihr Problem, um das sie jede Geschäftsbank beneidet hätte: Sie verfügte über so viel Geld, dass sie nicht genug finanzierungswürdige Projekte fand, und wenn scheinbar doch, endete das Ganze schon mal im Fiasko. Wie beim Bau eines unvollendeten indischen Staudamms, dessen Finanzierung von ihr 1992 auf internationalen Druck aufgegeben werden musste. Im September 2003 traute sich die Weltbank sogar eine Prognose des Goldpreises zu, mit der sie so schief lag, dass hier nur zwei Sätze zitiert werden sollen: »**Auf mittlere Sicht dürften die Preise unter 300 Dollar je Unze fallen. Sogar unter 300 Dollar je Unze dürfte die Minenproduktion weiter steigen.**« Damals pendelte der Goldpreis um 370 Dollar, bis zum Frühjahr 2008 stieg er fast auf das Dreifache.

Manchmal nimmt das Schicksal einen ungewohnten Lauf. Das zeigt sich an zwei Männern in ehemals führender Position. Der frühere Bundesbank-Präsident Ernst Welteke musste seinen Hut nehmen, weil er über die Adlon-Affäre gestolpert war. Er hatte zusammen mit seiner Familie auf Kosten der Dresdner Bank um die Jahreswende 2001/02 aus Anlass der Euro-Bargeldeinführung im Berliner Adlon-Hotel übernachtet. Seltsam nur, dass ihm dieser Umstand erst aufgrund einer Enthüllung im Jahr 2004 zum Verhängnis wurde. Auch Paul Wolfowitz, bis 2007 Weltbank-Präsident, musste seinen Hut nehmen. Ihm wurde zum Verhängnis, dass er einer Weltbank-Mitarbeiterin, die nicht zufällig seine Freundin war, eine allzu üppige Gehaltserhöhung gewährt hatte. Es menschelt halt auch unter obersten Bankern.

Geld, Geld, Geld

Fed-Chef Bernanke beugt vor: »Aber die US-Regierung hat eine Technologie, genannt Druckerpresse (heute: das elektronische Äquivalent), die ihr erlaubt, praktisch kostenlos so viele US-Dollar zu drucken, wie sie will.«

Dieser häufig zitierte, aus dem Zusammenhang gerissene Satz entstammt einer Rede, die Ben Bernanke, Chef der US-Notenbank Fed, am 21. November 2002 vor dem National Economists Club in Washington zum Thema Deflation hielt. Das war mehr als drei Jahre vor seinem Amtsantritt als oberster Währungshüter der USA am 1. Februar 2006. Dennoch wird ihm der Satz bis an sein Lebensende anhaften. In hoher Position, damals schon als Fed-Gouverneur, sagt man so etwas eben nicht, oder man muss damit rechnen, gerade diese eine Aussage immer wieder vorgehalten zu bekommen. Da half auch nicht, dass Bernanke vor dem verräterischen Satz einen anderen ausgesprochen hatte: »So wie Gold haben US-Dollar einen Wert nur in dem Umfang, wie ihr Angebot streng begrenzt ist.« Und was er einige Sätze weiter sagte, half ebenfalls nicht mehr: »Natürlich wird die US-Regierung nicht Geld drucken und es verteilen, ob man es will oder nicht.«

Etwas später ergänzte Bernanke seine Symbolsprache um ein Bild, das der Nationalökonom Milton Friedman einmal verwendet hatte, und damit trat er zum zweiten Mal ins Fettnäpfchen: **»Eine mit Geld finanzierte Steuersenkung entspricht im Wesentlichen Milton Friedmans berühmtem Geldverteilen aus dem Helicopter.«** So zog sich Bernanke den Spitznamen »Helicopter-Ben« zu. Als 2007, ausgehend von den USA, die internationale Finanzkrise begann, erwartete alle Welt natürlich, dass Bernanke, wieder symbolisch gesprochen, die Druckerpresse anwarf bzw. Geld aus dem Helicopter warf. Er ließ sich denn auch nicht lange bitten, sondern tat, was von ihm erwartet wurde. Dazu hatte er Gelegenheit, nachdem die damals fünftgrößte US-Investmentbank Bear Stearns im März 2008 so sehr in Liquiditätsnot geraten war, dass die Fed einspringen musste. Sonst wäre an den Weltbörsen wahrscheinlich eine Panik ausgebrochen, weil die Banken durch ihre untereinander getätigten Geldgeschäfte eng zusammenhängen. Die Rettungsaktion bestand zum einen in der Übernahme von Bear Stearns durch die Großbank JP Morgan Chase, zum anderen – und das war der Knackpunkt – in einem umfangreichen Fed-Kreditprogramm für alle großen US-Investmentbanken. Dann ging es Schlag auf Schlag, und bereits im Juli 2008 mussten die beiden größten US-Hypothekenbanken, Fannie Mae und Freddie Mac, allein schon wegen ihrer Größe künstlich am Leben gehalten werden. Dieses Mal fiel die Rettungsaufgabe dem amerikanischen Finanzministerium zu.

Es war, als hätte Bernankes Amtsvorgänger Alan Greenspan die Regieanweisung geschrieben. Er hatte die Führung der Fed 1987 übernommen und musste sich, gerade in Amt und Würden, sofort bewähren. Denn am 19. Oktober 1987 gab es einen internationalen Börsenkrach, wie ihn die Welt noch nie erlebt hatte: An nur einem Tag verlor der aus 30 Aktien bestehende US-Börsenindikator Dow Jones 22,6 Prozent an Wert. Das Datum ging als Schwarzer Montag oder einfach nur als Crash in die Wirtschaftsgeschichte ein. Die Kursverluste der Aktien waren an diesem Tag sogar noch höher als am berüchtigten Schwarzen Donnerstag, dem 29. Oktober 1929, der als einer der Auslöser der verheerenden Weltwirtschaftskrise zu Beginn der 30er-Jahre gilt. Damals waren die Kurse um 11,7 Prozent nach unten gesackt. Was aber geschah nach dem Schwarzen Montag? In Asien und Europa folgte wegen der Zeitverschiebung noch der Schwarze Dienstag, dann hatte der Spuk ein Ende: An der Leitbörse in New York begannen die Kurse nach einigem Auf und Ab wieder zu steigen, später erholten sie sich auch an den anderen großen Börsen. Der Mann, der dem Spuk in so kurzer Zeit ein Ende bereitet hatte, hieß Alan Greenspan. Er war nach intensiver Abstimmung mit seinen Beratern und Krisenmanagern auf die naheliegende Idee gekommen, die Börsenkrise mit Geld zu bekämpfen, indem er, symbolisch gesprochen, die Druckerpresse in Gang setzte bzw. Geld aus dem Helicopter werfen ließ.

Von da an wurde er wie ein Held gefeiert, von seinen Biografen und Bewunderern ehrfürchtig Maestro genannt. Kurzum, er erreichte schon im Alter von 61 Jahren Kultstatus. Der stieg ihm offenbar so zu Kopf, dass er es im Lauf der Jahre nicht sein lassen konnte, mit Worten zu kokettieren. Hier drei Beispiele anhand von verbürgten Übersetzungen ins Deutsche: »**Ich hoffe, ich war zweideutig genug**«, lautete ein Spruch der eher noch harmlosen Art. »**Wenn Sie glauben, mich verstanden zu haben, dann habe ich mich falsch ausgedrückt**«, klang schon etwas frecher. Und mit der folgenden Wortkaskade ging Greenspan in die Geschichtsbücher ein: »**Ich weiß, dass Sie glauben, Sie wüssten, was ich Ihrer Ansicht nach gesagt habe. Aber ich bin nicht sicher, ob Ihnen klar ist, dass das, was Sie gehört haben, nicht das ist, was ich meinte.**«

So kann wirklich nur einer reden, der es – erst als Berater, dann als Fed-Chef – mit sechs US-Präsidenten zu tun hatte, die ihm zum größten Teil ebenso huldigten wie seine Bewunderer. Ehrensache, dass er von Königin Elisabeth II. für seine Verdienste um die Weltwirtschaft noch während seiner Amtszeit mit dem Titel »Knight Commander of the British Empire« zum Ritter geschlagen wurde. Dasselbe Schicksal ereilte bekanntlich auch den Ex-Beatle Paul McCartney und den immer noch herumhopsenden Rolling Stones-Sänger Mick Jagger. Greenspan hatte es immerhin zu einem passablen Klarinettisten und Saxophonisten gebracht.

Der Maestro muss sich immer dessen bewusst gewesen sein, was er bewirkte, wenn er im Zweifel lieber zu viel als zu wenig Geld drucken ließ. Das ging unter anderem aus seiner eindeutigen Meinung zum Thema Gold hervor, die er laut *Wall Street Journal* vom 3. März 1994 so äußerte: »Es ist ein Wertmaßstab, der recht stetig die Inflationserwartungen wiedergegeben hat und im Lauf der Jahre ein entsprechend guter Indikator gewesen ist.« Diese Aussage lässt sich so interpretieren: Greenspan war sich ganz offensichtlich dessen bewusst, dass ein Goldpreisanstieg während seiner Amtszeit in der Bevölkerung Inflationserwartungen geweckt hätte, die irgendwann nicht mehr aus den Köpfen herauszubekommen gewesen wären. Folglich galt es, den Goldpreis niedrig zu halten, auch wenn das viele von der Fed zur Verfügung gestellte Geld dessen Wert im Verhältnis zum nicht beliebig vermehrbaren Gold minderte. Das gelang unter anderem mit der im vorangegangenen Kapitel beschriebenen Goldleihe. Also konnte Geld bei der nächsten Gefahr im Verzug wieder geschüttet werden, ohne Befürchtungen im Hinblick auf hohe Inflationsraten heraufzubeschwören.

Oder doch nicht? Die Frage stellt sich allein schon deshalb, weil die zusätzliche Geldmenge ja irgendwo ihren Niederschlag in steigenden Preisen finden musste. Und sie fand ihn: bei Anleihen, weil sie in Zeiten niedriger Inflationserwartungen immer schon als kaufenswert galten, vor allem aber bei Aktien, insbesondere Technologieaktien wie Microsoft oder Cisco Systems, die später zu den Kursraketen gehörten. Das Ganze ging als Asset Inflation in die Börsengeschichte ein. Der Begriff kennzeichnete treffend einen Vorgang, der – sozusagen unter umgekehrten Vorzeichen – die Geldentwertung in Form von steigenden Aktienkursen widerspiegelte. Ihm folgte später eine weitere Asset Inflation, die Geldentwertung in Form von steigenden Häuserpreisen in den USA, aber auch in anderen Ländern wie Großbritannien, Irland, Spanien und sonstwo, bekannt als Immobilienblase, die dann 2007 platzte und dadurch mitverantwortlich für die internationale Finanzkrise war, die sich ihr anschloss.

Greenspan, der wahrlich nicht auf den Kopf gefallen war, hatte schon Ende 1996 vorgebeugt, um erst gar nicht den Verdacht aufkommen zu lassen, er werfe mit dem Geld nur so um sich und löse womöglich eine Aktienblase aus. In jenem Jahr, am 5. Dezember, hielt er in Washington aus Anlass einer ihm zuteil werdenden Ehrung wegen seiner Verdienste um die amerikanische Gesellschaft eine zunächst furchtbar langweilige Rede. Doch dann kam er auf die durch zu expansive Kredite ausgelöste japanische Wirtschaftskrise zu sprechen, die damals, ohne Anzeichen von Besserung zu zeigen, schon sieben Jahre gedauert hatte. Und mittendrin der in eine Frage gekleidete Satz, der dem Maestro von seinen Kritikern bis zuletzt um die Ohren gehauen wurde: **»Aber wie wissen wir, wann irrationaler Überschwang unsere Anlagen in unangemessene Höhen schaukelt, bevor sie dann einer unerwarteten und lange anhaltenden Schrumpfung unterworfen werden, wie man es in Japan während der vergangenen Jahre erlebt hat?«**

Diese verklausulierte Warnung vor einer Aktienblase kam mehr als drei Jahre vor deren Platzen im Frühjahr 2000. In den Jahren dazwischen verdienten sich die einen Börsianer mit Aktien dumm und duselig, die anderen wurden arm. Mittendrin: Alan Greenspan. Aber nicht als Börsenspieler, sondern als einer, der sie nach jeder Spielunterbrechung erneut gewähren ließ: mit Geld, Geld, Geld. Dazu hatte er schon im Sommer 1997 Gelegenheit, als in Thailand und Malaysia eine Krise ausbrach, anschließend andere Länder und auch US-Aktien erfasste. Sie wurde in kürzester Zeit einfach mit viel Geld bewältigt. So war es auch gut ein Jahr später, als der Milliarden-Zockerfonds Long Term Capital Management (LTCM), unter anderem mit freundlicher Unterstützung der beiden Nobelpreisträger Robert Merton und Myron Scholes, derart in Schieflage geriet, dass er auch grundsolide Aktien nach unten zu reißen drohte. Aber nur für kurze Zeit, denn wieder half das Geld. Der Patient Börse hatte sich an diese Droge so sehr gewöhnt, dass danach alle Warnungen in den Wind geschlagen wurden und das Spiel bis ins Jahr 2000 hinein weiterging. Der daraufhin einsetzende Einbruch der Aktienkurse, besonders die Geldvernichtung mit Technologieaktien, dauerte dann aber schon etwas länger, drei Jahre – bis Greenspan seine Geldmaschine wieder in Gang setzte bzw. den Helicopter fliegen ließ.

Armer Helicopter-Ben, er muss mit Greenspans Erbe zurechtkommen. Aber auch mit seinem eigenen Erbe, dem Gleichnis von der Druckerpresse.

Mission impossible

Der Kult um die Notenbanker geht zu Ende, der EZB-Neubau wird zur peinlichen Posse.

Das Geschäft der Banken unterscheidet sich von dem der anderen Branchen in einem Punkt ganz gravierend: Es findet, wie sonst nirgendwo, in höchstem Maß mit fremdem Geld statt und hat eine entsprechend starke Hebelwirkung nach oben wie nach unten. Das galt lang Zeit primär für das Kreditgeschäft. Doch wie wir aus der seit 2007 anhaltenden, nicht enden wollenden internationalen Finanzkrise lernen, haben kranke Kredite auf dem Umweg über die Verbriefung längst alle anderen Sparten des Bankgeschäfts infiziert. Deshalb nimmt die Öffentlichkeit alle Bemerkungen von Bankern noch sensibler wahr als bisher. Schon ein einziges falsches Wort könnte eine Kettenreaktion auslösen.

Daraus folgt, dass die Chefs der Zentralbanken und Aufsichtsbehörden – beide Institutionen überwachen unter anderem die jeweiligen Bankenapparate – besonders in der Verantwortung stehen. Deshalb verzichtet der oberste US-Notenbanker Ben Bernanke seit seinem Amtsantritt auf unpassende Vergleiche wie die im vorigen Kapitel zitierten, mit der Druckerpresse oder dem Helicopter. Und Fiat Money, der von Bankern zuvor häufig verwendete, aus dem Lateinischen »fiat lux« (es werde Licht) abgeleitete Begriff für geschöpftes Geld bzw. Geldschöpfung, ist inzwischen weitgehend aus dem Vokabular der Hüter des Geldes gestrichen. Sogar Jochen Sanio, mittlerweile nicht mehr alleiniger Herrscher der deutschen Aufsichtsbehörde BaFin, versucht sich Bemerkungen zu verkneifen, wie er sie noch im Sommer 2007 von sich ab, als er allzu forsch vor der »**größten Krise seit 1931**« warnte.

Als Fannie Mae und Freddie Mac, die beiden größten Hypothekenbanken der USA, im Sommer 2008 ganz zusammenzubrechen drohten, aber allein schon wegen der unabsehbaren weltweiten Kettenreaktionen gerettet werden mussten, wog Bernanke seine Worte am 10. Juli vor dem Finanzausschuss des US-Repräsentantenhauses so ab: »**Die Finanzturbulenzen gehen weiter, und unsere Anstrengungen richten sich derzeit darauf, dem Finanzsystem bei der Rückkehr zu einer normaleren Funktionsweise zu helfen.**« Bernanke plädierte für eine »konsolidierte Aufsicht«. Im Übrigen verwies er das Problem der Rettung von Fannie, Freddie und anderen Verdächtigen an das Finanzministerium. Doch niemand sollte auf die Idee kommen, irgendwie werde alles schon wieder von selbst gut. Deshalb reagierte Finanzminister Henry (Hank) Paulson, ehemals Boss der US-Investmentbank Goldman Sachs, ziemlich barsch: »Damit Marktdisziplin effektiv Risiken begrenzt, muss es Finanzinstitutionen erlaubt sein zu scheitern.« Die alles andere als gütige Erlaubnis betraf natürlich nicht die beiden führenden Hypothekenbanken, sie bekamen fürs Erste einen höheren staatlichen Kreditrahmen eingeräumt und waren damit faktisch gerettet.

In der Finanzsprache hat sich für Äußerungen wie die von Bernanke und Paulson der Begriff Wording eingebürgert. Das läuft im Endeffekt darauf hinaus, dass Banker ebenso wie Aufseher gut beraten sind, ihre Worte gründlich abzuwägen, um die sensible Öffentlichkeit nicht zu verschrecken. Der gute Rat gilt auch für die Vorstandssprecher und -vorsitzenden von Geschäftsbanken, Sparkassen, Verbänden und für alle anderen in verantwortlichen Positionen, sofern sie mit Geldgeschäften zu tun haben.

Wim Duisenberg, der verstorbene ehemalige Präsident der EZB, der Europäischen Zentralbank, konnte sich offenbar noch den Luxus erlauben, ab und zu in den Greenspan-Schnack zu verfallen, in einschlägigen Kreisen Greenspeak genannt. Indem er etwa selbstbewusst formulierte: »**Die Märkte sollten lieber auf mich hören als auf andere.**« Oder, noch mehr in Richtung Greenspeak, indem er den Begriff »**Creeping in bias**« schöpfte, was so viel heißen sollte wie »einschleichende Neigung«, und dazu gleich die Erklärung folgen ließ: »**Sie können das nicht als eine Neigung interpretieren, aber als eine Neigung, die sich allmählich in unsere Erwägungen einschleicht.**«

Duisenbergs Nachfolger Jean-Claude Trichet kann sich solche Sperenzchen angesichts der dramatischen Entwicklung an den Finanzmärkten und der um sich greifenden Inflation nicht erlauben. Aber wie soll er sein Wording ausrichten? Mission impossible. Denn er steht von einer EZB-Sitzung zur nächsten immer wieder vor der unlösbaren Aufgabe, allen Ländern des Euro-Währungsblocks klar zu machen, dass die EZB im Kampf gegen die Inflation weiter eine straffe Geldpolitik betreiben werde, ohne allerdings die Konjunktur abwürgen zu wollen. Das Problem besteht bei Weitem nicht nur in diesem unmöglichen Spagat, sondern auch darin, dass zum Beispiel die Euro-Länder des Mittelmeerraums, Frankreich inbegriffen, im Zweifel eher mehr Inflation akzeptieren, falls so ihre Konjunktur nicht abgewürgt wird, und Deutschland zusammen mit den Benelux-Ländern die Inflation lieber bekämpft wissen will.

Hinzu kommt, dass der für Geldpolitik und Zinsen zuständige EZB-Rat selbst aus Blöcken mit unterschiedlichen Interessen und Meinungen besteht, die Trichet in seinen Stellungnahmen zu einheitlichen Aussagen bündeln muss. Und spätestens, wenn es an den Finanzmärkten wieder einmal ernst wird, ist die Abstimmung der Geldpolitik mindestens mit der US-Notenbank Fed erforderlich, oft sogar auch mit den übrigen Zentralbanken. Schließlich: Trichet ist Franzose, die EZB-Einheitssprache ist Englisch, und die Deutschen bekommen die Ergebnisse der Ratssitzungen von den Medien ins Deutsche übersetzt. Wording-Feinheiten bleiben da zwangsläufig auf der Strecke.

Greenspan war Kult, Bernanke und Trichet sind alles andere als das. Greenspan konnte sich beispielsweise im Februar des durch Überspekulation heiß gelaufenen Börsenjahres 1999 erlauben, die Aktienkurse mit einer einzigen Bemerkung nach oben und kurze Zeit später wieder nach unten zu treiben – zumindest, solange die Börsianer seine Worte entsprechend auslegten. Das taten sie gern, denn in den USA verdienen Banken und Broker am Hin und Her der Aktienkurse mehr als anderswo in der westlichen Welt. Aus dem Kult machte der Fernsehsender CNBC, der von den Amerikanern in Anspielung auf den Anfangsbuchstaben von Greenspans Zunamen auch schon mal GNBC genannt wurde, beachtliche Quoten. Das war ganz einfach: Wenn der große Meister nicht zu sprechen und auch um ihn herum kein brauchbares Infomaterial aufzutreiben war, strahlte CNBC mit der größten Selbstverständlichkeit der Welt irgendwelche Wortfetzen von früheren Reden aus. Den Höhepunkt des Fernsehkults erlebten die Zuschauer, wenn Greenspan mit seiner Aktentasche daherkam, die von den CNBC-Kameraleuten immer akribisch ins Visier genommen wurde. War sie dick, sollte das bedeuten: Zinsänderung. War sie dagegen dünn, sollte das ein Signal für unveränderte Zinsen sein. Angeblich betrug die Dick-dünn-Trefferquote fast hundert Prozent. So genau weiß man das natürlich nicht mehr, denn dick und dünn, diese Begriffe sind relativ.

Von den Präsidenten der Deutschen Bundesbank gab es lange nichts Kultiges zu vermelden. Erst als Karl Klasen, vorher zusammen mit Franz Heinrich Ulrich Vorstandssprecher der Deutschen Bank, das Präsidentenamt 1970 antrat, kam mehr Leben in das Haus der obersten Geldwerthüterin der Republik. Eine der Ursachen war, dass Klasen das Wirtschaftswachstum offensichtlich für ein ebenso erstrebenswertes Ziel hielt wie die Stabilität der Mark. Manchem seiner Mitstreiter war nicht wohl dabei, denn damals deutete sich bereits an, was ein Jahrzehnt lang anhalten sollte: Inflation und Stagnation, kurz Stagflation genannt. »**Eines kann ich schon heute voraussagen: Eine Inflation wird es in der Bundesrepublik Deutschland nicht geben**«, formulierte Klasen bei seinem Amtsantritt dennoch trotzig. Das beruhigte die Mitstreiter für stabiles Geld und andere Stabilitätsbefürworter zwar wieder, verhinderte aber nicht, dass die Inflationsrate später zeitweise zweistellige Prozentzahlen erreichte.

Klasens Nachfolger Otmar Emminger verhielt sich wie der personifizierte Anti-Kult. Seine Amtszeit als Bundesbank-Präsident – vorher war er viele Jahre lang Vize – reichte nur von 1977 bis 1979. Dann löste Karl Otto Pöhl ihn ab, der Kultigste an der Spitze der deutschen Währungshüter. Er schaffte es bis 1991, konnte aber bei aller Reputation den damaligen Bundeskanzler Helmut Kohl nicht hindern, die westdeutsche Mark von einem Tag auf den anderen in der ehemaligen DDR einzuführen. Pöhl: »Ein Desaster.« Der Kanzler blieb stur, Pöhl ging – und erreichte allein schon dadurch Kultstatus. Dann heuerte er bei der Kölner Privatbank Sal. Oppenheim an, keine schlechte Karriere. Die Bundesbank-Präsidenten nach ihm übten ihr Amt zunehmend mit Blick auf die entstehende Währungsunion aus. Der aktuelle, Axel Weber, ist gleichzeitig einer der ganz Starken im EZB-Rat, an dessen Spitze Trichet steht.

Zu einem der Schwachen droht dort der zum Rat wie auch zum Direktorium der EZB gehörende Italiener Lorenzo Bini Smaghi zu werden. Er ist einer der Hautverantwortlichen für den Frankfurter EZB-Neubau. Pech für ihn: Er hatte sich darauf gefreut, den neuen Tower trotz mehrfacher Bauverzögerung 2011 endlich einweihen zu können. Erst recht Trichet, der das große Ereignis so gern noch während seiner Amtszeit erleben möchte. Daraus wird wohl nichts, denn nach etwa zehn Monaten Suche hatte sich noch kein Generalunternehmer gefunden (im Jargon der Baubranche GU genannt), der bereit gewesen wäre, den Bau zu den unrealistischen EZB-Konditionen hochziehen zu lassen. Allein der englischsprachige Vertragsentwurf soll 261 Aktenordner umfasst haben. Das führt zu erheblichen Verzögerungen, möglicherweise weit über Trichets Amtszeit hinaus. Peinlich, peinlich, was Bini Smaghi den Journalisten dann auferlegen ließ, als er sie am 25. Juni 2008 zur Pressekonferenz empfing, um ihnen das Problem mitzuteilen: »**No quotes**«, **keine Zitate.**

Die Peinlichkeit hat eine lange Geschichte, die es verdient, hier allein schon wegen der Naivität mancher Akteure im Zeitraffer festgehalten zu werden. Frankfurt am Main stand zwar schon jahrelang als Standort der EZB fest, aber erst 2002 – die Suche nach einem geeigneten Grundstück hatte sechs Jahre gedauert – wurde der notarielle Kaufvertrag zwischen ihr und der Stadt für ein Areal unterzeichnet, auf dem sich die denkmalgeschützte Großmarkthalle mit der gigantischen Länge von 220 Metern befindet. Kostenpunkt für das Grundstück: über 60 Millionen Euro. »**Ihr Erscheinungsbild soll im Wesentlichen erhalten bleiben**«, gelobte die EZB noch im April 2003, nachdem sie fünf Monate zuvor einen internationalen Architektenwettbewerb ausgeschrieben hatte, an dem sich 300 Architekten aus 31 Ländern aller fünf Kontinente beteiligten.

Die Gigantomanie nahm ihren Lauf: Als das Architektenbüro Coop Himmelb(l)au aus Wien den Wettbewerb mit dem Entwurf eines 150 Meter hohen Doppelturms gewann, klopften sich erst einmal alle wegen des Prachtbaus gegenseitig auf die Schultern. Doch dann erschien den Bankern die Höhe zu mickrig, sodass der nächste Entwurf schon gut 184 Meter vorsah. Bini Smaghi behauptete im Februar 2007, das höhere Gebäude sei im veranschlagten Baubudget von 500 Millionen Euro berücksichtigt. Nach Überarbeitung des geänderten Entwurfs meldeten sich die Erben von Martin Elsässer zu Wort, der die Großmarkthalle Ende der 20er-Jahre des 20. Jahrhunderts konstruiert hatte, weil sie deren Verschandelung befürchteten. Darüber war es Herbst 2007 geworden. Doch dann trieb Bini Smaghi alle zur Eile: »**Jeder Tag Verzögerung kostet Millionen, das bezahlt am Ende der Steuerzahler.**« Also einigte man sich mit den Erben, und die Baugenehmigung im Frühjahr 2008 war dann nur noch ein formeller Akt. Derweil hatten die Baumaschinen des Züblin-Konzerns die Arbeit an der Großbaustelle aufgenommen. Auch insofern schlug die Nachricht vom 25. Juni, kein GU sei gefunden worden, wie ein Blitz ein.

Noch im EZB-Jahresbericht 2007 mit Redaktionsschluss 28. Februar 2008 hatte es bezüglich GU geheißen: »**Die Auftragsvergabe soll im Oktober 2008 erfolgen.**« Im Spätsommer 2008 herrschte auf dem EZB-Gelände schließlich weitgehend tote Hose. Hatten die Banker geschlafen? War allen 1375 EZB-Vollzeitkräften (sonstiges Personal nicht mitgezählt) entgangen, dass Baustahl, Zement und anderes Material inzwischen zwei oder drei Mal so teuer waren wie 2005, in dem Jahr, dessen Preise die EZB den veranschlagten 500 Millionen Euro Baukosten zugrunde gelegt hatte? Wie auch immer, zu den Kosten für das Grundstück in Höhe von gut 60 Millionen Euro summierten sich inzwischen Planungs- und Umplanungskosten von etwa 80 Millionen Euro, macht zusammen 140 Millionen Euro, ohne dass daran zu denken gewesen wäre, dass ein GU für irgendeinen Betrag unter 1 Milliarde Euro auch nur den kleinen Finger gerührt hätte. Und Bini Smaghi? Er ließ, abgesehen vom Zitate-Maulkorb für Journalisten, am Tag der Beichte offiziell verkünden: »**Das öffentliche Ausschreibungsverfahren, das im August 2007 eröffnet worden war, führte zu keinem zufriedenstellenden wirtschaftlichen Ergebnis, da das von der EZB vorgesehene Budget deutlich überschritten wurde. Die EZB, die stets ihre entschiedene Verpflichtung zur verantwortlichen Nutzung von Ressourcen unter Beweis gestellt hat, hat daher beschlossen, die Ausschreibung formell zu beenden.**« Und wirklich saukomisch: »**Nachdruck nur mit Quellenangabe gestattet.**« Wenn die zurzeit auf verschiedene

Gebäude in der Frankfurter Innenstadt verteilten 1375 Vollzeit-
kräfte samt sonstigen Mitarbeitern, wie in Behörden üblich,
immer weiter Zuwachs bekommen, wird die Verzögerung des
Neubaus wenigstens ein Gutes haben: Der in Krisenzeiten chro-
nische Frankfurter Büroleerstand könnte in den kommenden
Jahren nicht mehr ganz so dramatisch ausfallen wie befürchet.

Gezeitenwandel

Wühlmäuse auf Wanderschaft

Klaus-Peter Müller war, seinem Auftreten nach zu urteilen, ohne Zweifel einer der besseren Vorstandssprecher der Commerzbank. Seine Führungsqualitäten, sein Faktenwissen und seine umtriebige Art brachten ihm Anerkennung, Sympathien und ein Präsidentenamt ein, das beim Bundesverband deutscher Banken. Diesem Mann konnte man einfach nicht böse sein. Oder doch? Manchmal schon. Etwa, als er sich im Oktober 2007 so zitieren ließ: »**Im November oder spätestens im März nächsten Jahres sollte das Vertrauen zurück sein. Bis dahin sind die Quartals- und Jahresabschlüsse von 2007 veröffentlicht. Dann sollte die Krise ausgestanden sein.**« War sie aber nicht, längst noch nicht; und der Commerzbank-Aufsichtsrat entschied schon im November, dass Martin Blessing vorzeitig am 15. Mai 2008 den Chefposten der Bank übernehmen sollte. Müllers bis 2010 laufender Vertrag wurde also vorzeitig beendet. Das Erbe, das er Blessing hinterließ, bestand erst einmal in einem schlechter als erwartet ausgefallenen Ergebnis des dritten Quartals 2007, unter anderem bedingt durch hohe Abschreibungen aufgrund der Finanzkrise.

Müller erging es ähnlich wie den meisten anderen Bankern, die früher Feuer und Flamme für die Verbriefung von Krediten waren und dann allesamt in eine Richtung marschierten nach dem Motto: Gestern standen wir am Abgrund, heute sind wir einen Schritt weiter. Was treibt Banker zu einem solchen Verhalten, dessen Ergebnis ihnen nicht gerade schmeichelt? Das allerlei schlimme Konsequenzen nach sich zieht wie hohe Abschreibungen, Entlassungen, Reputationsverlust, wiederholte Restrukturierung, schließlich Fusion oder Übernahme durch einen Konkurrenten, im Extremfall sogar Zerschlagung. Das Verhalten hat, je nach Status und je nach Typ Mensch, verschiedene Ursachen: Herdentrott, Selbstüberschätzung, Arroganz, unberechtigter Optimismus, zu viel Macht, zu wenig Wissen, Größenwahn, mangelnde Kontrolle, fehlendes Verantwortungsbewusstsein, Euphorie, Tricks, Unbedachtsamkeit, Leichtsinn, Eitelkeit, Koketterie – zum größten Teil Eigenschaften, die auch auf Menschen zutreffen, die keine Führungskräfte sind, allerdings mit dem großen Unterschied, dass solche Eigenschaften bei Führungskräften zu Multiplikatoren werden, sich also vielfach auswirken und zu Kettenreaktionen führen.

Um noch einmal auf Müller zurückzukommen: Er schrieb in der vom Bankenverband herausgegebenen Zeitschrift *Die Bank*, Ausgabe März 2004, einen bemerkenswerten Beitrag zur Kreditverbriefung, die später das Desaster an den Finanzmärkten auslöste. Hier nur ein kleiner, allerdings verräterischer Auszug: **»Objektivität und Professionalität der Risikoeinschätzung – aber auch der Preisfindung – nehmen zu. Und indem Kreditrisiken in der Wirtschaft nach dem Prinzip der Risikomischung entsprechend der individuellen Tragfähigkeit verteilt und gestreut werden, verbessern sich auch Stabilität und Leistungsfähigkeit der Finanzmärkte.«** Wie sehr Müller bereits damals von der Realität abgehoben hatte, belegt auch ein Interview, das er einen Monat später der *Börsen-Zeitung* gab. Daraus nur ein Satz: **»Es gibt zu diesem Zeitpunkt kein vergleichbares Institut in Deutschland, das so sauber aufgestellt ist wie wir.«** Auweia, Kommentar überflüssig.

Es wäre ungerecht, hier nur auf Müller herumzuhacken, denn Verhaltensforscher hätten in den vergangenen Jahren en masse Gelegenheit gehabt, die im obigen Absatz aufgezählten menschlichen Schwächen, vom Herdentrott über Größenwahn und Leichtsinn bis zur Koketterie, auch bei anderen Bankern zu entdecken. Beginnen wir mit Rolf-E. Breuer, der als Chef der Deutschen Bank 1999 nach den Sternen zu greifen versuchte, indem er Bankers Trust in den USA kaufte. **»Es wird eine neue**

Deutsche Bank geben«, war einer seiner Sätze von damals, der später allerdings anders zu interpretieren war, als Breuer ihn gemeint hatte. Bankers Trust erwies sich als Flop, die Deutsche Bank war blamiert. Später, als die Euphorie der 90er-Jahre im Zuge der Aktienbaisse nach der Jahrtausendwende der Ernüchterung gewichen war, äußerte Breuer sich in einem Fernsehinterview leichtsinnig über die finanzielle Lage von Medienmogul Leo Kirch: Was man lesen und hören könne, sei, »**dass der Finanzsektor nicht bereit ist, auf unveränderter Basis weitere Fremd- oder gar Eigenmittel zur Verfügung zu stellen**«.

Als Herbert Walter noch Bereichsvorstand für Privat- und Geschäftskunden der Deutschen Bank war, hatte er eine Prognose auf Lager, die ihm noch heute peinlich sein dürfte: »**Die Deutsche Bank 24 will für ihre Kunden Lebenspartner sein, wir denken langfristig.**« Die Deutsche Bank hatte seinerzeit einfach ihre Kunden eingeteilt: Die guten durften sich zur Elite des Private Banking zählen, die weniger guten mussten mit der Bank 24 vorlieb nehmen. Das Experiment ging schief. Die 24er-Kunden, sofern sie nicht schon fluchtartig die Deutsche Bank verlassen hatten, wurden wieder reintegriert, 24er-Spuren verwischt. Es kam auch zu seltsamen Spielen mit Namen wie Brokerage 24 und Maxblue, und die Anzeigenabteilung fand es offenbar besonders originell, in ihrer Werbung Giraffen und sonstiges Getier kopulieren zu lassen. Und Walter? Von wegen Lebenspartner und langfristig; er wechselte die Seiten, indem er Chef der vom Allianz-Konzern übernommenen Dresdner Bank wurde. Allianz-Boss Michael Diekmann war von Walters Taten offenbar so angetan, dass er sich in einem Interview mit der *Süddeutschen Zeitung* am 2. Mai 2005 geradezu euphorisch äußerte: »**Ich bin mit der jüngsten Entwicklung sehr zufrieden. Die Restrukturierung ist beendet, jetzt geht die Bank auf Wachstumskurs.**« Doch daraus wurde nichts, 2007 und in den ersten Monaten 2008 musste die Dresdner sehr hohe Beträge auf verbriefte Kredite abschreiben, später bei der Commerzbank Unterschlupf suchen.

Seltsam, hatten die Banker allesamt, von Müller bis Walter, die in solchen Finanzinstrumenten lauernden Gefahren einfach ignoriert? Wieder einmal, wie vorher schon beim Desaster mit Fonds in der Abschwungphase der Aktienkurse von 2000 bis 2003, erwies sich ein typisches Verhalten der Banker als Massenphänomen, das oft mit dem bei den Lemmingen verglichen wird. Das sind Wühlmäuse des hohen Nordens mit einer rätselhaften Eigenschaft, die das Weltbild-Universallexikon so umschreibt: »Periodische Massenvermehrungen führen zu großen Wanderzügen.«

Wenn alle in dieselbe Richtung marschieren, fällt man nicht auf. Das fatale, total verfehlte Fazit, auf das Banker sich nach den Wanderzügen immer wieder zurückzuziehen versuchen: Wenn alle dasselbe tun, kann es nicht falsch sein. So zynisch diese Aussage den Betroffenen erscheinen mag, die dabei auf der Strecke bleiben, so gern wird sie angeführt, wenn es darum geht, Kunden und Aktionären gegenüber zu begründen, warum etwas daneben ging und man nichts dafür konnte. Umkehrschluss: Wer aus der Reihe tanzt, wird nicht nur schief angeguckt, sondern obendrein auch verspottet. Die Solidarität der Banker-Lemminge ist sogar dann noch weitverbreitet, wenn sie schon längst verloren haben. Dann bilden sie eine Verlierer-Solidargemeinschaft.

Was Derivate in allen erdenklichen Varianten betrifft, hatten Banker jahrelang Gelegenheit, sich über die Wirkungsweise klar zu werden. Doch statt fest auf die Bremse zu treten, gaben sie Vollgas – die anderen fuhren ja ebenso einen heißen Reifen. Den amerikanischen Multimilliardär Warren Buffett, einen der reichsten Männer der Welt, taten sie bestenfalls als seltsamen Kauz ab, weil er Derivate in einem Brief an die Aktionäre aus dem Jahr 2002 mit Massenvernichtungswaffen verglichen hatte.

Und die Warner aus den eigenen Reihen? Peter Reimpell, einst Vorstandsmitglied der Bayerischen Vereinsbank, hatte bereits

Anfang 1990 in derselben Zeitschrift mit dem Titel *Die Bank*, in der Müller als Commerzbank-Chef 2004 die Verbriefung von Krediten lobte, die »selbst für Fachleute kaum noch überschaubare Zahl von Finanzierungs- und Anlageinstrumenten« aufs Korn genommen. Und gut vier Jahre später las der von den meisten Bankern stets hoch gelobte Otmar Issing, damals Mitglied des Bundesbank-Direktoriums, mit seiner Rede beim Deutschen Börsentag den Bankern so deutlich die Leviten, dass sie gut beraten gewesen wären, die Finger im Zweifel lieber ganz von Derivaten zu lassen. Issing führte mögliche »Systemschwächungen« an und fuhr in der ihm eigenen Sprache warnend fort: »Vielfach werden Kettenreaktionen mit systemgefährdenden Dimensionen nicht ausgeschlossen. Die Zentralbanken könnten dann in die Zwangslage geraten, Liquiditätspolitik zur Stützung der Märkte und damit möglicherweise konträr zu geldpolitischen Erfordernissen betreiben zu müssen.« Issing erwies sich mit diesen Sätzen als wahrer Prophet. Denn was er damals vorhergesagt hatte, traf auf den Punkt genau 2007/08 zu.

Nachdem die Dimensionen der Finanzkrise allen Bankern annähernd bewusst geworden waren, rechtfertigten sie unbewusst ein Mal mehr den hier angesellten Vergleich mit den Lemmingen: Sie traten, symbolisch formuliert, wieder massenweise Wanderzüge an, indem sie alle möglichen Erklärungen abgaben, die bisweilen tragikomische Begründungen enthielten. Wie diese von HypoVereinsbank-Chef Wolfgang Sprißler aus dem Mai 2008: **»Wenn die Finanzmarktkrise nicht wäre, könnten wir mit der Entwicklung sehr zufrieden sein.«** Oder wie auch die folgende – ebenfalls mit dem Wenn-Argument – von Bankenverbands-Vorstand Manfred Weber zwei Monate später: **»Insgesamt könnte der Finanzplatz Deutschland gestärkt aus der Krise hervorgehen, wenn die richtigen Schlussfolgerungen in der Politik und von den Banken gezogen werden.«**

Im April 2008 hatte Marcel Ospel, bis dahin Präsident des Verwaltungsrats der Schweizer Großbank UBS, seinen Abschied mit dem rührenden Satz kommentiert: »**Wenn ich heute von Bord gehe, dann in der Überzeugung, dass wir das Schlimmste überstanden haben.**« Wie man's nimmt. Jedenfalls ließen sich UBS-Aktionäre durch solch bewegende Worte nicht davon abhalten, ihre Papiere weiter zu verkaufen und den Aktienkurs immer mehr nach unten zu drücken, obwohl er nur noch zu einem Bruchteil dessen notierte, was er im Sommer 2007 wert gewesen war. Wie Hohn muss es da den Aktionären vorgekommen sein, dass die UBS zur selben Zeit, als Ospel zurücktrat, eine Anzeigenkampagne für Zertifikate mit dem Satz einleitete: »**Die jüngsten Turbulenzen an den internationalen Finanzmärkten zeigen, wie risikobeladen Aktien-Investments sein können.**«

Der April 2008 hatte es auch anderweitig in sich, wobei in manchen Fällen nur die scheinbaren Kleinigkeiten einen tragikomischen Eindruck hinterließen. Wie der Heißluftballon der Société Générale vor der neuen Stuttgarter Messe aus Anlass der jährlichen Invest-Veranstaltung. Heiße Luft und die Franzosenbank, das passte zusammen. Was war geschehen? Vier Monate vorher hatte die Bank festgestellt, dass einer ihrer Händler, Jérôme Kerviel, für rund 4,9 Milliarden Euro heiße Luft produziert hatte, die sich dann in einem entsprechenden Verlust bei der Bank niederschlug. Diese musste ebenso wie die UBS eine Kapitalerhöhung flott durchziehen, um durch die Krise zu kommen. Das musste im Zuge der Krise auch die Royal Bank of Scotland, in Deutschland eher unter dem Kürzel RBS bekannt. Die tragikomische Figur hieß hier Fred Goodwin, seines Zeichens RBS-Chef und damals gerade damit beschäftigt, die vorangegangene Übernahme der niederländischen Bank ABN Amro zu verkraften. Ausgerechnet Goodwin, den sie wegen seiner rabiaten Methoden »Fred the shred« nannten, weil er alles schredderte, was Kosten verursachte.

Jenseits der Atlantiks, wo die internationale Finanzkrise entstanden war, ging es derweil noch turbulenter zu. Als einer der ersten Bosse der großen Investmentbanken musste Stan O'Neal von Merrill Lynch gehen, der zuvor noch getönt hatte: »**Der Trend zu verstärktem Eigenhandel ist nicht mehr zurückzudrehen. Der Markt wird überrascht sein, wie stabil die Erträge daraus sind.**« Das waren sie nicht, und so versuchte es sein Nachfolger John Thain im Mai 2008 mit einer bescheideneren Wortwahl: »**Das Schlimmste ist vorüber.**« War es aber nicht. Richard Fuld, Chef des Konkurrenten Lehman Brothers, stieß einen Monat später ins selbe Horn: »**Das Schlimmste ist überstanden.**« Wieder einmal waren die Lemminge unterwegs.

Auf ihre Seite musste sich notgedrungen auch Vikram Pandit schlagen, weil ihm nichts anderes übrig blieb, als »das Andauern des beispiellosen Markt- und Kreditumfelds« für die Miesen der Citigroup verantwortlich zu machen. Er hatte Ende 2007 Charles (Chuck) Prince an der Spitze der Citigroup abgelöst, der vorher durch besonders markige Sprüche aufgefallen war, etwa den folgenden aus Anlass eines *Handelsblatt*-Interviews im Oktober 2006: »**Die Atomisierung der Risiken hat einen Gezeitenwandel eingeläutet.**« Er behielt recht, aber anders, als er es damals gemeint hatte: Die atomisierten Risiken erwiesen sich, wie Mutimilliardär Warren Buffett prophezeit hatte, als finanzielle Massenvernichtungswaffen.

Finale

Die neuen Spielregeln

Kernkompetenz ist ein immer wieder gern benutztes Wort, auch unter Banken und Sparkassen. Nur, worin besteht deren Kernkompetenz? Nach den hier analysierten 382 dümmsten Sprüchen zu urteilen, besitzen sie gar keine. Das vorangegangene Kapitel hat das ein Mal mehr deutlich gemacht. Die Ursachen liegen auf der Hand, sie lassen sich am besten anhand einer kleinen Geschichte so beschreiben:

Der angestellte Karrierist (also kein Unternehmer), nennen wir ihn K, ausgestattet mit festem Gehalt, zusätzlichen Optionen und der Aussicht auf Boni, hat seine Widersacher zur Seite geräumt und ist an der Spitze des Vorstands angekommen. Dort merkt er endgültig, dass sein Vorgänger ihm einen Haufen Probleme hinterlassen hat, die – vom Personalüberhang bis zu überflüssigen Filialen – allesamt in zu hohe Kosten münden. Also verkündet K, die Cost-Income-Ratio, das Verhältnis der Kosten zu den Erlösen, während seiner Amtszeit von 60 auf 50 Prozent zu senken (die Zahlen variieren je nach Banken- oder Sparkassentyp). Das kann er logischerweise, indem er die Kosten senkt und/oder die Erlöse steigert. Also beauftragt er erst einmal die Unternehmensberatung U, die Kostenfresser zu ermitteln und neue Erlösquellen auszumachen. Da die Berater viel Geld kosten, muss über die Kostensenkung und über die Erlössteigerung hinaus auch dieses Geld verdient werden.

Der Trick, der nun folgt, ist so einfach wie wirksam: K beruft sich aus Anlass der geplanten Rationalisierung und Reorganisation auf U und teilt seiner Belegschaft mit, die Lage sei viel zu ernst, als dass es weiter so im Trott wie bisher gehen könne. Also werden Stellen gestrichen und Filialen zusammengelegt.

Frustrierte Kunden, die auf einmal den ihnen vertrauten alten Ansprechpartner vermissen, bekommen einen neuen vorgesetzt, der ihnen gleich alle möglichen Angebote unterbreitet; denn er wird nach Leistung bezahlt, sprich: Erlössteigerung für das eigene Institut. Derweil mobben Kollegen wegen so verstandener Leistungsanreize den guten alten Ansprechpartner als Kostentreiber ins Abseits. Da es sich um keinen Einzelfall handelt, entsteht in der Belegschaft Unruhe. Die von U erstellte teure Analyse erweist sich als Doublette dessen, was dieselben U-Leute auch schon der Konkurrenz von K verkauft haben. Der ist schließlich, nach Ablauf der ersten Hälfte seiner fünfjährigen Amtszeit, so ratlos, dass er in die nächste Trickkiste greift: Mitarbeitermotivation durch Parolen, verändertes Logo, neuer Werbeauftritt, zusätzliche Leistungsanreize, schickere Filialen. Zum Glück werden unabhängig davon einige Finanzprodukte – eher zufällig als bewusst gesteuert – zu Rennern, sodass die ganze Anstrengung sich wenigstens ein bisschen gelohnt hat. Pech ist allerdings, dass die internationale Finanzkrise dazwischen kommt. Denn nun ist der Traum von K, die Cost-Income-Ratio unter 50 Prozent zu senken, endgültig ausgeträumt. Stattdessen rügt sein Aufsichtsrat, dass inzwischen die 70er-Marke übersprungen ist, und er wechselt K kurzerhand mit goldenem Handschlag, sprich Abfindung, gegen den nächsten Karrieristen aus. Das Spiel kann von Neuem beginnen.

Kann es das aber wirklich? Zweifel sind angebracht. Auf jeden Fall wird es ganz andere Spielregeln geben. Um einen Kronzeugen zu zitieren, Dominik Georgi, Professor an der Frankfurt School of Finance & Management im Auftrag der Deutschen Bank: »Bislang haben Banken sich zu wenig am Kunden orientiert.« Seine Kritik deckt sich mit den Ergebnissen von zig Analysen, die in den vergangenen Jahren von kompetenten Researchfirmen erstellt wurden. Das heißt, Banker, die einen immer stärker anwachsenden Berg von Problemen zu bewälti-

gen haben, müssen sich gleichzeitig strategisch neu orientieren, um ihre Kunden (einschließlich der Mitarbeiter) nicht total zu verlieren und ihre Institute nicht so zu hinterlassen, als
sei eine Neutronenbombe auf sie gefallen.

Mehr Kundenorientierung, das ist die eine große Herausforde-
rung, der sich Banken und Sparkassen in Zukunft stellen müssen, um nicht von der Bildfläche zu verschwinden. Eine viel
größere besteht in der Bewältigung der Folgen aus der Finanzkrise, die längst noch nicht ausgestanden ist. Oder um einen
international berühmten Kronzeugen zu zitieren, den erfolgrei-
chen Spekulanten und Wohltäter George Soros, für den die
kommenden Spielregeln vor allem in einer »radikalen Neuausrichtung der Weltwirtschaft« bestehen werden. Darauf sind die
wenigsten Banker vorbereitet. Ihre dümmsten 382 Sprüche beweisen es.